反

반대한민국세력의 비밀이×드러나다

대한민국은
지금
체제전쟁 중이다

———

이 책은 반대한민국세력의
본색을 명료하게 밝혀내고, 체제전쟁에서 대한민국세력이
반대한민국세력을 상대로
어떻게 투쟁해야 하는지를 제시하고 있다.

반대한민국세력의
비밀이×드러나다

이희천 지음

좋은땅 대추나무

"작은 나비의 날개짓이 대한민국에 태풍을 몰고 올 것이다."

대한민국은 지금 체제전쟁 중이다. 한 팀은 자유민주주의를 허물고 사회주의체제로 끌고 가려는 팀이고, 또 다른 한 팀은 대한민국의 자유민주주의체제를 수호하려는 팀이다. 현재 대한민국 앞에 나타나고 있는 정치, 경제, 사회 위기의 공통분모를 추출하면 70여 년간 유지되던 자유민주주의체제가 허물어지는 국가적 위기다. 삼권분립, 법치주의 등 대한민국의 근간에서부터 읍면동 마을에 이르기까지 급격하게 허물어지는 현상이 벌어지고 있다. 지금 대한민국이 직면하는 체제위기는 갑자기 등장한 것이 아니다. 길게는 100여 년이 되었고 짧게는 30여 년 전부터 본격화된 것이다.

대한민국 앞에 닥친 국가적 위기를 벗어나려면 국민들의 다수가 체제위기라는 사실을 명확히 깨닫고 반체제세력이 누군지,

어떤 전략전술로 나오는지 등을 명확히 알아야 한다. 그러나 많은 국민들은 현재 대한민국이 직면한 위기가 체제위기인 줄도 모르고, 체제위기를 가져온 주체가 누군인지, 그들이 어떤 전략전술을 사용하고 있는지도 잘 모른다. 그러니 자유민주주의를 수호하기 위해 어떻게 대응해야 하는지는 더더욱 알지 못한다. 서로 다른 네비게이션을 가지고 있어, 분열과 갈등만 일어날 뿐이다.

이에 따라, 저자는 "혼란스러운 대한민국 사상갈등 전체를 밝히 조망할 수 있는 망원경을 제공하자"는 야심을 가지고 책을 썼다. 미흡한 부분도 있겠지만 이 책 한 권이면 국내 반대한민국세력의 실체와 체제전쟁 양상은 물론 그 배후가 되는 북한과 중국, 그리고 세계 공산화의 과정과 네오막시즘 등 변종공산주의 확산까지 세계 사상계를 세계지도를 보듯, 한눈에 통찰할 수 있을 것으로 믿는다. 많은 대한민국세력이 이 교범을 통해 동일한 네비게이션을 장착한다면 모래알이 콘크리트로, 오합지졸의 군대가 일사불란한 전투병으로 바뀔 것으로 믿는다.

이 책을 집필할 때 많은 분들이 도움을 주셨다. 건강이 좋지 않음에도 불구하고 원고를 읽고 기준점을 정해주신 양동안 교수님께 먼저 감사드린다. 1980년대 전후 학생운동권에 깊은 이해가 있는 고형석 박사님과 586 좌익운동권의 사상적 실체를 간파하고 있는 장신대 김철홍 교수님은 부족한 부분을 잘 지적해 주셔서 보완하는데 큰 도움이 되었다. 계명대 중국학과 이지용 교수님은 중국변종공산주의 부분을, 박대규 님 등은 북한의 대남공작과 좌익수사사건 등을 검토해주시고 좋은 조언을 해 주셨다. 그리고 바쁘신 와중에도 법적 검토를 해주신 김학성 교수님, 박성재 변호사님, 이명규 변호사님, 그리고 책 내용 전체를 꼼꼼하게 검토하고 많은 오탈자를 지적해주신 고려대 교육학과 홍후조 교수님 등에게도 감사한 마음을 전한다.

2021. 12. 20

저자 **이희천**

"이 책을 매개로 해서 하나의 군대가 되고, 승리하는 군대가 될 것으로 믿는다."

지금 우리나라에서는 대한민국의 자유민주주의체제를 수호하려는 대한민국세력(大韓民國勢力)과 대한민국의 자유민주주의체제를 허물려는 반대한민국세력(反大韓民國勢力) 간의 투쟁이 날로 심각해지고 있다. 이 체제전쟁에서 반대한민국세력이 소위 '촛불혁명' 이후 대한민국세력에 대해 우세를 확보한 형국이며, 그로 인해 대한민국의 자유민주주의체제가 위기에 봉착했다.

그럼에도 불구하고, 일반 국민은 물론이고 식자층이나 정치인들조차도 국가의 운명을 좌우하는 이 중대한 사태를 제대로 인지하지 못하고 있다. 그 주된 이유는 반대한민국세력이 위장전술을 구사하여 자기들의 본색을 감추고 있고, 그러한 반대한민국세력의 위장전술을 격파하지 못하고 있는 데 있다. 이희천 교수의 신저 "반대한민국세력의 비밀이 드러나다"는 대한민국세력 대 반대한민국세력 간의 체제전쟁에서 대한민국세력의 열세를 만회하는데 크게 기여할 수 있는 중요한 도서이다.

이 책은 반대한민국세력의 본색을 명료하게 밝혀내고, 체제전쟁에서 대한민국세력이 반대한민국세력을 상대로 어떻게 투쟁해야 하는지를 제시하고 있다. 이제까지 애국의병들은 애국심에서 투쟁에 나서기는 했지만, '적이 누구인지, 그들이 어디에 있는지, 무슨 작전으로 나오는지' 제대로 알지 못한 채 주먹구구식으로 대응하는 경향이 있었다. 이 책을 숙독하면 그러한 경향이 많이 교정될 것으로 판단된다. 이 책은 대한민국세력이 전투를 효과적으로 전개할 수 있도록 도와주는 나침반이자 네비게이션이라고 말할 수 있다. 사회 여러 분야에서 투쟁하고 있는 애국의병들은 이 책을 매개로 해서 하나의 군대가 되고, 승리하는 군대가 될 것으로 믿는다.

양동안(한국학중앙연구원 명예교수)

"어떻게 대한민국세력을 확산시키며 반대한민국세력을 축소시킬 것인가?"

해방 후 남북분단 속에 출범한 대한민국은 하나님의 섭리로 73년이란 짧은 시간에 반공과 산업화와 민주화를 이룸으로 선진화의 문턱에 이르렀다. 그런데 팬데믹을 거치면서 세계인들에게 문화강국, 디지털강국, 경제강국으로 강력한 이미지를 남긴 대한민국의 앞길을 막고 방해하는 정치사상적 세력들이 있다. 하나는 밖에 있는 혁명적 공산주의로서 북한 공산주의와 중국 공산주의이다. 다른 하나는 안에서 민주화를 빙자한 공산주의로서 주사파, 민중민주주의, 동성애젠더주의이다. 우리는 일치단결하여 선진화를 이루고 자유민주통일을 달성하는 것을 막으려는 안과 밖의 공산주의 세력과 싸워 이겨야 한다.

이러한 시대적 위기 앞에 이희천 교수가 대한민국의 정치사상적 지도를 보수와 진보가 아닌 대한민국세력과 반대한민국세력으로 명쾌하게 구분한 책을 출간한 것에 대해 진심으로 축하한다. 이 책은 무엇보다 대한민국세력의 판도만이 아니라 반대한민국세력의 계보도 소상하게 밝힘으로써 '어떻게 대한민국세력을 확산시키며 반대한민국세력을 축소시킬 것인가?'에 대한 문제의식까지 불러일으키고 있다. 또한, 반대한민국세력의 뿌리로서 북한 공산주의는 물론 막시즘에 토대를 둔 소련공산주의와 중국공산주의, 막시즘을 극복하기 위해 생겨난 네오막시즘까지 시원하게 파헤침으로서 시대적 흐름을 파악하는 데 큰 도움을 준다. 마지막으로 자유민주공화국으로서 대한민국을 어떻게 지켜나갈 것인가에 대한 여러 가지 대안들을 제시하고 있다. 아무쪼록 이 책이 반대한민국세력과 싸우는 대한민국세력의 지도자들과 국민들에게 좋은 정치사상적 지침서가 되었으면 한다.

고형석(코리아 교회 목사)

"문제를 제대로 인식하고 올바른 관점을 회복하는 자유 세계의 시민들이 만들어지기를 소망한다."

이희천 교수는 오랜 기간 동안 사회주의의 이론과 역사를 연구해 온 전문 연구자다. 그는 자신의 지식을 기반으로 하여 지금 한국 사회가 왜 사회주의 이념에 친화적인 사회가 되었는지 세계 역사와 대한민국의 역사를 사회주의 이론의 관점에서 분석하고 있다.

이 책은 자유 대한민국을 지키려고 하는 사람들이 반드시 읽어봐야 할 책이다. 왜냐하면, 이 책에서 그는 우리가 납득할 수 있는 원인 분석과 진단을 하고 있기 때문이다.

이 책을 통해 우리가 현재 안고 있는 문제를 제대로 인식하고 올바른 관점을 회복하는 자유 세계의 시민들이 많이 만들어지기를 소망한다.

김철홍(장로회신학대학교 교수)

차례__Contents

03 제3부 반대세의 실체 탐색하기

04 제4부 대한민국 바로세우기 전략

제1부

촛불시위 통해 대한민국 통찰하기

1부를 시작하며

촛불. 바람이 불면 곧 꺼질 듯 연약하면서도 어둠을 밝히는 작은 불빛이다. 그래서 평화를 상징하며 저항을 의미하기도 한다. 이 촛불은 대한민국 현대사에서 지워지지 않는 정치적 의미를 담고 있다. 촛불시위 때문이다. 국민 한쪽에서는 촛불이 저항이자 승리의 상징으로, 또 다른 한쪽에서는 좌절과 고통의 상징으로 각인되어 있다. 대한민국 국민들의 마음을 이보다 더 정확히 둘로 나누었던 물건이 또 있을까?

촛불시위를 제대로 이해하지 않고서는 대한민국 현대사를 제대로 이해할 수 없다. 촛불을 들고 거리로 나섰던 국민, 촛불에 데여 트라우마를 느끼는 국민. 앞으로 두 국민들이 서로 나뉘어 서로 싸우고 갈등한다면 대한민국 미래는 얼마나 암울할까?

우리는 촛불 현대사를 이성의 눈으로 열린 마음으로 냉정하게 그 실체를 통찰해보자.

2002년 의정부여중생 촛불의 실체

2002년 11월 말에서 12월 말까지 반미촛불시위가 광화문광장을 뜨겁게 달구었다. 우리나라 정치사에서 처음으로 등장한 촛불시위였다. 중학생은 물론 퇴근하는 직장인들까지도 양손에 촛불을 들고 시위에 나섰다. 실천연대의 노래패 "우리나라"는 "탱크라도 구속해"라는 노래를 부르며 시위에 참여한 중학생, 대학생 등 시위대를 흥분시켰다.

이 사건의 발단은 이렇다. 2002년 6.13 심미선, 신효순 두 의정부 여중생이 친구의 생일파티에 가다가 좁은 도로 위에서 미군 장갑차에 치여 죽은 사고가 발생했다. 도로는 꼬불꼬불한데다 왕복 2차선으로 매우 좁았다. 폭이 넓은 장갑차(3m 40cm)는 건너편 차선에서 오는 차를 피하기 위해 길가로 붙어가다가 두 여중생을 발견하지 못하고 교통사고를 낸 것이었다. 장갑차는 전투용이기 때문에 앞문에 통유리가 되어 있는 자동차와 달리 운전석에서 좌우를 다 볼 수 없었다. 현장검증 결과, 운전병 자리에서는 두 여중생이 보이지 않았다. 단순한 교통사고였다. 그러나 '미군 장갑차가 일부러 어린 여중생들을 깔아 죽였다. 처음에 안 죽으니까 후진하여 터트려 죽였다' 는 등 국민감정을 자극하는 표현들이 등장했다.

이 사건이 일어난 것은 한창 한일월드컵(5.31-6.30) 열기가 뜨거웠던 6월이었다. 그런데, 그해 11월 의정부 미군 법정에서 장갑차 운전병에게 무죄 평결이 내려지자 반미시위가 폭발했다. '어떻게 사람을 죽인 장갑차 운전병을 무죄로 판결할 수 있느냐?' 는 것이었다.

이 사건을 주도한 단체는 민노총, 전교조 등 500여개 좌익·좌경단체들이 참여한 "여중생범대위"였다. 광화문광장이 반미 촛불시위로 뒤덮였던 12월은 바로 대통령선거(12.19)가 있었다. 촛불시위는 노무현 대통령 당선에 영향을 미쳤다는 것이 정설이다.

주동세력은 효순·미선 추모 촛불시위를 매년 지속적으로 열어 반미의식을 고양하는 소재로 오래도록 활용했다. 미선 양의 아버지 심수보 씨조차도 10년 뒤인 2012년 6.4 조선일보와의 인터뷰에서 "단순한 교통사고다. (미군들이) 애들이 미워서 낸 사고가 아니지 않느냐.", "얼굴도 모르지만 그 미군들도 이젠 마음의 짐을 덜고 편하게 살았으면 한다"라고 말했다. 그러면서 '제발 효순, 미선을 정치적 목적에 이용하지 말아주기를 바라고, 추모행사에 다른 분들은 그만 오셨으면 한다' 고 말했다.

2008년 광우병 촛불의 실체

2008년 5월 2일에서 8월 초까지 약 3개월간은 촛불시위로 광화문광장을 뜨겁게 달구었다. 이명박 대통령이 취임(2.25)한 직후인 4월 중순 미국을 방문해서 미국 쇠고기를 수입하는 문제를 협상하고 왔는데, 이에 반대하는 촛불시위였다. 광화문광장에서만 많을 때는 60-70만명이나 모였다.[1] 중·고등학생들은 물론 판단력이 미성숙한 어린 초등학생들도 촛불을 들고 나섰다. 촛불시위는 시간이 흐를수록 과격한 시위로 변하여 시위대가 청와대를 진격하려 하고, 경찰이 이를 저지하면서 서로 많이 다쳤다.

당시 시위의 프레임은 "미국소=광우병=미친소"였다. 미국 쇠고기를 먹으면 광우병에 걸린다는 악소문이었다. 촛불시위가 확산되면서 괴담의 정도도 더욱 심해졌다. "소를 이용해 만드는 라면·캡슐약·과자 등 식품은 물론 화장품·생리대·기저귀 등 600가지 제품을 사용해도 광우병에 전염된다" 그러자, 학생 전용 카페들에서도 '미국소는 곧 미친소'이며 '미국쇠고기를 먹으면 광우병으로 죽는다'는 공포가 가득했다. 어린 학

---

1) 2008년 미쇠고기 수입반대 촛불시위는 4.29 방영된 MBC-PD수첩 "미국산 쇠고기 과연 광우병에서 안전한가" 프로가 결정적 역할을 하였다. 현대사상연구회, 『반대세의 비밀, 그 일그러진 초상』(인영사, 2009), pp16-49.

생들이 "광우병 때문에 죽는 게 억울해요. 아직 나이도 어리고 꿈도 못 이루고, 이제 막 공부 시작할 나이인데", "광우병 걸리면 100% 죽는다는데, 난 아직 살길이 많이 남았어요", "나는 죽기 싫어요. 아직 인생의 1/5도 못 살았어요"라는 등 불안 심리가 만연하였다.

'광우병 촛불시위' 촉발요인은 MBC-PD수첩이었다. 이명박 대통령은 미국에서 미 쇠고기 수입재개 협상을 타결한 것은 4월 18일이었다. 직후인 4월 29일, MBC-PD수첩이 "미국산 쇠고기 과연 광우병에서 안전한가?"라는 제목의 방송을 한 것이 문제였다. 그 프로에서는 넘어져서 못 일어나는 소를 자료화면으로 거듭 보여주면서 미국 소의 광우병 가능성을 방송하였다. 국민은 자료화면에 거듭 보여주는 '그 넘어져 버둥거리는 소'가 광우병 걸린 소로 생각하고 그런 소를 무작정 수입하려 한 이명박 정부에 대해 분노한 것이다. 그런데 MBC-PD수첩 프로에서 자료화면으로 썼던 '그 넘어진 소'는 광우병 걸린 소가 아니라 동물 학대로 관절을 다친 소였다. 검찰이 해당 프로를 만든 김OO 작가를 압수수색을 했는데, 그의 이메일에서 "출범 100일 된 이명박 정부의 정치적 생명줄을 끊어놓으려 했다."는 글이 나왔다.

광화문 등 시위현장에 가니까 누군가 양초와 컵도 주고 불까지

붙여주었다. 게다가 "너나 처먹어", "MB OUT", "뇌송송 구멍
탁" 등 온갖 자극적 문구가 적힌 빨간색 코팅 시위용품을 나누
어주었다. 시위장에는 밧줄이며 쇠파이프, 현수막, 깃발 등 모
든 일체의 시위용품이 구비되어 있었다. 게다가 곳곳에 무대를
만들어 노래를 부르고 선동구호를 외치며 시위를 이끌었다.

이 시위를 주도한 단체는 광우병대책회의였다. 이들은 시위물
품 제작 · 배포 및 구체적 행동지침까지 하달했다. 촛불시위를
주도한 사람들은 투쟁에 철저히 준비된 사람들이었고, 현수막,
시위용품 등을 철저히 준비했고, 많은 돈까지 준비했다.

촛불시위가 있을 때면 북한의 방송이나 인터넷 등을 통해, 그
리고 이들을 추종하는 이상한 단체들을 통해 온갖 유언비어가
엄청나게 쏟아졌다. 주 내용은 광장 촛불시위를 부추기는 내용
이고 반미감정을 자극하고 촛불투쟁의 열기를 자극하는 내용
이었다. 심지어 구체적인 투쟁지침까지 연이어 하달했다.[2]

2016년 박근혜 퇴진 촛불의 실체

2016년 말 촛불시위의 주제는 박근혜 대통령 퇴진이었다.
2016년 10. 24 JTBC가 최서원(아명 최순실) 씨 소유의 '태블릿

---

2) 국가정상화추진위원회, 『촛불로 위장한 안보위해세력』(국가정상회추진위원회, 2009),
   pp5-7.

PC'에서 나온 자료라며, '최순실 씨가 박근혜 대통령의 연설문을 사전에 수정 검토했다' 라고 주장했다. 이 보도가 나가자 '박근혜는 최순실의 아바타였다' 는 등 온갖 유언비어들이 인터넷을 도배했다. 나중에 밝혀진 바이지만 보도에서 제시한 '태블릿PC' 는 최순실씨 것이 아니었고, 그녀는 '태블릿PC' 를 다룰 줄도 몰랐다.

JTBC 보도(10.24)가 나간 후 10월 29일(토)에 첫 대규모 촛불시위가 일어났다. 이후 매주 토요일마다 광화문광장은 그야말로 촛불광풍이라 할 만큼 촛불시위대가 넘쳐났다. 촛불시위대는 처음에는 초법적이고 혁명적 방법으로 대통령을 끌어내리려고도 했다. 일례로 박원순 서울시장은 11월 3일(목) 박근혜 대통령을 하야시킨 후 정부를 해체하고 비상시국회의라는 초헌법적 기구를 구성하여 새로운 체제의 국가를 만들자고 제안하기도 했다. 11월 5일(토) 2차 촛불시위 때 시위대들이 '혁명정권 세우자' 는 등 혁명정권 수립 플래카드를 내걸기도 했다. 실제로 2차 촛불시위 때 야밤에 시위대가 청와대를 지키는 경찰방어선을 에워싸며, 경찰의 약한 고리를 뚫고 청와대 담을 넘을지 모른다는 주장까지 흘러나왔다. 혁명전야 같은 느낌마저 들었다. 만약 시위대가 경찰방어막을 뚫고 청와대를 점령했다면 혁명정권이 세워지는 것이다.

대통령 퇴진은 결국 혁명이 아니라 탄핵의 방법으로 선회했다. 태극기집회가 본격 등장하고 저지운동이 일어났기 때문이다. 12.9 국회에서 대통령 탄핵소추가 통과되었고, 2017년 3.10 헌법재판소에서 8:0 재판관 전원 찬성으로 대통령이 파면당했다. 형식적으로 보면 대통령의 탄핵이 헌법에 정한 절차에 따라 합법적으로 이루어진 것처럼 보이지만 사실상은 불법적 측면이 많았다.

첫째, 국회에서 탄핵을 소추할 때나 헌법재판소에서 탄핵 심판을 할 때도 박 대통령의 죄의 유무에 대한 법원의 확정판결을 받기도 전에 선동적인 언론의 주장들을 근거로 한 것이다.

둘째, 광화문광장에 집결한 수십만 군중들이 "박근혜 퇴진하라", "박근혜 탄핵하라"고 외치는 함성소리가 탄핵소추하는 국회의원들이나 헌법재판관들에게 큰 위협이 되었다는 점이다. 촛불시위대는 탄핵소추를 할 때는 국회를 에워쌌고, 탄핵심판을 할 때는 헌법재판소를 에워싸며 압박을 가했다. 문재인 전 더불어민주당 대표도 2016년 12.16 한 방송에서 "헌재가 탄핵을 기각하면 혁명밖에 없다"라고 했다. 이러한 심리적 압박이 국회의원들이나 헌법재판관들에게 강하게 작용했다고 한다.

셋째, 촛불시위대는 평화로운 시위라고 선전했지만 광화문광장의 시위장 내부에서는 자유민주주의의 모습을 찾을 수 없었다. 서옥식 박사(연합통신 편집국장 출신)는 "대한언론" 2017년 2월호 기사("촛불시위 주도 핵심세력의 정체는 무엇인가")에서 당시 장면을 이렇게 표현했다.

> "대통령의 목을 쳐야 한다며 등장시킨 기요틴(단두대)과 대통령의 시신을 메고 가는 상여 행렬, 목이 잘려 공중에 높이 들려있는 대통령의 피 흘리는 얼굴 모형, 대통령에게 사약을 들이붓는 퍼포먼스, 어린애들이 발로 차고 굴리는 대통령의 얼굴 모형이 담긴 대형 축구공, 수의를 입혀 포승줄로 묶어 끌고 가는 대통령과 기업인들의 형상, 그리고 이들을 무덤에 파묻는 의식... 혁명을 구실로 중국의 문화혁명이나 캄보디아의 크메르 루즈정권의 킬링필드 광기(狂氣)를 방불케 하는 인간에 대한 잔혹한 범죄 예행연습이 대한민국 수도 한복판에서 이루어지고 있다"

넷째, 촛불시위대들은 주권자인 국민이 "대통령 퇴진하라"고 하면 퇴진하는 것이 민주주의라고 했다. '광장민주주의', '직접민주주의'라는 것이다. 광장에 모인 국민의 극히 일부가 '대통령직에서 내려와라' 하면 내려오는 것이 민주주의는 아니다. 법치주의와 자유민주주의를 훼손하는 것이다. 사상연구의 원로 양동안 전 한국학중앙연구원 교수는 "광장에 모인 군중들이 합법적으로 선출된 대통령의 사임을 원한다고 해서 퇴진시키는 것은 헌법이 정한 자유민주주의원리인 법치주의를 파괴하는 폭민정치"라고 규정했다.

02 촛불, 어떻게 평가해야 할까?

2002년부터 등장한 촛불시위는 2008년 이명박 대통령을 끌어내리는 데는 실패했으나 2016년 박근혜 대통령을 끌어내리는 데 성공했다. 촛불시위에 참여한 사람들은 주도세력의 뜻을 잘 모르고 참여했겠지만, 배후의 주도세력은 거대한 정권장악 마스터플랜을 가지고 그 꿈을 이루기 위해 지속적으로 노력한 것으로 평가된다.

광장투쟁의 조직력은 어디서 나온 건가?

2002년 효순·미선 촛불시위, 2008년 광우병 촛불시위, 2016년 박근혜 대통령 퇴진 촛불시위 등을 누가 주도한 것일까? 2002년 효순·미선 촛불시위에서는 "여중생범대위", 2008년 광우병 촛불시위에서는 "광우병대책위", 2016년 박근혜 퇴진 촛불시위에서는 "박근혜 퇴진투쟁본부"였다. 시위를 컨트롤하는 종합상황실은 민노총 건물에 설치했었다. 시위에 동참한 단체는 효순·미선사건 때는 500여개, 2008년 광우병 촛불시위와 2016년 박근혜 퇴진 촛불시위 때는 1,800여개에 이르렀다고 한다. 실무적 역할은 민노총, 전교조 등이 주도적으로 했는데 특히 민노총은 대형 촛불투쟁이 있을 때마다 TF조직을 만들어 행사 전체를 컨트롤 했다. 정치적 배후 역할은 민노당→통진당 등이 했다. 북한도 배후에서 선전선동과 다양한 공작활동 등으로 관여한 것으로 평가된다.

광장 대중투쟁이 본격화된 것은 2000년 이후부터였다. 이것이 가능했던 것은 1990년대에서 2000년대에 걸쳐 다양한 좌익·좌경조직들이 양산되었기 때문이다. 좌익·좌경세력은 1990년대 노동계, 교육계, 언론계, 문화계 등으로 진출하여 민노총, 전교조, 민변 등 다양한 진지에서 좌익·좌경 성향의 조직들을 만들었고, 나아가 분야별 단체들을 연대하는 통일전선체 조직인 전국연합(1991) 등도 만들었다. 특히 김대중 대통령이 추진한 남북정상회담(2000.6)과 햇볕정책 추진으로 북한과의 교류가 활성화되자, 종북·친북적 통일운동 단체들도 속속 만들어졌다. 실천연대(2000.11), 통일연대(2001.3), 민중연대(2003) 등 새로운 종북 성향의 투쟁단체들이 등장한 것이다.

기존의 단체들과 새로 만들어진 단체들이 합세하여 광장투쟁력을 높일 수 있었다. 이러한 광장투쟁을 통한 효과를 높이기 위해서는 대중투쟁을 정치적으로 엄호하기 위한 합법적 정당도 필요했다. 그래서 전국연합이 2001년 9월 결의를 한 후 민노당 장악에 들어간 것으로 평가된다.

촛불시위의 목적과 성격은 무엇인가?

2002년 효순·미선 촛불시위부터 2008년 광우병 촛불시위, 2016년 박근혜 대통령 퇴진 촛불시위에 이르기까지, 일어난 촛불시위들의 공통점은 무엇일까? 이것을 알아야 촛불시위의 목적과 성격을 제대로 알 수 있다.

2002년 12월 의정부여중생 사망 촛불시위의 주요 테마는 반미였다. 2004 - 2007년 평택 미군기지 이전반대시위, 2005년 맥아더동상 파괴기도 시위, 2007년 한미FTA 반대시위, 2008년 미 쇠고기 수입반대 촛불시위(광우병 촛불시위) 등도 반미가 테마였다. 그 외에도 정신대대책위의 반일집회, 천안함사건 관련 북한 옹호 시위, 제주 강정마을 해군기지 건설 반대시위, 국가보안법 폐지 시위, 사드반대 시위 등도 있었다. 이러한 광장투쟁의 소재는 크게 보면, 반미, 반일, 친북, 친중, 친사회주의, 반대한민국, 반자본주의 등이었다. 광장투쟁에서 가장 많이 활용된 것은 반미투쟁이었고, 2008년 광우병 촛불시위 이후 가장 많이 활용된 소재는 반일이었다. 반일도 알고 보면 배후에 반미를 내포하고 있다. 반미-반일 뒤에는 친북, 친중, 친사회주의이고, 이는 반우익, 반대한민국으로 이어져 있다.

촛불시위 속에서는 대한민국의 자유민주주의체제를 허물려는 반체제세력이 개입했음을 여러 측면에서 찾아볼 수 있었다. 예를 들어, 2016년 말 박근혜 퇴진투쟁 촛불시위의 사례를 통해 알아보자.

서옥식 박사가 2017년 2월 대한언론인회 회보에 발표한 글에 따르면, "(박근혜 퇴진투쟁 촛불시위에 참여한) 이들 단체 중 대부분은 공개적으로 대한민국의 정통성과 자유민주주의체제를 부정하고 북한이 주장하는 국가보안법 폐지, 미군 철수, 연방제 통일에 동조하는 이적단체(반국가단체)를 포함한 친북 반미단체이다."라고 분석했다. 그는 또 "(이들이 주도한) 촛불집회·시위현장에서는 '노동자가 주인이 되는 세상', '중고생이 앞장서서 혁명정권 세워내자', '문제는 자본주의, 사회주의가 답이다', '북한이 우리의 미래이며 희망이다', '거대한 횃불로 보수세력 모두 불태우자', '양심수 이석기 석방'" 등 반자본주의, 친북적 구호나 유인물이 난무했다고 지적했다. "이들의 주장들은 대부분 북한의 대남 공산화전략 구호들"이라고 했다. 서옥식 박사는 시위현장에서 부른 노래에도 주목했다.

"시위현장에서 참가자들이 따라 부르고 합창하는 주제가는 증오와 적개심이 저절로 묻어나오는 노래이다. 주제가 '이게 나라냐?'를 작사·작곡한 사람은 주사파 민족해방계열(NLPDR)의 윤민석(본명 윤00)으로, H대 무역학과 84학번의 극좌 운동권 출신이며, 건국 이후 최대 공안사건으로 기록되는 '조선로동당 중부지역당사건(1992)'에 연루됐던 인물이다. 그는 '김일성 대원수는 인류의 태양', '서울에서 평양까지', '수령님께 드리는 충성의 노래', '전대협 진군가', 'Fucking USA(미국 엿 먹어라)' 등 종북 반미 성향의 노래를 만들어 왔다."[3]

03 문재인정권이 꿈꾼 '촛불정신의 나라'

문재인 대통령은 물론 문 정권 주요 인사들도 수시로 촛불정권이라고 강조했다. 문재인 대통령은 2017년 9월 유엔총회에선 "나는 촛불혁명으로 태어난 대통령"이라고 소개하기도 했다. 문 정권은 2018년 초 헌법안에도 '촛불혁명'을 삽입할 정도였다. 문 정권은 스스로 '촛불혁명정권'이라고 규정한 후 촛불혁

---

3) 서옥식, 『촛불시위 주도 핵심세력의 정체는 무엇인가』(대한언론, 2017년 2월호).

명정신을 기본으로 한 헌법을 만들겠다고 했고, 이를 '국민헌법'이라고 했다. 문 정권이 내세우는 촛불혁명은 어떤 혁명이며, 촛불정신은 어떤 정신인가? 촛불정신에 입각해 만들려고 하는 나라는 어떤 나라인가?

문재인 대통령은 2017년 5월 대통령선거 직전 문재인 후보가 유세 중 "가짜보수를 횃불로 불태우겠다"고 발언했고, 더불어민주당 대표였던 이해찬 의원도 당시 "보수를 궤멸시키겠다"고 말했다. 그러면서, 문재인 대통령은 2019년 1월 청와대에서 가진 행사에서 "20개월간 오직 촛불민심만 생각했다."라고 고백했다.

문재인 대통령이 생각하는 국민은 분명 둘이다. 하나는 자신을 지지하는 촛불국민, 다른 하나는 궤멸되어야 할 보수국민이다. 촛불을 든 세력은 '정의의 세력'이고 태극기를 든 세력은 '적폐세력'이라는 관념이다. 국민을 사상을 기준으로 둘로 나누는 나라는 어떤 나라일까? 인민민주주의, 민중민주주의, 진영민주주의 나라가 아닐까? 이는 자유민주주의체제의 국민주권론을 위반하는 개념인 것이다. 문 정권은 실제로 집권 후 '적폐청산'이라는 이름으로 우경정권 인사들을 줄줄이 구속하는 등 박해했고, 기독교 등 자신들에게 저항하는 세력을 궤멸시키기 위해 노력하고 있는 것으로 평가되고 있다.

제2부

대한민국세력
반대한민국세력간
전쟁터 대한민국

反大勢

제1장

잘못된 사상전쟁을 하고 있는
대한민국

01 국민들이 궁금해 하는 사상문제

인터넷에 보면, 우리나라 내에서 거론되는 사상 용어들에 대해
궁금해하는 사람들이 많다는 것을 알 수 있다.

"건국 직후에 좌파와 우파의 싸움이 심했다고 하던데, 좌파는
무엇이며 우파는 무엇인지, 그들이 왜 싸웠는지 알려 주세요"

"신문에 보면, 진보세력과 보수세력이니 하는 말들이 나오는
데, 그게 무얼 기준으로 나누는 것인지, 성향이 무엇인지 궁금
해요"

"보수파는 항상 노땅('늙은 사람' 의미)에 기득권자들이고, 진보파
는 젊고 참신하고 세상을 좋게 만들려는 사람이라는 인식이 강
하잖아요. 그러면 보수파는 무조건 나쁘고 진보파는 무조건 좋
은 건가요. 항상 나쁘기만 한 것이 존재할 수 있나요?"

또한 "신문에 좌파니 친북이니 진보니 하는 말들이 나오는데
요. 보통 신문 등 여러 매스컴에서는 이것들을 거의 하나로 보
는 경향이 있는 것 같네요. 제가 생각했을 때는 이 세 가지는
분명 구분되어야 한다고 생각하는데요. 저는 진보는 좋지만,
친북은 싫어요. 그런데 보통 진보를 외치는 사람들은 친북하는
경향이 크더라구요. 아닌가요? 용어들을 정확히 알려주세요"
국민들이 이처럼 사상문제를 혼란스럽게 생각하는 것은 한국
에서 사상갈등이 심하기 때문이고, 사상에 대한 용어들이 매우
혼란스럽게 사용되고 있다는 증거이다.

02 사상 명칭으로서의 '보수-진보' 프레임 파기해야

1) 우리 사회를 지배하는 '보수-진보' 사상 프레임

우리 사회에서 보수-진보라는 사상 프레임이 널리 사용되고
있다. 이는 국민들의 정치성향, 사상성향을 나타내는 도구이기
도 하고, 선거 때 투표 성향과 판세를 가늠하는 도구이기도 하
다. 이러한 보수세력과 진보세력간 사상논쟁은 국민들을 분열
시키고 갈등하게 함으로써 국가의 에너지를 소모시켜 왔다. 그
런데 보수-진보라는 사상 프레임은 어떻게 생긴 것일까? 이들
간에는 대립하지 않으면 안 되는 큰 차이가 있는 것일까?

2) 보수 · 진보의 사전적 개념

일반적으로 '보수'란, 현 상태에 대한 기본적인 만족성을 토대로 급격한 변혁에 불안감을 느끼고 그 상태의 유지 · 발전에 힘쓰는 성향이라고 본다. '진보'란, 사전적 개념으로 '현 상태보다 나은 상태로 변화하는 것'으로 이해되고 있다. 이러한 보수, 진보의 개념으로는 대한민국에서 사용되는 보수−진보 사상프레임을 제대로 이해할 수가 없다.

3) 보수 · 진보 개념의 문제점

그러면, 대한민국에서 정치, 사상 프레임으로 사용되는 보수−진보 개념에 어떤 문제가 있을까? 문제의 핵심은 "진보" 개념이 이중적으로 사용되고 있다는 데 있다. ▷사전적으로는 "보다 나은 상태로 변화하는 것"이란 좋은 의미로 이해되지만, ▷정치학적으로는 "진보"란 사회주의, 공산주의를, "진보세력"이란 사회주의자, 공산주의자를 지칭하는 용어로 사용되고 있다. 그런데, 사상에 대한 이해도가 적은 청년들이나 일반 국민들이 정치학적인 진보 개념을 모르고, 사전적 의미의 진보 개념으로만 이해하는 데서 문제가 발생하는 것이다. 이들은 진보로 포장한 좌익세력(사회주의 · 공산주의 세력)에 대해 "보다 좋은 세상을 만들기 위한 정치세력" 정도로 이해하고 그들이 쳐놓은 진보텐트 속으로 줄줄이 들어간 것이다.

마르크스로부터 레닌, 스탈린, 마오쩌둥(모택동), 김일성, 박헌영도 공산주의·사회주의 세력을 진보세력으로 호칭했다. 해방 이후 북한에 들어온 소련군도 자신들을 공산주의·사회주의를 내세우지 않고 '진보적 민주주의'라고 포장해 대중들에게 선전했다. 오늘날 한국의 사회주의자들도 PD파, NL파를 불문하고 모두 '진보세력'이라는 용어를 사용하고 있다. 현재 미국과 유럽에서도 진보세력이란 사회주의자, 공산주의자들을 지칭하는 용어로 이해하고 있다. 미국의 트럼프 대통령도 2020년 대선 시 사회주의자들이 '진보세력'이라고 위장하고 있다고 질타하곤 했다.

왜 공산주의, 사회주의자들이 자신들을 '진보세력'이라고 호칭하는 것일까? 마르크스이론 때문이다. 마르크스는 사적유물론에서 '역사는 원시 공산사회에서 고대 노예제사회로, 고대 노예제사회에서 중세 봉건사회로, 중세 봉건사회에서 근대 자본주의사회로, 근대 자본주의사회에서 사회주의-공산주의사회로 진보해 간다'고 규정했다. 특히 '자본주의체제를 허물고 사회주의 → 공산주의체제로 변혁하는 것이 더 좋은 사회로 진보하는 것'이라는 관념이다. 사회주의자, 공산주의자들이 사회주의-공산주의에 대해 보다 더 좋은 세상을 만들려는

사상이라고 부르고, 그런 자신들을 '진보세력'이라고 부르는
것은 이해할 수 있는 일이다. 그러나 사회주의-공산주의가 나
쁜 사상이라고 생각하는 사람들이 공산주의, 사회주의자들을
향해 '진보세력=보다 더 좋은 세상을 만들려는 사람들'이라
고 불러주는 것은 자기모순이며, 지극히 잘못된 용어 사용법
이다.

우리 사회에 보편적 용어로 자리 잡고 있는 보수-진보 프레임
이 갖는 문제점을 좀 더 심층적으로 알아보자.

일반 국민들이 생각하는 진보와 좌익세력이 생각하는 진보는
개념이 다르다.

좌익세력은 '진보세력' 용어에 대해 사회주의, 공산주의세력
을 의미한다는 것을 정확히 알고 사용한다. 이들은 사회주의,
공산주의를 싫어하고 자유민주주의, 시장경제체제(자본주의체제)
를 지키려는 세력에게는 '진보(사회주의, 공산주의)를 거부한다'
는 의미에서 반동분자, 적폐세력, 수구세력 등의 프레임을 씌
운다. 북한정권 수립과정이나 6·25전쟁 와중에 자본가·지주
들을 '반동분자'라는 딱지를 붙여 처형한 것도 사회주의로 가
는 '진보'를 거부하는 세력이기 때문에 제거해야 한다는 의미
를 담고 있었다.

그런데, 청년 등 일반 국민들은 '진보, 진보세력' 이라는 용어를 정치적 의미로 이해하지 못하고, 사전에 있는 일반적 '진보 개념' 인 '앞으로 나아가다', '변화와 발전을 지향하다' 는 식으로 이해하는 것이다.

그러나 좌익세력이 자신들을 진보, 진보세력이라고 부르면, 일반 청년들은 사전적으로 이해하여 "좋은 상태로 나라를 만들려는 좋은 세력이구나!"로 이해하는 것이다. 이렇게 이해하고 나면 "이런 좋은 세력을 반대하는 보수세력은 뭔가?"라는 생각에 이른다. 결국, "보수세력은 틀딱이고 수구꼴통이구나. 보수세력은 궤멸되어야 해"라는 관념이 박히는 것이다. 결국 보수란 '좋은 상태로 노력하는 진보세력을 비판하는 나쁜 세력' 이라는 이미지로 굳어지는 것이다.

좌익세력은 이러한 정치용어 프레임전의 선수들이다. 레닌도 "용어를 혼란시켜라"라고 했고, 전교조 문건에도 "용어전에서 승리해야 하고, 유리한 용어를 선점한다."라고 되어 있다. 이들은 용어전에 뛰어난 전략전술가로서, 보수-진보라는 프레임이 어떤 효과를 거두는지 다 알고 사용하는 것이다. 그런데, 일반 국민들은 이 프레임이 갖는 효과나 부작용을 전혀 알지 못하고 쓰는 것이다.

보수-진보는 짝이 잘못 설정되어 있다.

보수-진보라는 개념은 짝이 잘못 설정되어 있다. 무슨 말이냐 하면, 진보(進步)의 반대말은 보수(保守)가 아니다. 진보(進步)의 반대말은 퇴보(退步)이며 반동(反動)이다.

보수주의는 진보를 거부하는 퇴보가 아니다. 보수주의란 현재의 귀중한 가치나 질서 등을 긍정하고 지킬 것은 지키고 발전시킬 것은 발전시키는 온건개혁 성향을 말한다. 미국의 보수주의는 청교도들이 가졌던 기독교 신앙적 가치, 전통문화 등을 지키고 계승 발전시키려는 성향을 말한다. 보수주의와 대립하는 개념은 자유주의이다. 엄격한 기독교 문화에서 벗어나 인간 중심의 좀 더 자유로운 가치와 행동을 지향하는 성향을 말한다.

이러한 보수주의를 자유주의가 아니라 진보주의와 짝을 이루다 보니, 그 부작용이 극심하게 된 것이다. 보수는 진보를 싫어하는 의미로 굳어진 것이다. 보수는 진보의 반대말이 아니며, 진보를 거부하는 것이 아니다. 대한민국의 보수세력이 과거로 퇴보하기 위해 노력한 세력이라면 어떻게 '한강의 기적'이라 불리는 대한민국의 발전을 이룰 수 있었겠는가? 퇴보(반동)세력이란 현 체제에 심한 불만을 가지고 과거로 회귀하려는 세력을 말한다. 현 대한민국 체제에 극심한 실망을 느끼고 과거 군부

체제나 조선왕조체제로 되돌아가려 하거나 혹은 문명이 싫어 원시사회로 되돌아가려는 세력이 있다면 이들이 퇴보 · 반동세력이라 할 수 있다.

또한 보수주의 짝은 자유주의로 하는 것이 타당하다. 보수주의-자유주의는 모두 자유민주주의 노선이다. 보수주의가 싫은 사람은 자유주의를 선택하면 된다. 보수주의-자유주의-진보주의 세 개로 구분되어 있다면 보수주의가 싫으면 자유주의를 선택하면 되고, 둘 다 싫은 사람은 진보주의, 즉 사회주의를 선택하면 된다. 그런데, 보수주의-자유주의 프레임에서 자유주의를 없앤 후 그 자리에 진보주의를 넣으니 자유주의를 선택하고 싶은 사람이 갈 공간이 없는 것이다. 보수주의가 싫은 사람이 선택할 수 있는 대안은 사회주의(진보주의) 밖에 없게 된 것이다. 그래서 보수주의를 싫어하는 젊은이들이 대거 좌익세력이 쳐놓은 진보텐트 안으로 들어가게 된 것이다. 보수-진보 프레임은 사회주의-공산주의를 지향하는 좌익세력에게 절대적으로 유리한 사상전의 무기인 것이다.

2008년 3월 월간중앙이 실시한 '한국 보수세력'에 대한 여론조사에 따르면, '보수세력 지도자들은 존경받지 못하고 있다'는 응답은 70.3%에 달했으며, '앞으로 한국 사회를 이끌 세력으로 어느 세력이 더 적절하다고 보느냐'는 질문에 대해 진보세력을 지목한 응답자가 65.7%로, 보수세력을 지목한 응답자 (25.6%)보다 2.5배 이상 많았다. 이는 보수세력에 대한 부정적 인식이 깊이 각인되어 있다는 것을 의미한다. 또한 '보수는 실용적인가?' 라는 질문에 '아니오'가 무려 59.6%에 이르렀다. 이는 보수세력에 대해 개혁·발전을 거부하는 수구세력으로 인식하고 있다는 의미이다.

진보세력 안에는 도저히 결합할 수 없는 두 세력이 혼재하고 있다
진보세력 안에는 자유민주주의체제를 허물고 사회주의, 공산주의체제로 변혁하려는 좌익세력과 자유민주주의체제를 좋아하지만 진보라는 말에 속아 잘못 들어간 국민들이 혼재하고 있다. 즉, 진보그룹 내에는 대한민국을 긍정하는 대한민국세력(약칭 대세)과 대한민국을 부정하는 反대한민국세력(약칭 반대세)이 함께 뒤섞여 있는 것이다. 혼재하는 두 그룹 중 사회주의세력이 주도권을 장악하고 있다. 이들 중에는 인권탄압, 폐쇄적 민족주의, 세습 왕조체제 등 퇴보적인 북한체제로 통일을 지향하는 그룹도 있다. 세계 10위권 경제대국 대한민국을 붕괴시키고 가난과 인권탄압의 북한체제, 사회주의체제로의 통일을 꿈꾸는 반대세(反대한민국세력)가 어떻게 진보세력이 될 수 있는가? 이러한 측면에서도 사상으로서의 '진보' 개념에 문제가 있음을 알 수 있다.

사상으로서의 '진보주의(progressivism)'는 세계에서 통용되는 보편적인 용어가 아니다

사상분야 전문가 양동안 교수는 자신의 저서 『한국에서 혼란스럽게 사용되는 정치 · 사상 용어 바로알기』에서 진보 개념의 문제점을 이렇게 제기하고 있다. '세계 각국에서도 사상을 정의할 때 진보(progress) 개념을 별로 사용하지 않으며, 진보(progress) 개념은 한국 내 좌익세력이 확산시킨 개념으로 한국에서만 주로 널리 사용되고 있다.

현대 이데올로기들의 발상지인 유럽에서는 보수주의 · 진보주의, 보수정당 · 진보정당 등의 명칭이 존재하지 않고, 대부분 자유민주주의 · 사회민주주의 · 민주사회주의 등 사상 실명제를 사용하고 있다.

미국에서는 사회주의자들이 자신을 "progressives(진보세력)"라고 부르나, 비사회주의자들은 사회주의세력에 대해 progressives(진보세력)라고 부르지 않고 radicals(과격세력)라고 부른다.[4] 2020년 대선에서도 트럼프 대통령이 수시로 사회주의세력을 향해 진보세력으로 포장한다고 비판하곤 했다. 미국 비사회주의자들도 진보주의(progressivism)란 용어를 사용할 때

---

4) 양동안, 『한국에서 혼란스럽게 사용되는 정치사상용어 바로알기』(도서출판 대추나무, 2020), pp93.

가 있는데, 사상(이데올로기)을 가르키는 용어가 아니고 정치개
혁운동을 가르키는 용어로 쓰이는 경우다.

미국에서도 보수주의(conservatism) – 자유주의(liberalism) 프레
임이 사용되고 있다. 미국의 공화당은 보수주의를, 민주당은
자유주의를 내세우고 있다.

그런 미국 사람들에게 한국의 사상 프레임이 보수주의
(conservatism) – 진보주의(progressivism, 사회주의)로 되어 있다고
하면 놀랄 것이다. 자유주의세력이 들어갈 곳을 사회주의세력
이 차지하고 있기 때문이다.

그런데, 한국의 보수주의(conservatism)–진보주의(progressivism)
프레임을 영어로 통역할 때 conservatism(보수주의) –
liberalism(자유주의)으로 번역을 하는데, 이는 한국도 미국처럼
보수주의와 자유주의가 경쟁하는 것처럼 오인케 하는 것이다.
반대로 미국의 보수주의(conservatism)–자유주의(liberalism) 프
레임을 한국말로 통역할 때 보수주의–진보주의로 번역하는데,
이는 마치 미국에도 보수주의–진보주의 프레임이 사용되는 줄
로 잘못 알게 하는 것이다.[5]

---

5) 양동안, 『한국에서 혼란스럽게 사용되는 정치사상용어 바로알기』(도서출판 대추나무,
2020), pp88–91.

4) '진보세력' 개념 사용은 좌익세력을 도우는 행위

우리나라 '진보세력' 용어는 좌익세력이 자신들의 反대한민국적 사회주의 활동을 합리화하고 대중을 끌어들이는 유인 도구이며, 자신들의 실체를 은폐·엄폐하는 수단이다.

좌익세력은 진보-보수 프레임을 통해 자신들을 '진보세력'이라고 포장함과 동시에 '보수세력은 수구꼴통, 적폐세력'으로 매도하여 대중들이 자유민주주의세력, 대한민국세력을 기피하도록 만들어 왔다. 그러므로, 보수-진보라는 프레임을 쓰면 쓸수록 좌익세력, 반대한민국세력에게 유리한 결과를 낳는다.

그러므로, 일단은 '진보=사회주의', '진보세력=사회주의세력'이라는 개념부터 명확히 해야 할 것이다.

03 보수-진보 대신 어떤 프레임을 사용하면 좋을까?

앞에서 본 바와 같이, 보수-진보 프레임에 심각한 문제가 있고, 특히 '진보'라는 개념에 심각한 문제가 있다는 것을 알았다. 더구나 보수주의가 수구꼴통, 퇴보세력, 반동분자로 매도되고 있는 악의적인 프레임을 벗겨내야 한다. 자유민주주의체제에서의 보수주의란 정통 기독교정신, 천부인권과 자유 등 자유민주주의 정신과 가치를 지키고 보존하는 사상과 정치시스템을 지향하는 노선을 의미한다. 이를 위해서는 먼저 "진보세력 = 공산·사회주의세력, 좌익세력, 반대한민국세력"이라는 의미를 정확히 알려 '진보세력' 용어에 대한 '사용금지선언'을 해야 한다.

그리고 보수주의-진보주의 대신 미국처럼 보수주의-자유주의 프레임을 사용하는 것도 좋다. 유럽처럼 자유민주주의, 기독교 민주주의, 사민주의 등 사상실명제를 사용하는 것을 권장한다. 또한 세계적으로 가장 많이 사용되는 정통 개념은 좌익-우익 프레임이다. 좌익은 공산·사회주의를 지향하는 세력을 말하고, 우익은 반공 자유민주주의, 시장경제체제를 지향하는 세력을 말한다.

저자는 우익-좌익, 실명제 등과 보완적 프레임으로, 2009년 출간한 『반대세의 비밀, 그 일그러진 초상』에서 대한민국세력-반대한민국세력을 제안한 바 있다. 대한민국세력(대세)-반대한민국세력(반대세) 프레임은 한국 상황에서 이해하기 쉽고, 국민들을 설득하기 용이한 이점이 있기 때문이다.

(1) 보수-진보 대신 우익-좌익 프레임 사용하기

보수-진보 프레임 대신 우익(right)-좌익(left) 프레임을 사용하는 것이 바람직하다. 훨씬 더 혼선이 적기 때문이다. 더구나 우익-좌익 프레임은 이미 전 세계 학자들이 이론적으로 검증한 개념이며, 세계인들이 보편적으로 사용하고 있는 일반적인 개념이다. 우리나라에서도 해방 이후, 6·25전쟁 때 널리 사용되었다. 우익이란 자유민주주의, 자유시장경제(자본주의) 체제를 지향하는 노선이고, 좌익이란 공산주의, 사회주의를 지향하는 노선이다. 우익-좌익 프레임을 좀 세분하면, 우익-우경-(중도)-좌경-좌익으로 구분할 수도 있다.

우익·좌익 개념의 역사

우익·좌익의 개념은 언제 등장한 것인가?

원래 우익과 좌익은 18세기 말 프랑스혁명 전후에 있었던 3부회의·국민의회 개최 시 대표들이 앉는 자리가 왕·의장을 중심으로 하여 우측이냐 좌측이냐에 따라 붙여진 개념이다. 보수세력이나 온건개혁세력은 우측에 있어 우익으로, 변혁세력이나 급진개혁세력은 좌측에 있어 좌익으로 불렸다. 그러다 20세기 초 공산주의체제 소련이 등장한 이후 자본주의체제를 무너트리고 공산화하려는 세력과 이를 막으려는 기존 자본주의세력 간의 사상적 갈등이 시작되었다. 이때부터 사회주의·공산주의체제로의 변혁을 추구하는 급진세력을 좌익, 기존의 자본주의체제를 지키려는 세력을 우익이라고 부르게 되었다.

한국에서는 1920년대 초 공산·사회주의 사상이 한반도에 상륙한 후 좌익(사회주의)과 우익(민족주의)의 용어가 도입되고 좌·우익 간 갈등의 역사가 시작되었다. 좌익은 계급을 중시하고 독립 시 사회주의국가를 만들려고 했으며, 우익은 민족을 중시하고 대체로 독립 시 민주공화제를 지향하였다. 이들은 서로 사상적으로 갈등하다가 일제에 대항하기 위해 '좌우합작'의 이름으로 손을 잡기도 하였다.

해방 이후 북한에 공산·사회주의의 소련군이 진주하고 남한에 자유민주주의·자본주의의 미군이 진주하면서 좌우 사상갈등은 심각한 상황으로 치달았다. 남한체제를 지지하는 우익과 북한체제를 지지하는 좌익으로 나뉘어 체제를 둘러싼 갈등을 벌인 것이다. 결국, 남한은 자유민주주의체제로, 북한은 사회주의체제로 귀착이 되었는데, 이러한 사상갈등, 체제갈등이 6·25전쟁으로 나타났다. 6·25전쟁 과정에서 북한이 좋은 사람은 월북하고 남한이 좋은 사람은 월남하여 스스로 체제를 선택했다.

6·25전쟁 때 북한군의 악행을 보면서 많은 국민들이 가지고 있던 공산·사회주의에 대한 잘못된 환상에서 깨어났다. 그들이 선전했던 것과 실상이 너무 달랐기 때문이다. 6·25전쟁 이후 국민들은 대체로 반공의식이 투철해졌고, 좌익세력이 크게

위축되었다. 그러나 전쟁을 겪지 않은 세대가 점점 많아진 1980년대에 대학가에서 좌익학생운동권이 급성장했다. 이들이 30여 년이 지난 현재 좌 · 우익세력간 사상갈등, 대한민국세력과 반대한민국세력 간의 체제전쟁을 유발하고 있다.

좌익 개념에 '친북', '종북' 개념 보충 필요

좌익-우익 프레임은 공산 · 사회주의-자유민주주의 · 시장경제체제(자본주의) 등 사상적 측면으로 구분하는 것이다. 좌익세력도 마르크스-레닌주의 노선을 추종하거나 NL파처럼 북한을 추종하는 세력도 있다. 특히 북한을 추종하는 세력도 추종 정도에 따라 지나친 추종도 있고, 적당한 거리에서 우호적 인식을 갖는 경우도 있다. 따라서 '좌익' 명칭 앞에 북한과의 관계성을 나타내는 '종북', '친북' 등 별도의 명칭도 필요하다.

저자는 이미 2009년 출간한 "반대세의 비밀"에서 "친북과 종북 구별해야"할 필요가 있어서, 2008년 3월 PD파가 민노당을 탈당할 때 사용했던 '종북' 용어를 사상 용어로 사용할 것을 제시한 바 있다.[6] 당시는 '친북 좌파'로 통칭되고 있었는데, "친북은 북한과 친하게 지내 전쟁하지 말자"는 의미로 이해된다면

---

6) 현대사상연구회, 『반대세의 비밀, 그 일그러진 초상』(인영사, 2009), pp110-112.

서, 북한을 철저히 추종하는 세력에게는 '종북'을 붙여 '친북' 세력과 구별해 주어야 한다고 했었다. 이후 '종북'과 '친북'이 구별해서 사용됨으로써, 사상전에 유용하게 활용되고 있다.

남한 지하당, 이적단체 구성원 등처럼 북한의 통치사상과 통치자를 추종하고 북한체제로의 통일을 지향하는 부류에게는 '종북'이라는 명칭이, 북한에 우호적인 성향 정도를 가진 부류에게는 '친북'이라는 명칭이 합당할 것이다.

오늘날 널리 사용되는 우파–좌파 개념의 문제점

오늘날 우리나라에서는 "우익–좌익"이라는 정통 프레임보다는 "우파–좌파" 프레임이 많이 사용되고 있다. 우파–좌파 프레임은 정확한 용어 사용법이 아니다.

양동안 교수에 따르면, 우파–좌파 용어는 특정 정당이나 단체 내부에 존재하는 파벌을 구분할 때 사용하는 용어이다.[7] 우익 정당이나 우익단체 내에도 우파–좌파로 나뉠 수 있고, 좌익정당이나 좌익단체 내에도 우파–좌파로 나뉠 수 있다. 과거 민노당 내에도 좌파와 우파 간 갈등이 심했는데, NL파(주사파)는 대응이 유연하여 우파, PD파는 노선이 강경하여 좌파라고 불리

---

7) 양동안, 『한국에서 혼란스럽게 사용되는 정치사상용어 바로알기』(도서출판 대추나무, 2020), pp70–73.

는 식이다.

정치세력을 구분할 때는 익-당-파로 분류하는 것이 정상적이다. 우익, 좌익은 진영을 구분할 때 사용하고, 진영 내에서 존재하는 것은 당, 단체 등이며, 당과 단체 내에서 파벌, 정파를 구분할 때, 좌파-우파라는 용어를 사용하는 것이다.

단체 내 정파를 구분하는 우파-좌파 용어를 진영을 구분하는 용어로 사용하는 것은 심각한 인식의 혼란을 야기한다. 무게를 측정할 때(kg – g – mg) mg 단위로 잰 수치를 kg 단위로 사용하면 큰 혼란이 야기된다. 마찬가지로 특정 단체 내에 정파를 구분하는 용어를 진영을 구분하는데 사용했을 때 큰 인식의 혼란을 야기할 수 있다. 어떤 사람을 보고 "저 사람은 좌파야"라고 했을 때, 좌익진영 사람이라는 뜻인지, 특정 정당 소속 좌파 파벌이라는 뜻인지 혼동에 빠지는 것이다. 우익진영-우익정당 내의 좌파 성향 인물을 마치 좌익진영 인물로 잘못 인식하는 수가 있어 그에게 큰 피해를 줄 수 있기 때문이다.

우익이라는 명칭이 점차 좌파-우파로 호칭 변경이 일어난 이유는 뭘까? 사상에 대한 이해 부족과 함께 좌익이라고 비판했다가 "내가 왜 좌익이냐?"며 명예훼손죄로 고발되기도 해 비판을 피하다 그렇게 된 것으로 보인다. 상대의 사상 성향이 불명확할 경우, 좌경세력이라고 부르든지, 좌익·좌경세력으로 합칭하는 방법도 있다.

(2) 대세(대한민국세력) – 반대세(反대한민국세력) 프레임

보수–진보 프레임을 대체할 명칭으로서 우익–좌익이라는 명
칭의 약점을 보완하고 일반 국민들의 이해도를 높일 수 있는
대세(大勢)–반대세(反大勢) 프레임을 활용할 것을 추천한다. 사상
전, 체제전쟁을 함에 있어 유용한 점이 많기 때문이다. 대세(大
勢)란 대한민국세력(大韓民國勢力)의 약칭이며, 대한민국을 긍정
하는 세력을 의미한다. 반대세(反大勢)란 반대한민국세력(反大韓
民國勢力)의 약칭이며, 대한민국을 부정하는 세력을 의미한다.

1) 대세–반대세 프레임, 구체적으로 알아보기

대세(대한민국세력)–반대세(반대한민국세력) 프레임의 구조

대세(대한민국세력)는 대한민국을 긍정하는 세력이고, 반대세(반
대한민국세력)는 대한민국을 부정하는 세력이라고 개념화했다.
좀 더 구체적으로 보면, 대세와 반대세(反대세)는 대한민국의 헌
법가치인 자유민주주의 · 시장경제체제와 대한민국의 수립과
발전의 역사를 긍정하느냐 부정하느냐를 기준으로 삼는 것이
다. 대세(大勢)란 대한민국의 가치와 역사를 기본적으로 긍정하
는 세력을 의미하고, 반대세(反大勢)란 대한민국을 부정하는 세

력으로 개념화한 것이다. 대세는 대체로 자유민주주의세력과 유사한 범위를 갖고, 반대세는 사회주의세력과 유사한 범위를 갖는다고 할 수 있으나, 좌경세력과 사민주의세력에 의해 약간의 차이가 있기는 하다.

대세(대한민국세력)-반대세(반대한민국세력)의 구조도는 다음과 같이 그려볼 수 있다. 대세는 매우 범위가 넓고 반대세는 범위가 매우 좁다. 기존의 보수-중도-진보 프레임과는 완전히 다르다. 기존의 보수-중도-진보의 프레임이 얼마나 문제가 많은지, 그것을 왜 파기해야 하는지 알게 해준다.

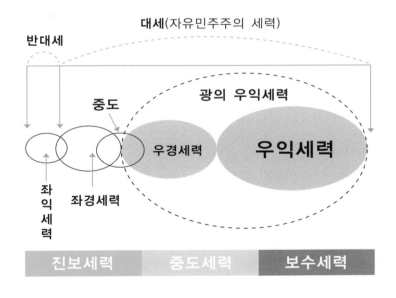

대세(대한민국세력)의 개념

대세(대한민국세력)는 자유민주주의세력과 유사한 범주를 갖는데, 우익세력이 그 중심을 이루고 우경세력(우측으로 기울어진 세력)이 지지그룹을 형성한다. 게다가 상당수 좌경세력(좌측으로 기울어진 세력)을 포함하며, 좌익세력 중 대한민국의 자유민주주의를 부정하지 않는 사민주의 그룹까지도 포함된다. 사민주의(사회민주주의)는 사회주의 노선에서 전향한 세력이며, 좌익이기는 하지만 자유민주주의를 파괴하려 하지 않고 자유민주주의와 공존을 도모하는 그룹이다.

좌익세력 중 사민주의세력은 반대세 아니다

좌익세력의 다수는 반대세(반대한민국세력)에 포함되지만, 좌익세력 중 사민주의세력은 대세(대한민국세력)에 포함된다. 왜냐하면 사민주의세력은 전향한 사회주의세력으로서, 자유민주주의 체제 내에서 노동자의 주도권, 복지 등을 내세우는 세력이기 때문이다.

기독교문화에서 생겨난 영국의 노동당, 독일의 사민당, 스웨덴 등 유럽식 사회주의라고 하는 것은 대부분 사민주의이다. 우리나라에서는 주대환 전 민노당 정책위의장 등이 이 노선을 내세우고, 민주당, 정의당에도 이 노선을 지향하는 그룹이 존재한다. 심지어 국민의힘당 내에도 존재한다. 이러한 그룹은 좌익이기는 하지만 자유민주주의를 부정하는 입장이 아니기 때문에 대한민국세력에 속한다.

우리나라 헌법 제1조 1항('대한민국은 민주공화국이다')의 '민주'는 '자유민주주의'를 의미하지만, 자유민주주의를 긍정하는 '사회민주주의' 등도 포함하는 것이다. 자본주의(사유재산제·시장경제질서)의 폐해를 줄이고 보완하기 위해 사회주의 요소를 강조하는 정당이나 시민단체들의 활동도 허용이 된다는 뜻이다. 일부 우익·우경세력이 대한민국의 자유민주주의체제 성격만을 강조하여 평등·복지·소외계층 보호 등 사회주의적 요소들을 주장하기만 하면 반헌법세력, 반체제세력으로 오인, 공격하는 경우가 종종 있는데, 이는 사상에 대한 이해 부족 때문이고, 전향한 사회주의세력을 반체제세력으로 배척하는 결과를 낳아체제불안도를 높이는 문제가 있다.

반대세(반대한민국세력)의 개념

반대세(反대한민국세력)는 사회주의세력과 유사한 범주를 갖는데, 좌익세력이 그 중심을 이루며, 일부 좌경세력도 여기에 포함된다. 좌익세력이라고 모두 반대세에 포함되는 것은 아니다. 좌익세력 중 사민주의세력은 전향한 좌익세력으로, 자유민주주의체제를 부정하지 않기 때문에 반대세에 속하지 않고 대세에 속한다.

반대세에 속하는 좌익세력이란 혁명적 사회주의세력과 민주적 사회주의세력이 포함된다. 혁명적 사회주의세력이란 혁명을 통해 자유민주주의체제를 무너뜨리고 사회주의체제로 변혁하려는 세력을 말하는데, 이를 공산주의세력이라고 한다. 민주적 사회주의세력이란 선거, 의회 의결 등 합법적 방법, 의회적 방법으로 헌법 개정, 법령 개정 등을 통해 자유민주주의체제를 허물고 사회주의체제를 변혁하려는 세력을 말한다.

좌경세력 일부가 반대세에 포함하는 이유는 뭘까? 좌경세력이란 좌익은 아니지만 좌측으로 기울어진 세력을 말하는데, 좌경세력 중에도 반대세 좌익세력에 적극적으로 협조함으로써 대한민국 자유민주주의에 크게 악영향을 끼치는 경우가 있기 때문이다. 6·25전쟁 당시에도 비록 사상적으로는 좌익이 아니었으나 북한군에 적극 협조, 완장을 차고 우익 학살 등에 앞장선 부역자들이 많았다.

좌경세력이 얼마나 많이 체제에 동화되느냐가 체제안정의 분기점

일반적으로 좌익세력은 사회주의 노선을 명확히 하고 추종하는 점에서 좌경세력과는 개념적으로 구분될 수 있다. 좌경이란 사회주의에 대해 수용적 태도를 가지고 있으므로 좌로 기울어져(left leaning) 있다는 의미다. 좌경세력은 좌측으로 기울어 있기는 하지만 사회주의 노선을 추종하지는 않는다는 점에서 좌익세력과 구별된다. 좌경세력은 자유민주주의 · 시장경제체제(자본주의체제)의 대한민국을 인정하나 비호감을 가지고 은근히 국가의 정통성과 체제에 대한 부정적 인식과 태도를 취하는 경향이 있다.

그런데 좌경세력은 사상적으로 모호한 특성도 있다. 이들은 기본적으로 대한민국을 긍정하기 때문에 대세(대한민국세력)에 포함되나, 일부는 반대세(反대한민국세력)에도 포함될 수도 있다. 외형적으로는 대세인 것 같지만 반대세적 특성을 보이기도 한다. 반대세의 후원세력이 되기도 하고, 반대세가 자신의 실체를 감추는 포장이나 위장 도구 역할을 하기도 한다. 대한민국을 부정하는 좌익세력도 위험하지만 대한민국을 긍정하는 좌경세력이 대한민국 체제에게 더 위험한 요인이 될 수 있다. 자본주의체제나 대한민국에도 문제가 없지 않고 정부의 국정운영에도 허점이 없지 않아, 이들의 비판이 국민들에게 더 쉽게 수용될 수도 있기 때문이다. 이들은 좌익세력의 선동을 대중들에게 전달하여 감정을 폭발시키는 중간 역할을 하기도 한다. 좌익세력이 불씨라면 좌경세력은 대중들의 감정을 폭발시키는 도화선(導火線: 불을 붙이면 타들어 가 화약을 폭발시키는 긴 줄) 역할이다. 달리 표현하면 좌익의 핵심사상을 대중들에게 전달하는 인전대(引傳帶: 사전적 의미로는 '동력을 전달하는 벨트') 역할인 것이다. 이들은 좌익세력보다 규모가 클 뿐 아니라 대한민국체제를 정면으로 부정하지 않기 때문에 우경정부가 反대한민국세력으로 규제하기도 곤란했다. 좌익세력과 좌경세력을 구분하기 어려운 측면도 많고, 좌경세력이 더 위험한 측면도 있지만 그래도 기본적으로 좌경세력은 좌익세력과 다르다는 점을 인식해야 한다. 좌익세력은 다수가 척결 대상이지만 좌경세력은 대부분 척결 대상이 아니라 동화 대상이라는 인식을 가져야 한다. 좌경세력을 얼마나 많이 동화시켜 대한민국 긍정세력을 넘어 대한민국 수호세력으로 만들어 가느냐가 대한민국체제의 안정 여부를 가늠하는 기준이 된다. 이러한 노력은 정부의 역할만으로는 안되고, 사명감을 가진 대한민국세력과 우익·우경 시민단체들이 힘을 합해 정부에 요구하면서 그들을 동화하도록 건전한 인성·사상·역사 교육 등을 통해 노력해야 성공할 수 있다.

2) 대세와 반대세 프레임의 장점과 단점

칼은 여러 가지 용도에 맞게 만들어져 있다. 면도칼과 식칼이 다르고, 소 잡는 칼과 닭 잡는 칼이 다르다. 칼 하나로 소도 잡고 닭도 잡고 면도도 할 수는 없다. 용어도 마찬가지다. 대세와 반대세 용어 프레임은 매우 유용한 프레임이지만 장점과 함께 단점, 즉 한계도 있다. 이 프레임의 장·단점을 잘 알아야 유용하게 활용할 수 있다.

대세-반대세 프레임의 장점은 뭔가?

대세와 반대세 프레임은 어떤 장점이 있을까?

첫째, 국민 성향을 우익-좌익, 자유민주주의-사회주의 등 사상을 기준으로 구분하는 것보다 대한민국을 긍정하느냐(대세) 부정하느냐(반대세)를 기준으로 구분하는 것이 이해하기가 쉽다. 우익-좌익 프레임과 자유민주주의-공산·사회주의 프레임은 상당한 사상적 이해도가 있어야 하는데, 대세-반대세는 사상에 대한 이해도가 부족해도 쉽게 구분할 수 있다.

둘째, 반대한민국세력, 반체제세력으로부터 "색깔론", "극우"라는 공세 프레임을 피할 수 있는 장점이 있다. 그동안 우익·우경세력은 좌익·좌경세력을 비판할 때, "빨갱이다", "간첩이다" 등 사상 공세를 하곤 하는데, 그러다가 '극우세력이다', '색깔론이다'라고 역공을 당하기가 쉽다. 그러나 대한민국세력-반대한민국세력은 우리의 국가 대한민국을 허무느냐 수호하느냐를 기준으로 한 프레임이기 때문에, 좌익세력들이 대한민국 수호세력을 향해 "극우다", "색깔론이다"라고 사상적 공세를 하기 어렵다. 대한민국을 지키겠다는 세력에게는 상당히 유리한 프레임이고, 대한민국을 무너뜨리겠다는 세력에게는 매우 불리한 프레임이다. 전쟁에서 국가를 수호하는 것은 위대한 일이고, 적과 내통해 국가를 허무는 것은 곧 반역자, 역모자, 대역죄인이기 때문이다.

셋째, 대한민국에서 일어나고 있는 역사전쟁을 대처하는데도 매우 유리한 프레임이다. 현재 대한민국은 자유민주주의-사회주의 등 사상전만 일어나는 게 아니고, '대한민국에 정통성이 있느냐, 북한에 정통성이 있느냐' 하는 역사적 논쟁, 가치논쟁까지 전개되고 있다. 그래서 사상프레임보다 국가정체성 논쟁을 하는데 더 유용할 수 있다.

넷째, 우리나라에 있는 좌익세력은 마르크스-레닌주의 좌익세력과 주사파 등 북한체제 통일 좌익세력이 존재하는데 그중에서도 주사파 등 대한민국의 정통성을 부정하는 종북·친북 좌익세력이 주도권을 가지고 있다. 그래서 사상보다는 대한민국을 기준으로 반국가세력을 구분하는 것이 훨씬 더 유리하다.

다섯째, 좌익·좌경 정당이나 단체들(민노총, 전교조 등) 속에도 대한민국을 긍정하는 세력이 존재한다. 이들이 스스로 자신에게 "나는 누구인가?", "대한민국세력인가? 반대한민국세력인

가?"를 되물어 보고 분리하기가 쉬울 수 있다. 이제 대세는 반
대세 그룹에서 벗어나 대세끼리 다시 '헤쳐모여' 해야 한다. 그
래야 정당이나 단체들도 불필요한 소모적 사상갈등을 최소화
할 수 있다.

민노총 · 전교조 내 대한민국세력, 되돌아볼 기회 마련할 수도

민노총, 전교조 등의 강령이나 자료집을 보면, 체제 변혁적인
내용을 쉽게 발견할 수 있다. 민노총 강령에도 "노동자의 정치
세력화를 지향한다", "분단된 조국의 평화적 통일을 실현한
다", "권력과 자본의 탄압과 통제를 분쇄한다" 등이 있다. 민노
총은 각종 사회주의 관련 세미나를 개최하거나 관련 책자를 발
간하기도 했다. 2020년 경기동부연합 소속 양경수가 민노총위
원장에 당선된 후 급진적 노선으로 더 선회하고 있는데, 주택
의 50%를 공유화하자는 주장까지 하고 있는 실정이다. 더욱이
민노총이 박근혜 대통령 당시만 해도 회원수가 60만 명을 넘는
정도였으나 문재인 정권에 들어온 후 110만 명으로 급증했다.
40-50만 명이 늘어났는데, 주로 택배노조 등 비정규직 노조의
진입에 따른 것이라 한다. 대기업노조, 공기업노조 등 중심이
었던 민노총이 비정규직노조의 대거 가입으로 구성원 비중이
달라지면서 노선도 더 과격해질 가능성을 안고 있다. 일간스포

츠 보도(2021.11.29)에 따르면, 최근 GS건설·쌍용건설 노조가 지난 10월에 민노총 건설기업노조를 연이어 탈퇴함으로써 10대 대형건설사 중 3개만 민노총에 남게 되었다는 것이다. 이들이 탈퇴한 이유를 '가치추구의 차이, 노선상의 차이' 때문이라고 했는데, 구체적으로는 "민노총은 선을 넘는 단체행동을 요구한다", "노조 안에 또 다른 상사가 생긴 느낌이랄까. 민노총이 하나의 세력이 되고 힘이 되다 보니 순기능이 저하되고 그들의 지향점이 우선한다는 생각이 든다"고 했다.[8]

민노총의 구성원들은 모두 민노총 지도부의 방침이 좋아서 따르는 게 아니다. 직장 노조가 민노총 소속이거나 자신의 이익에 도움이 되는 등 현실적 이유 때문인 경우가 많다. 민노총 내부의 실상을 소상히 아는 전문가들이 이를 증언해주고 있다. 대표적인 것이 권영목이 쓴 『민주노총 충격보고서』(2009)인데, 권영목은 1987년 '노동자 대투쟁'의 선두에서 울산 노동자투쟁을 이끌었던 현대중공업노조 위원장 출신이다. 그는 초대 민노총 사무총장을 역임했다. 이 책에 따르면, 2005년 6월 실시한 현대차노조원 대상 의식조사에서 "노조 집행간부와 대의원들이 입는 빨간 조끼를 없애자는 의견에 74%가 찬성했다." 그

---

8) 일간스포츠, "민노총 탈퇴하는 건설사 노조들, 왜?", 2021.11.29.

만큼 빨간 조끼를 입은 전임 민노총 간부들에 대한 반감이 만연하다는 뜻일 것이다. 권영목 씨는 이 책에서 민노총 산하 현대차노조의 사례를 소개했다.

2006년에 섬득한 홍보물이 현대차 안에서 공개적으로 뿌려졌다. "현장조직 이대로는 안됩니다. 보다 강건하게 혁명적 사회주의 건설을 위해 투쟁할 현장조직을 새로이 건설해야 합니다. ...."

"세상에 어떻게 이런 홍보물을 4만 조합원 앞에 떳떳하게 뿌려댈 수 있지?"

이 질문에 대한 현대차 조합원들의 반응은 참으로 어이가 없는 것이었다.

"혁명적 사회주의 건설이라니, 이런 걸 그대로 나둬요?"

홍보물을 보여주면서 질책하자 아무것도 아니라는 듯이 "에이~ 사회주의가 되나요?"

"예? 이 사람들 한다잖아요"

선명하게 찍혀 있는 혁명적 사회주의 건설이라는 문구를 보여주자,

"그거요? 그냥 하는 말이지요"

거기에 한술 더 떠서

"지금 세상에 무슨 사회주의..."

너무나 잘 알고 있었다. 현대차노조원들은 사회주의뿐 아니라 주체사상을 신봉하는 무리들도 있음을 알고 있었다. 그러나 세상이 천지개벽 되어 혁명이 되리라곤 아무도 믿지 않았다. ....
그들의 활동이 투쟁을 부르고 투쟁하면 할수록 풍족해지는 떡고물에만 관심이 있었다.[9]

이렇게 본다면 민노총의 조합원들이 겉으로는 강성투쟁을 하면서도 속으로는 사회주의 노선을 비웃는 일들이 많다는 의미다. 그러니까 조합원들의 상당수는 자신의 이익을 위해 강성지도부에 순응하지만, 속으로는 사회주의를 비웃는 반사회주의, 즉 대한민국세력인 것이다. 그러므로 민노총의 강령이나 일부 빨간 조끼 지도부의 주장 내용만을 보고 민노총 회원 전체가 "구제 불능"이라고 보는 것도 잘못이다. 민노총 내부에 있는 상당한 대한민국세력도 이제 스스로 돌아보아 "과연 나는 누구인가?"라고 묻고, "이제 민노총이 변해야 할 때"라는 인식을 가질

---

9) 권영목, 『민주노총 충격보고서』(뉴라이트전국연합, 2009).

때다. 전교조도 마찬가지다.

이렇듯, 대한민국세력−반대한민국세력 프레임은 민노총, 전교조 등 이른바 좌익·좌경단체들 내 구성원들 사이에서 대한민국세력과 반대한민국세력을 분리하는 이론적 틀을 제공하는 장점이 있다.

대세−반대세의 단점은 없나? 있다면 어떻게 보강할 것인가?

대세와 반대세 프레임도 단점이나 한계점도 있다.

첫째, 대세의 범위, 즉 대한민국세력의 스펙트럼이 너무 넓다는 점이다. 대세 안에는 우익·우경세력은 물론 좌경세력도 포함되고 심지어는 좌익세력의 일부인 사민주의도 포함된다. 그래서 내부 노선투쟁이 일어날 가능성이 높다는 점이다. 이를 막기 위해 대한민국세력 내 노선의 다양성을 인정하고 비판의 선을 넘지 않도록 노력해야 한다. 대세 노선은 대한민국의 정당이나 단체들이 기본적으로 가져야 할 공통적 노선이며, 여러 정당이나 단체들이 그 노선 안에서 별도의 세부 노선을 갖는 것은 가능하다. 보수주의든, 자유주의든, 사민주의든 말이다. 그리고 그 세부 노선 간에 필요에 따라 건설적인 토론과 비판은 가능하다.

둘째, 체제수호 의지가 강한 그룹이 불만을 가질 수 있다. '왜,

국가수호의식이 별로 없는 사람들을 다 우군으로 삼느냐? 물론 그런 면이 있다. 대세(대한민국세력)란 스펙트럼이 넓다 보니, 국가관, 안보관, 역사관 등이 희미한 경우도 많고 특정 사안마다 서로 의견이 다를 수 있으며, 단결이 잘 안 되고 오합지졸일 수 있다. 이는 국가관, 안보관이 투철한 사람들이 이들을 깨우치고 동화하도록 끊임없이 노력해야 할 대상이지, 배척할 사항이 아니다. 대한민국세력이 분명히 알아야 할 것은 대한민국세력의 규모가 크면 클수록 국가안정이 되고 반대한민국세력의 규모가 크면 클수록 국가가 불안정해진다는 것이다. 그러므로 반대한민국세력에게 붙어 있는 우군세력을 이탈시켜 대한민국세력으로 돌아오게 해야 한다. 대세-반대세 프레임의 가장 중요한 효과는 진보텐트에 잘못 들어가 있는 대한민국세력을 이탈하게 하여 돌아오게 하는 것이다. 이로써 반대한민국세력을 약화시키고 대한민국세력을 보강하는 것이다. 설사 노선이 맞지 않더라도 전략전술상 연합하는 자세도 필요하다. 레닌도 혁명을 위해 자신의 노선과 맞지 않더라도 연합하는 통일전선전술을 구사하는데, 대한민국세력도 체제안정을 위해 얼마든지 큰 틀에서 연합하는 전략전술도 필요한 것이다.

제2장

대세(대한민국세력) 탐색하기

01 대세(대한민국세력)의 개념

대한민국세력(대세)이란 대한민국을 긍정하는 세력을 말한다. 이때 대한민국이란 자유민주주의 헌법 가치와 질서, 대한민국의 역사 등을 포괄하는 개념이다. 대한민국세력에는 우익세력이 핵심을 이루고 우경세력, 중도세력을 포함하고 나아가 상당수 좌경세력까지도 포함하며, 좌익 중에서도 자유민주주의를 긍정하는 사민주의세력도 포함한다.

여기서, 우익세력이란 자유민주주의를 긍정하고 수호하려는 의식까지 가진 그룹을 말한다. 우익세력은 대한민국 자유민주주의체제에서 핵심적 그룹이다. 이들을 체제수호세력이나 대한민국수호세력이라고 할 수 있다. 우경세력이란 우익까지는 아니지만 우측으로 기울어져 있는 세력을 말하며, 중도우파와 중첩된다. 자유민주주의에 대한 긍정적 경향성을 띠고는 있으나 그 정도가 약하다. 우익세력과 우경세력을 합해 친대한민국세력이라고 할 수도 있을 것이다. 친대한민국세력(친대세)이란 대한민국에 대해 우호적 인식을 가진 그룹이다.

좌경세력이란 좌익은 아니나 좌측으로 기울어진 세력을 말한다. 좌경세력은 좌측으로 기울어져 있을 뿐 대체로 자유민주주의를 부정하지 않고 사회주의체제로의 변혁을 추구하지 않기 때문에 대한민국세력에 포함하는 것이다. 사회민주주의세력(사민주의세력)은 전향한 사회주의세력으로서, 좌익세력이기는 하지만 자유민주주의를 긍정하고 파괴를 시도하지 않기 때문에 대한민국세력에 포함한 것이다.

대한민국세력은 자본주의체제의 문제점이나 대한민국 내부의 모순을 외면하고 모든 것을 긍정한다는 뜻은 아니다. 대한민국세력도 자본주의(시장경제) 체제가 갖는 모순(빈부격차·경쟁 심화·불황 등)이나 대한민국 자체가 갖는 내부 모순(부정부패·제도실패·정책실패 등)을 비판하고 개선하려고 한다. 이러한 모순과 문제점에 대한 건설적 비판은 대한민국을 더 좋은 국가로 만들기 위한 과정이기 때문이다.

대한민국의 안정과 발전을 이루기 위해서는 반대한민국세력(반대세)이 축소되고 대한민국세력(대세)이 확장되어야 하고, 대한

민국세력(대세) 내에서도 사민세력과 좌경세력이 동화되어 우경
→우익세력화되어야 한다. 그러려면 대한민국세력(대세)의 특성
들을 분석하고 이해해야 한다.

02 대세(대한민국세력)의 실태 및 문제점

1) 대한민국세력의 여러 가지 그룹들

오늘날 대한민국세력은 하나의 그룹이 아니다. 여러 가지 성향과
노선으로 나뉘어 있다. 대표적으로 기독교세력 등 종교세력, 건
국·호국세력, 민족주의세력, 산업화세력, 자유민주화세력(우익
운동권), 노선전환(전향)세력, 선진화세력(민주화 극복세력) 등으로 나
눌 수 있다.

기독교세력 등 종교세력

기독교(개신교, 천주교), 불교 등 종교세력은 대한민국세력의 핵
심이다. 종교의 자유가 있어야만 존재할 수 있기 때문이다. 특
히 문 정권 등장 후 대한민국의 체제위기, 국가위기에 직면하여
가장 적극적으로 저항한 세력은 개신교 중심의 기독교 세력이
다. 양동안 교수도 오래전부터 체제위기가 닥칠 경우, 저항할 그
루터기는 기독교 조직밖에 없다고 말해왔다. 기독교는 자유민

주주의, 시장경제체제를 만든 이론적 뿌리이다. 종교개혁자로 스위스 제네바시장을 한 존 칼빈, 네덜란드 총리를 한 아브라함 카이퍼 등 개신교 지도자의 사상과 미국 건국자들의 청교도 정신 등을 뿌리로 하여 자유민주주의, 시장경제체제가 확립된 것이다. 자유민주주의, 시장경제체제는 개신교가 낳은 산물이라고 할 수도 있다.

한국의 기독교는 미국 선교사들을 통해 들어온 후 일제에 가장 많이 항거하고 순교자를 낳았으며, 6·25전쟁 때 공산주의세력으로부터 가장 많은 순교자를 낸 반공세력이다. 대한민국 기독교세력은 동방의 예루살렘이라고 하는 평양 등 북한의 기독교세력이 북한 공산화를 피해 남한으로 내려온 반공 기독교정신에 많은 영향을 받았다.

기독교세력은 반공정신에 입각하여 산업화 정책에도 가장 적극적으로 참여했으며, 오늘날 세계 10위권 경제대국, 글로벌 대한민국을 만드는 기반 역할을 했다. 대한민국 기독교는 자유민주주의 대한민국의 건국·호국세력, 산업화세력의 기반이라 할 수 있다. 그런데, 신학교 등을 통해 네오막시즘 등 변종사회주의, 주체사상 등 이단적 사상들이 스며들어 정통 기독교 정신을 분해하고 있고, 정교분리 프레임이 강해 대한민국의 자유민주주의체제 위기를 방치한다는 우려마저 나오고 있다.

건국 · 호국세력

대한민국세력 중 매우 중요한 세력으로 건국 · 호국세력을 들수 있다. 건국 · 호국세력은 대한민국의 건국을 긍정 평가하고 6 · 25전쟁의 호국정신을 높이 평가하고 북한의 대남 적화전략에 대해 방어하는 반공정신을 내재화한 그룹이다.

이들은 이승만 대통령 등 자유민주주의 대한민국 건국에 기여한 인사들의 역할이나 건국 직후 빨치산 소탕이나 6 · 25전쟁에 나서서 피를 흘리며 공산세력을 몰아내 자유민주주의체제를 지킨 희생자들에 대해 긍정 평가한다. 이들은 특히 이승만 건국대통령에 대해 높이 평가하는데, 그가 공산주의 실체를 정확히 꿰뚫어 본 세계적인 국제정치학자로서, 해방 직후 국내에 들어와 국민들을 일깨우고 그 체제로 대한민국을 수립하도록 했으며, 건국 직후 좌익세력의 반란을 저지하고 6 · 25전쟁 때 미군이 즉각 참전하여 북한 공산세력을 물리치도록 한 공로에 대해 높이 평가한다. 이들은 박정희 대통령의 반공정신과 국가안보 태세를 보다 높이 평가한다.

건국 · 호국세력은 북한과 좌익세력에 대항하는 반공의식이 투철하다. 반공적 자유민주주의세력, 반공적 자유민주주의 수호세력의 핵심이라 할 것이다. 다만 이들은 단점도 있다. 자신의 체제의식이 강한 만큼 동조하지 않는 국민들에 대해 불만을 가지며 비판하는 경향이 강하다.

민족주의세력

민족주의세력은 대세(대한민국세력)의 중요한 한 축이며, 대한민국의 역사적 정통성을 갖게하는 정신적 기반이기도 하다. 민족주의세력은 36년간의 일제의 압박을 이겨내며 민족정통성을 지켜낸 주축이기 때문이다. 이들은 3.1운동을 이끌었고 대한민국 임시정부를 만들었으며, 독립운동을 통해 대한민국을 수립하게 한 원동력이다. 민족주의세력은 대한민국 우익세력의 기반이기도 하다. 일제시기 좌·우익 간 갈등이 심했는데, 사회주의세력을 좌익으로 지칭했고, 민족주의세력을 우익으로 지칭한 데서도 알 수 있다.

이승만·김구 등 민족주의세력은 해방 이후 좌익세력과 싸우며 자유민주주의 노선의 국가를 만들기 위해 함께 노력했다. 대한민국 건국에도 다수가 참여했고, 5·10선거에 불참했던 김구계열도 1950년 총선에는 참여하여 6·25전쟁에서 공산화를 막는 데 힘을 합했다.

특히, 김구는 반공의식을 가진 민족지도자이고 이승만과 함께 해방공간의 우익세력의 기둥 역할을 했었는데, 대한민국 건국에 불참하여 대한민국에 상처를 남긴 것은 사실이다. 김구가 남북협상을 위해 북한에 간 것은 물론 분단을 막아야 한다는 민족애의 발로였지만 배후에는 김일성이 거물간첩 성시백을 통해 김구 비서 등을 포섭하는 공작이 있었기 때문이다.[10] 김구가 남북협상에 끌어들이려 한 소련군과 김일성의 계략에 말려든 것은 실수였다. 그러나 남북협상과 관련하여 일차적으로 비판받아야 할 대상은 김구가 아니라 남북협상을 정치적으로 이용하려 한 소련군과 김일성이다. 김구 등 임시정부계열은 5·10선거에는 참여하지 않았지만 1950년 제2대 총선에 참여해 이후 대한민국 국정에 중추적 역할을 했다.

김구 등 일부 임시정부세력이 한때 실수가 있었다고 해서 이를 근거로 민족주의세력은 건국을 부정한 것처럼 오해해서는 안 된다. 대한민국 임시정부는 헌법에 규정하다시피 대한민국의 정신적 뿌리이다. 또한, 대한민국 임시정부는 김구가 아니었으면 소멸되었을 가능성도 있으며, 김구는 민족주의자이자 우익으로서, 자유민주주의체제를 지키려 하였다. 임시정부 수립 때 레닌의 공작금을 가지고 임시정부에 침투한 이동휘가 김구를 포섭하기 위해 다가가 '공산주의로 독립운동을 하자' 면서 '레닌이 적극 도와주려 한다' 고 하자, 김구는 "우리를 도와주는 척

---

10) 이주천, 블루투데이, "김구를 포섭한 공산주의 혁명가, 성시백의 일생", 2012.5.14.

하면서도 자기네의 식민지로 끌어들이려는 속셈이 있는 것입니다. 조심해서 접근해야 뒤에 낭패를 보지 않을 것입니다."라고 말할 정도였다.

산업화세력

산업화세력은 '한강의 기적' 이라는 대한민국의 경제발전사를 높이 평가하고 이러한 체제를 긍정적으로 생각하는 그룹이다. 주로 1960-70년대 경제개발 5개년계획, 고속도로, 포항제철, 중화학공업, 수출 주도정책 등을 통해 고도성장을 이룬 박정희 대통령에 대해 높이 평가하는 그룹이다. 산업화세력은 고도 경제성장 과정에 주도적으로 참여했던 관료, 경제인, 산업인력 경험자들이나 그 경제발전의 혜택을 체험하면서 이를 높이 평가하는 국민들이 주로 여기에 속한다. 이들이 대한민국 발전에 기여한 공로는 높이 평가되어야 한다.

다만, 산업화세력은 박정희 대통령에 대해 높이 평가하다 보니 이승만 대통령에 대해 부정적인 인식을 갖는 경향도 보인다. 이들은 민주화운동에 대해서도 민주화세력의 민주화운동보다는 경제발전에 따른 결과로 보는 경향이 강하다.

이들은 대체로 공산사회주의에 대한 경계심이나 자유민주주의 체제에 대한 가치보다는 자신이 가지는 자유와 경제적 부와 현실적 풍요를 높이 평가하고 그 이익을 지키는 것을 중시한다. 그래서 대체로 실리적이고 사상에 대한 이해도가 부족하고 기회주의 속성도 보인다. 산업화세력은 시장경제체제의 혜택을 가장 많이 받는 그룹인데, 시장경제체제의 바탕이 되는 자유민주주의 체제수호 의지가 약한 것이 문제이다. 자유민주주의체제가 지켜져야 기업 등 시장경제체제가 지켜진다는 것을 염두에 두어야 한다.

자유민주화세력

자유민주화세력이란 자유민주주의를 실현하기 위해 투쟁한 세력을 의미하는데, 이를 우익운동권이라고 할 수 있다. 이승만·박정희·전두환 등 권위주의정부에 저항하며 자유민주주의를 실현하기 위해 투쟁했거나 이들을 심정적으로 지지했던 그룹을 지칭한다. 이때 민주화란 민중(인민)민주화가 아니고 자유민주화를 의미한다. 이승만·박정희·전두환 권위주의정부 하에서 야당, 대학, 재야에서 투쟁을 한 세력 중 자유민주주의를 회복하려는 입장에서 온건 투쟁을 한 인물들이 여기에 속할 것이다. 김영삼 야당대표를 추종, 지지했던 세력의 다수가 여기에 속할 것이고 김대중 야당대표를 추종했던 그룹도 어느 정도 이에 속할 것이며, 노무현 대통령을 추종했던 그룹도 일부는 여기에 속할 것이다.

다만, 이들은 이승만 시기의 4 · 19혁명, 박정희 시기의 6 · 3사
태, 반유신투쟁, 전두환 시기의 '민주화의 봄' 과 광주민주화운
동, 1987년 6 · 10항쟁 등의 의미를 높게 평가한다. 이들은 이
승만의 건국과 박정희의 경제발전 가치를 낮게 평가하는 경향
이 있다. 이들은 사회주의로 변혁하려는 좌익운동권과 경험을
공유한 탓으로, 노선과 사상이 애매한 경우도 있다.

좌익 · 좌경노선 이탈(방향전환, 전향)세력

좌익 · 좌경노선 이탈세력, 즉 전향세력도 중요한 대한민국세
력의 하나다. 이들은 좌익 · 좌경 노선에 서 있다가 이탈하여
중도→우경→우익으로 방향을 전환(이른바 전향)한 세력을 말한
다. 다른 말로 표현하면 이른바 '좌익민주화세력' 에 있다가
'우익민주화세력' 으로 전환한 경우다.

우리 사회에서 말하는 민주화세력에는 좌익민주화세력(민중〈인
민〉민주세력)과 우익민주화세력(자유민주세력)이 있다. 좌익민주화
세력에는 주사파 등 NL민주화세력과 PD민주화세력이 있는데,
이들과 자유민주화세력과는 본질적으로 다르다. 그러나 현실적
으로는 1987년 6 · 10항쟁에서 보듯이 대통령직선제 시위 당시
참여자들이 서로 좌익민주화세력인지 우익민주화세력인지 잘

모른 채 뒤섞여 투쟁한 것이다. 1987년 직선제 민주화운동에 대해 '자유민주주의'를 이루었다고 생각하는 사람은 우익운동권이다. 그러나 87년 민주화를 '형식적 민주주의'라고 표현하는 사람은 좌익민주화세력이라고 할 수 있다. 좌익민주화세력은 자유민주주의를 '형식적 민주주의', '절차적 민주주의'라고 폄훼하며 이를 무너뜨리고 사회주의체제를 만들어야 '실질적 민주주의' 사회가 된다는 관념을 가지고 있다. 민주주의를 말할 때, '형식적 민주주의', '절차적 민주주의', '실질적 민주주의'라는 말을 강조하는 사람은 대체로 자유민주주의에 대해 부정적인 좌익적 사상관을 가지고 있다고 보면 될 것이다.

좌익민주화운동세력이 우익민주화운동세력으로 전환하는 것은 대단한 용기가 필요하고 대한민국세력이 환영하고 격려해주어야 한다. 한 사람이 자신이 가지고 있던 사상관을 바꾸는 것은 참으로 어려운 일이고 용기를 내야 하기 때문이다.

전향을 가장 확실하게 한 대표적인 경우가 박정희 대통령이다. 그는 1949년 숙군작업 때 사형 판결을 받을 정도로 군내 남로당 조직의 핵심이었지만 확실히 전향하여 대한민국 체제수호에 큰 역할을 하였다. 박정희 대통령처럼 완벽하게 전향한 경우도 있지만 불완전한 경우가 대부분이다. 수년간, 10년 이상 노력해도 원래 상태로 되돌리기 어렵다. 그래서 전향선언도 하지 않고 그냥 좌익활동을 멈추고 일상생활을 하면서 묻어두는 경우가 훨씬 더 많다. 그래서, 전향 각도에 따라 좌경그룹에 머물기도 하며, 좌익그룹인 사민주의로 귀착하는 경우도 많다.

전향자들의 특정 행태를 보고 "전향을 안 했다"고 단정하는 경우가 있는데, 쉽게 판단할 문제는 아니다. 세뇌가 깊이 되면 '100% 원상회복은 거의 불가능하다'는 전향의 한계를 인정하고 '전향의 각도'가 어느 정도냐의 문제로 평가하는 자세가 필요하다. 전향은 사실 어려운 과정이다. 자신이 가졌던 좌익적 용어와 관념을 버리고 자유민주주의 용어와 관념으로 재구축해야 한다. 더욱이 기존의 좌익적 인맥관계를 청산하고 새로운 인간관계를 구축해야 한다. 이때 과거 좌익 동지들로부터 배신자라는 낙인이 찍히고, 생계가 타격을 받기도 한다. 그래서 쉽사리 '전향선언'을 하기 어려운 것이다.

대한민국세력은 이렇듯 전향세력의 애로를 인식하고 이들을 격려해야 하며, 사상전향의 한계도 있음을 잘 인식해야 한다. 이들이 많으면 많을수록 대한민국세력은 강화되고 대한민국의 자유민주주의체제는 불안정에서 벗어날 수 있다.

선진화세력(민주화 극복세력 : 10-20-30대)

선진화세력은 이른바 586세대의 상징인 '민주화시대'를 극복하고 대한민국의 선진화를 지향하는 10대, 20대, 30대의 젊은 대한민국 긍정세력을 말한다.

선진화세력의 특징은 몇 가지로 정리해 볼 필요가 있다.

첫째, 시기적으로 보아, 대부분 1987년 6·10항쟁 때 태어나지 않았으며, 태어났더라도 기억하지 못하는 세대다. 그래서 군사독재에 대한 부채의식도 없고 586세대가 '민주화의 주역'이라는 자부심과 독점의식에 대해 공감하지도 못한다.

둘째, 이들 젊은 세대들은 글로벌 국제사회 속에서 한국의 위상을 체험하고 자부심을 가지며 자란 세대다. 따라서 이들의 의식 속에는 대한민국에 대한 긍정의식, 자유와 자율 의식(반권위주의), 개인주의(반집단주의), 기회의 균등(절대평등 반대), 공정 가치(민주화세대 이익독점 반대), 반사회주의, 친서방(친미), 반중 등의 정서와 가치관들이 많다. 그래서 젊은 선진화세력은 기본적으로 자유민주주의적 의식이 앞의 세대보다 훨씬 더 내재화되어 있다.

셋째, 젊은 세대는 자신들에게 피해를 주는 586세대에 대해 분노하기 시작했다. 이들은 과거에는 촛불시위 참여 등 그들의 주장에 동조하는 경향을 보였으나 문재인정권을 거치며 그 실체를 간파한 것이다. 586세대가 주도해온 과격한 노동운동으로 인해 취업난이 가중된 것을 인식하게 되었고, 사회주의적 복지포퓰리즘 정책이 장차 자신들의 부담으로 돌아온다는 사실을 간파한 것이다. 각종 여론조사를 보면, 젊은 세대는 60대 이상보다 더 우경적 성향을 보인다. 이는 조국사태 등을 통해 586세대의 위선적 행태를 빠르게 간파했기 때문이다. 말로는 공정을 외치면서도 뒤로는 자녀 불법 입학, 일자리 승계 등 불공정 행위를 자행하는 이중성을 목격한 탓이다. 혁명운동을 한 자신들은 '항상 정당하며 불법을 저질러도 그것은 불법이 아니다' 는 왜곡된 관념이 있다는 것을 인식한 것이다.

다만 선진화세력의 한계로 지적되는 것은 ▷586세대는 조직력과 투쟁력을 가진 집단주의문화 세대인 데 반해, 선진화세력은 개인주의 문화로 모래알과 같아 결집력과 투쟁력이 약하며, ▷ 586세대는 마르크스-레닌주의, 주체사상, 좌경역사서, 혁명의식 학습 등 이론무장이 잘되어 있는 데 반해, 젊은 세대는 대한민국의 역사와 사상에 대한 이론무장이 거의 되어 있지 않아 이론투쟁을 하기 힘든 점 등이다.

선진화세력은 앞선 586세대를 극복하려면 올바른 국가관과 건강한 공동체 의식과 헌신성 등 가치관 함양이 필요하고, 대한민국의 체제와 역사관 등에 대한 공부와 함께 조직화와 연대 등 행동이 필요하다는 지적이 있다.

2) 대세(대한민국세력)의 분열과 갈등

대한민국세력은 대체로 사상에 대한 이해가 부족하고 현실주의적인 성향이 강했다. 그런 상황에서 체제위기를 닥치다 보니, 어떻게 시국을 판단해야 할지 몰라 우왕좌왕하거나 아군끼리 갈등하여 분열과 혼란을 야기하는 일이 많아졌다. 특히 박근혜 대통령 탄핵사태를 겪으면서 탄핵 찬성파와 반대파 간, 태극기집회 참여자와 비참여자 간 갈등이 심하고 기독교인 내에서도 정치투쟁파와 비참여파 간 분열과 갈등도 겪는 것이다. 대한민국세력도 정당 간, 노선 간 건설적인 비판과 논쟁, 사상 갈등이 필요하다. 이를 통해 이론과 논리를 발전시킬 수 있고, 조직력과 투쟁력을 강화할 수 있기 때문이다. 그러나 과도하고 소모적인 갈등은 조직력을 와해하고 적을 이롭게 하는 부작용을 낳는다. 정당이 다르고 고향이 다르고 정책 방향이 다르더라도 과도한 공격을 삼가고 상생의 원칙으로 되돌아가야 한다. 모두 서로가 동반자임을 인정하고 타협하며 양보하는 자세를 가져야 한다.

3) 대세(대한민국세력)의 사상적 이해 부족

대세(대한민국세력), 대한민국 체제와 역사에 대한 이해 미흡

오늘날 대한민국 앞에 국가적 위기가 닥친 것은 대한민국세력

이 대한민국에 대해 무관심하고 공부하지 않았기 때문이다. ▷ 대한민국이 어떤 나라인지, ▷대한민국의 내부의 적인 반체제 세력이 어떤 세력인지, ▷대한민국은 언제 건국되고 발전했으며, 누가 큰 역할을 했는지, ▷체제수호를 하려면 어떻게 해야 하는지 등을 제대로 공부하지 않은 것이다. 이유는 국가와 체제를 지키는 일은 정부가 할 일이고 자신은 사업을 열심히 해서 세금만 내면 된다는 생각을 가졌기 때문이다. 반체제세력에게 정권이 빼앗기면 정부의 체제수호 기능이 일시에 멈춘다는 것을 알지 못했던 것이다.

북한과 좌익세력에 대한 실체 이해 부족

반대세 좌익세력은 사상교육을 철저히 받았기 때문에 상당한 논리력, 신념, 투쟁역량을 가지고 있다. 그러나 우익세력은 사상에 대해 이해가 매우 부족하다.

첫째, 대한민국세력은 좌익세력, 반체제세력, 반대한민국세력에 대해 너무 단순하게 이해하거나 오해를 하는 경우도 많다. "사회주의=공산주의", "좌익세력=혁명세력=빨갱이=척결 대상", "평등, 분배=공산주의", "동성애, 차별금지법=사회주의 혁명과 무관", "선거, 의회 합법적 체제변혁=자유민주주의적 개혁≠공산·사회주의" 등으로 인식하고 있는 경우도 많다. 이러한 사상에 대한 이해가 부족한 상태에서 함부로 언행을 하다 보면, 좌익세력으로부터 '극우' 라는 역공을 당할 수 있다. 일반적으로 좌익세력은 대한민국세력, 체제수호세력을 향해 '극우' 라는 프레임을 씌우는데, 100년 동안 전 세계적으로 좌익세력이 항상 상투적으로 써온 공격 프레임이다. 극우 프레임을 항상 쓰는 사람은 스스로 "좌익세력, 반체제세력, 반대한민국세력' 임을 자인하는 꼴이다. 다만, 우익세력 중 일부가 나라의 위기를 우려한 나머지 조급증이 생겨 과격한 발언을 하기도 하는데, 이는 국민들로 하여금 혐오의식을 불러일으키고 좌익세력의 "극우" 프레임을 정당화해주는 부작용을 낳을 수 있다. 황장엽 선생도 말했듯이 사상전은 국민의 마음을 얻는 전쟁이다. 둘째, 대한민국세력은 좌익세력을 개혁세력이나 진보세력 정도로 치부하기도 하고, 심지어 체제수호세력이 반체제세력을 비판하는 것에 대해 색깔론으로 치부해 우익세력, 체제수호세력을 향해 역공하는 경우까지 있다. 이는 반체제 좌익세력의 실체와 사상적 위험성을 거의 모르기 때문이다.

북한의 최고 통치철학인 주체사상을 만든 황장엽 북한민주화동맹위원장은 자신의 회고록에서 다음과 같이 대한민국 내 우익세력들을 통렬히 비판하였다. 이글에서 '보수' 는 대한민국을 긍정하는 우익을, '진보' 는 대한민국을 무너뜨리려고 하는 좌익 특히 종북 좌익을 의미하고 있다.

네오막시즘 시대로 간 것도 모른다

좌익 · 좌경세력은 네오막시즘 전략전술을 터득하여 문화적, 점진적, 평화적 방법으로 체제변혁(공산 · 사회주의로 변혁)을 기도하고 있다. 특히 1990년대 전후 동구 공산권 붕괴 이후 전통적 공산주의 방식의 한계를 절감하고, 새롭게 변화된 국제환경과 현대인의 구미에 맞는 네오막시즘 이론을 만들고 노동, 인권(동성애 등), 환경, 복지 등 달콤한 공약을 앞세운 프레임을 장착하여 대중들을 우군화해가고 있다.

또한, 좌익 · 좌경세력은 인터넷 환경과 글로벌체제 아래서 인터넷 · SNS 빅테크기업 창업 등을 통해 경제적으로도 부유층을 차지하는 비율이 점점 높아지고 있다. 이들은 계급투쟁에 머물지 않고 성별갈등, 인종갈등, 종교갈등, 역사갈등, 환경갈등, 지역갈등, 사상갈등 등 온갖 형태로 진영 간 투쟁구조를 만들어 사회를 혼란케 하여 우군을 확보해가는 것이다. 이처럼 좌익세력은 시대 상황에 맞게 기민하게 전략전술을 바꾸며 세력을 넓혀가고 있다.

이렇듯, 좌익세력은 엄청난 전략전술의 변화를 꾀하고 있는데 우익 · 우경세력 등 대한민국세력은 아직도 좌익세력의 실체와 전략전술을 전혀 공부하지 않고, 수십 년 전 전통공산주의자들이 사용했던 부르주아―프롤레타리아 간 계급대립 프레임으로만 그들을 비판하는 것이다.

대한민국세력의 유약성

대한민국세력은 반대한민국세력에 비해 수적으로는 많지만,

조직력이나 투쟁성이 매우 약하다. 대한민국세력의 중심세력이라고 할 수 있는 우익세력조차도 반대세 좌익세력에 비해 유약하다는 지적이 많다.

좌익세력이 극성을 부리던 1988년, 양동안 정신문화연구원(현 한국학중앙연구원) 교수는 『현대공론』 8월호에 "우익은 죽었는가"라는 글을 썼다.[11]

양동안 교수는 이 글에서 "현재의 상황이 계속된다면, 좌익이 나라를 지배하는 시기는 반드시 온다. 그것이 10년 후가 될 것인지, 한 세대 후가 될 것인지는 알 수 없으나 반드시 그런 사태가 오고야 말 것이다"라고 말했다.

그는 "좌익의 도전은 날로 거세져 심각한데, 그에 대항하는 우익의 목소리는 모기소리처럼 가냘프고 힘이 없다"고 질타하고 "모래가 1톤이면 뭐하겠는가? 1kg의 단단한 돌맹이를 당할 수 없는데"라며 조직력과 연대의식 부족을 지적했다.

양동안 교수는 우익이 수적으로 우세하면서도 좌익에 공격과 수모를 당하는 이유로는 조직력과 연대의식이 부족한 점 이외에도 남이 해줄 것으로 믿고 자신이 직접 '흙 묻히는' 것을 싫어하는 속성이 있는 점, 좌익과 비교할 때 체제에 대한 애착심

---

11) 양동안, "우익은 죽었는가?", 『벼랑 끝에 서 한국의 자유민주주의』(인영사, 2017.4), pp268-285.

이 떨어져 난리가 나면 맞서 싸우기보다는 여차하면 안전한 곳 (해외)으로 도피하면 된다는 "피난민의식"을 갖고 있는 점, 많은 우익인사들이나 역대 정권이 좌익에 대해 도덕적 우월성을 확보하지 못했던 점, 우익들이 좌익에 비해 이론무장을 제대로 갖추지 못하고 젊은 우익세력을 양성하는 노력을 하지 않은 점, 반공·우익세력이 독재정권에 이용당하여 '독재정권의 하수인' 이미지가 심어짐으로써 민주화가 되면 마치 반공(反共)도 포기해야 하는 것처럼 인식하는 풍토가 있는 점, 우익은 정실주의, 여당과 야당, 지역감정 등으로 분열되어 단합과 연대의식을 형성하지 못하고 있는 점 등을 들었다.

대한민국세력은 그간 피땀 흘려 이룩해놓은 자유민주주의 대한민국이 무너지는 것을 막으려면 일정한 희생을 각오해야 한다. 양동안 교수도 "우익은 죽었는가"의 글에서 캄보디아 우익의 허망할 꼴을 보지 않으려면 민간 우익이 일어나야 한다면서 "사회 각 분야의 우익은 총궐기하여, 이론가는 이론으로, 조직가는 조직으로, 재력가는 재력으로, 완력가는 완력으로 좌익에 맞서 싸워야 한다"고 강조했다.

미국도 영국으로부터의 독립과 자유를 얻기 위해 독립전쟁이라는 큰 희생을 치러야 했다. 대한민국도 유엔군과 함께 6·25 남침에 맞서 많은 피를 흘렸다. 미국 워싱턴에 있는 「한국전 기념공원(Korean War Veterans Memorial)」의 벽면에는 "자유는 거저 얻어지는 것이 아니다(FREEDOM IS NOT FREE)"라는 문구가 적혀져 있다.

제3장

반대세(반대한민국세력) 살펴보기

대한민국세력(대세)이란 대한민국을 긍정하는 세력을 말한다. 이때 대한민국이란 자유민주주의 헌법 가치와 질서, 대한민국의 역사 등을 포괄하는 개념이다. 대한민국세력에는 우익세력이 핵심을 이루고 우경세력, 중도세력을 포함하고 나아가 상당수 좌경세력까지도 포함하며, 좌익 중에서도 자유민주주의를 긍정하는 사민주의세력도 포함한다.

01 반대세(반대한민국세력)의 개념

반대세 즉 반대한민국세력이란 대한민국을 부정하는 세력을 말한다. 이때 대한민국이란 자유민주주의 헌법 가치와 질서, 대한민국의 역사 등을 포괄하는 개념이다. 반대한민국세력(반대세)은 대한민국 헌법이 규정한 자유민주주의체제(정치질서)와

시장경제체제(경제질서)를 부정하고 허물려 하며, 대한민국 건국과 발전의 역사를 부정하는 세력을 말한다.

반대한민국세력(반대세)은 좌익세력을 중심으로 하며, 일부 좌경세력도 포함한다. 좌익세력은 자유민주주의, 시장경제체제의 대한민국을 부정하고 허물려는 세력을 의미하고, 여기서의 좌경세력이란 좌익으로 기울어진 정도가 심한 경우를 말한다.

반대세의 핵심인 좌익세력은 자유민주주의·시장경제체제의 대한민국을 혁명 또는 선거 등을 통해 정권을 잡아 헌법, 법률, 정책 등을 통해 민중(인민)민주주의체제→사회주의체제로 만들어가는 세력을 지칭하며 북한체제로 통일하려는 세력까지를 포함한다. 반대세는 북한을 추종하는 좌익세력(NL파 : 민족해방파)과 마르크스·레닌주의를 추종하는 非종북 좌익세력(PD파 : 민중민주파)을 포괄하는 개념이다.

02 반대세 좌익세력의 생성요인

대한민국은 6·25전쟁에서 자유민주주의를 지키고 공산사회주의체제로 변혁을 막기 위해 많은 피를 흘렸다. 국가보안법도 있어 자유민주주의를 무너뜨리고 공산사회주의체제로 변혁을 기도하려는 세력을 색출하고 처벌해온 그야말로 자유민주주의체제 국가이다. 즉, 우익의 나라이다. 그런데, 어떻게 하여 좌익이 주도권을 가지고 선거로 정권을 장악하는 사태에 이르게 되었는가? 좌익세력의 정권장악 전략전술 문제를 알아보기 전에, 도대체 어떤 원인으로 반대세 좌익세력이 한국 사회에 급격히 확장되었는가 하는 점을 이해해야 한다.

1) 한국사회의 급속한 변화에 따른 갈등 급증

대한민국 내에 존재하는 다양한 모순과 구조적 문제점들이 반대세 좌익세력을 생성하고 활성화하는 요인으로 작용해 왔다.

단기간 고도 압축성장의 후유증

우리나라는 1960년대 이후 단기간 급속한 고도성장, 압축성장을 이루었다. 한 사람이 살아 있는 동안 '후진국에서 중진국→선진국으로, 농촌사회에서 도시 중심사회로, 농업사회에서 산업사회→고도 정보화사회로, 저학력사회에서 고학력사회로 급속한 변화'를 모두 체험했다. 이렇게 단기간 급속한 사회변화로 인해 사회의 불안정성이 높아졌고, 지역 간, 빈부 간 갈등 등 다양한 갈등요소가 많아졌다. 이 틈을 비집고 반대세 좌익들이 기생한 것이다.

또한, 우리 사회는 고도성장과정에서 잘 살아야겠다는 의욕은 좋으나 그 과정에서 부동산 투기 과잉, 정경유착, 도시개발에 따른 빈민들의 집단화(청계천 개발로 성남으로 집단 이주 등)로 빈민들의 불만 지역화 등 문제들이 누적되었다. 이러한 문제점을 빌미로 좌익운동권이 세력을 점점 넓혀간 것이다.

권위주의 정치환경과 민주화 열기의 마찰

우리나라는 정치적으로도 장기간 권위주의체제(군사독재)를 유지해 오면서 자유민주주의 요구들이 충족되지 못한 상황들이 다수 발생했다. 특히 1970년 중반 박정희 정부의 유신체제 하에서 그런 현상이 많이 발생했고, 특히 1980년대 전두환 정부에 들어와서 민주화의 요구가 폭증하면서 마찰 정도가 심해졌다. 그런 시대적 상황에서 좌익세력들의 침투와 학생들의 불만이 결합한 것이다. 여기에 신군부의 사상에 대한 무지와 과도한 공권력 행사 등이 사태를 악화시켰다고 보여진다.

1980년대 대학가 좌익운동권 급증 배경

특히 1980년대 대학가를 중심으로 주사파 등 좌익운동권이 급증한 이유는 무엇일까? ▷우선 1960년대, 1970년대 정부 주도형 고도성장으로 인해 발생한 정치, 경제, 사회적 문제들이 제대로 해결되지 않고 그대로 누적되어 80년대로 이월된 점,

▷1970년대부터 시작된 지식인, 대학생, 사회운동가들에게서 반체제 의식이 계속 성장한 점, ▷1980년대에 경제성장에 따른 국민들의 정치참여 의식이 높아지고 정치적 불만이 크게 고조된 점, ▷전두환 정부가 1983년경 '좌경 이념서적' 출판에 대한 폭넓은 개방조치, 좌익범죄 구속자 석방 등 대학자율화 조치로 인한 급격한 사상통제 완화를 충분한 사전대비 없이 시행한 점, ▷일부 우경정치세력과 좌경세력의 야합, ▷6 · 25전쟁을 체험하지 못한 인구(반공의식이 부족한 인구)의 급증 등이 지적되고 있다.[12]

사회적 갈등을 유발하는 역사적 경험

우리나라는 좌익세력이 활용하기에 좋은 역사적 소재들을 많이 가지고 있다. 일제식민지를 겪었고, 해방 후 좌 · 우익세력 간 갈등을 겪었으며, 남북이 분단되었다는 점 등이다.

과거 서독에서도 좌익들이 우익을 공격할 때 나치부역자 소재를 끊임없이 활용해 공격한 것처럼 좌익세력이 일제식민지라는 역사적 소재를 이용하여 국민들의 민족주의 감정을 자극, 자신의 세력을 넓히고 우익세력을 분열, 약화시키는 도구로 활

---

12) 대공안보협의회, 『대공안보총서』(대공안보협의회, 1987), pp197-200.

용하는 것이다. 일반 국민들은 이러한 좌익세력의 역사적 소재를 활용한 선전선동에 많이 휘둘려 좌익적 세계관으로 빠져드는 것이다.

해방공간에서 좌익과 우익의 갈등도 심했다. 또한, 6·25전쟁 당시 남한 좌익세력은 북한군과 합세하여 마을의 우익들을 학살했고, 전세가 역전된 후에는 한국 정부에 의해 이들이 전쟁범죄로 처벌도 받았다. 이러한 사상갈등에 대한 역사적 경험은 좌익세력이 배태되고 배양되는 토양 역할을 했다. 남북분단이라는 역사적 사건과 북한의 지속적인 대남공작 등도 좌익세력이 득세한 큰 요인으로 작용하고 있다.

대한민국의 사회적 부패 등 약점도 한몫

우리나라는 그간 정치계·관계·경제계 등 각 분야 지도층 인사들이 모범적 모습보다는 분열과 갈등, 정경유착 등 부패한 모습을 자주 보여왔다. 좌익세력은 이러한 약점을 집중공격하여 국민의 반감과 불만을 부추겨서 지지세력을 넓힌 것이다. 정당 지도자들은 국가적 관점보다는 당파적 관점을 중시하여 사회적 갈등을 부추긴 요인도 작용했다.

2) 자신과 가족의 과거 경험

인간은 살아오면서 자신과 가족들이 겪은 경험들이 뇌 속에 차곡차곡 쌓인다. 이러한 경험들이 자신의 사상과 행동을 결정하는데 중요한 요소로 작용한다. 자신의 어린 시절 극도의 가난으로 인해 국가 · 사회나 부자에 대한 불만과 증오감을 갖게 되었다든지, 자신과 부모, 형제들이 좌익운동을 하다가 도피, 구속 등을 통해 정부에 대한 분노감을 갖는 등 자신과 가족이 겪었던 경험들이 그의 사상관을 정립하는 데 큰 영향을 미친다.

1968년 통혁당사건, 1974년 인혁당재건위사건, 1979년 남민전 사건 등 각종 좌익사건 관련자들 경우도 상당수가 자신이나 가족들이 과거 빨치산 · 좌익활동 전력자들이었다. 현재 좌익운동권 활동가들도 1970년대 반유신 투쟁을 했거나 1980대 반정부 학생운동을 했던 사람들이 주류를 이루고 있다. 이들은 반정부 시위를 통해 저항의식을 갖게 되었고, 구속 · 구류 등을 경험하면서 반정부 · 반국가적 관념을 내면화한 것이다.

3) 경제적 빈곤 등 소외의식

인간은 누구나 경제적으로 유복하고 다른 사람으로부터 인정감을 받으면 현 체제에 대해 긍정적인 태도를 갖는 경향이 강하다. 경제적으로 궁핍하거나 가정 · 학교 · 집단 · 사회 · 국가에서 소외당하고 있다는 느낌을 받으면, 기존 제도, 체제에 부정적 인식을 갖기 쉽고, "이 사회를 뒤집어엎어야 한다"는 혁명의 논리에 쉽게 빠져든다.

북한이나 반대세 좌익세력도 대남적화전략에서 현 체제에 불만을 품을 가능성이 높은 빈민층·노동자층·농민층·저학력층·저발전 지역민 등 소외계층을 주력군 또는 보조역량으로 활용하고 있다.

소외 요인 중에서 가장 중요한 요인은 경제적 소외라 할 수 있다. 1980년대 주사파 등 좌익운동권에서 활동한 사람들을 보면 일부 부유층 집안 출신들도 없지 않았으나 가난한 집안 출신들이 많았다. 이들은 부모들이 열심히 노력해도 가난에서 벗어나지 못하는 것을 보면서, '뭔가 이 사회는 문제가 많구나' 라는 인식을 갖게 된다. 이런 상태에서 대학에 갔더니 운동권 선배가 친근하게 다가와 '모두 다 자본주의체제 때문이야' 라고 말하며 '사회주의체제가 되면 이런 소외와 차별이 없어진다' 라고 속삭이면 "그렇구나"라고 생각하며, 운동권으로 발을 들여놓게 된다.

4) 의식화 교육과 학습

좌익사상에서 벗어나 전향에 성공한 사람들의 수기들을 보면,

자신이 좌익사상에 빠지게 된 계기가 나온다. 부모, 교사, 친구, 친척, 책 등 다양하다. 어떤 형태로든 사상에 대한 교육과 학습 과정이 있다.

첫째, 가장 중요한 것이 가정교육이다. 부모, 형제 등 가족 중 한 명이 좌익사상에 빠지게 되면, 자연스럽게 다른 가족에게도 전파된다. 특히 부모가 좌익사상을 가질 경우, 생활공간을 같이하는 자녀들에게 말과 행동 등을 통해 자연스럽게 복제된다. 1968년 통혁당사건의 주모자로 사형을 당한 김질락도 어린시절 집을 떠난 아버지 대신 삼촌인 김종태 아래 있으면서 자연스럽게 사회주의사상을 주입받게 되었다고 옥중수기에서 밝히고 있다. 또한, 1980년대 중반 대학가에서 주사파를 양산한 주역 김영환도 "유신체제(박정희정부 의미)와 5공체제(전두환정부 의미)에 강한 비판을 의식을 가지고 있는 부모님의 영향을 받아 정부에 매우 비판적인 의식을 가지게 되었고, 대학에 들어가서는 자연스럽게 좌익학생운동에 가담하게 되었다"고 밝히고 있다.[13]

둘째, 학교 교육은 학생들을 집단적으로 좌경화시키는 요인이다. 전국 11,500여 초·중·고등학교에서 매일 이루어지는 수

---

13) 우태영, 『82들의 혁명놀음』(선, 2005), pp19-23.

업이 큰 영향을 미친다. 좌편향 교과서와 좌익 · 좌경 교사들의 가르침이 학생들에게 스펀지처럼 흡수된다. 부모들은 '학교에 가서 선생님 말씀 잘 듣고 오라' 고 부탁까지 해서 보냈지만, 수업을 통해 자연스럽게 자녀의 영혼이 그들에게 빼앗기는 일이 벌어지는 것이다.

1948년 제주4 · 3사건 때도 좌익교사들의 역할이 컸는데, 제주 4 · 3사건을 일으킨 김달삼도 제주 대정중학교 사회교사였다. 건국 직후인 1948년 10.19 여수14연대반란사건 때도 여수 · 순천지역 좌익교사들의 영향을 받은 여중생들의 악행이 많았다.

5) 인간의 심리적 구조와 유유상종 인간관계

사람은 좌익사상을 처음 접할 때 하나의 지식이나 감정에 불과하지만 그 관념과 유사한 지식은 수용되고, 충돌되는 지식은 배척되는 등 선택적 수용과정을 통해 좌익적 세계관이 구축된다. 좌익적 세계관이란 좌익적 정치관, 사회관, 인간관, 물질관, 경제관, 종교관, 역사관 등을 포괄하는 가치관을 말한다. 이러한 세계관을 가지고 학습하면 할수록 그러한 세계관이 더욱 강화되고 모든 행동과 정신세계, 자신의 삶과 인간관계 등을 지배하게 된다.

우리 사회에는 "젊어서 좌익이 아닌 사람은 가슴이 없고 늙어서도 좌익인 사람은 머리가 없다"는 말도 한다. 좌익사상에 빠졌어도 나이 들면 쉽게 빠져나올 수 있다는 인식이다. 사회주의 사상을 상당히 나이브(naive, 순진한)하게 보는 관념이다.

인간은 어린 시절 가졌던 고정관념과 작은 습관 하나조차도 쉽게 버리지 못한다. 특히 깊이 세뇌된 사회주의 사상은 더욱 그렇다. 한번 사회주의 사상이 머릿속에 장착되면 이에 부합하는 지식은 수용되지만, 부합되지 않는 지식은 튕겨져 나간다. 자신의 사상과 일치하면 대화를 많이 하게 되지만, 일치하지 않으면 사사건건 부닥치고 불편해져서 순조로운 대화가 이루어지지 않는다. 그래서 사상이 같은 사람하고만 대화를 하게 되고, 자신의 사상이 더 견고해지고 더 편향성을 띠게 되는 것이다. 그런 탓으로, 한번 장착한 사상은 평생을 두고 지속되는 것이다.

03 반대세 좌익세력의 특징

(1) 반대세 좌익세력은 대한민국 국민인가, 내부의 적인가?

반대한민국세력이니 종북세력이니 하는 말에 대해 궁금증이 생긴다. 이들은 대한민국 국민인가? 아니면 대한민국의 적인가? 좀 사상이 다르다는 이유로 '내부의 적'이라고 하는 것은 너무 심한 것은 아닐까?

종북세력이란 북한 정권을 추종하고 대한민국을 무너뜨리고 북한체제로 통일하려는 세력을 말한다. 이적단체로 판결을 받은 단체에 속한 한 구성원이 북한에 보낸 충성맹세문을 보자.

"위대한 영도자 김정일 동지 탄생 62돌을 맞으며 우리의 가슴마다는 위인을 모신 긍지와 자부심으로 설레이는 감동의 물결이 한없이 출렁입니다. ... 어디에 계십니까, 그리운 장군님. ... 우리는 위대한 김정일 장군님께 대한 붉디붉은 그리움을 심장에 간직하고 기쁨과 행복에 젖어 새로운 각오와 결의를 다집니다. 아직 北送되지 못한 장기수 선생들이 우리 주변에 계십니다. 위대한 수령님과 위대한 장군님께 대한 충성의 관점에서 장기수 선생들을 잘 모셔야 합니다.

그리운 우리 장군님, 장군님 품이 그립습니다. 남녘 민중도 자애로운 장군님 사랑의 품에서 복락을 누릴 그날만을 고대합니다. 아, 누구란 말이냐! 그리운 우리 장군님과 남녘 민중을 갈라놓은 놈이 누구란 말이냐! 승리의 날이 멀지 않았습니다. 장군님께서 손저어 부르십니다. 어서 오라! 어서 오라! 나의 아들, 딸들아! 나의 동포들아!"

이들은 사상적 관점에서 보면 분명 대한민국의 적이라 할 수 있다. 그런데 이들은 대한민국 국적을 가지고 있고 주민등록증도 있어, 외형적으로 보면 대한민국 국민이다.

이들은 국적을 가진 국민의 자격을 가진 내부의 적이기 때문에 휴전선 넘어 있는 북한군보다 더 무서운 존재인 것이다. 우리 국민 속에서 활동하면서 반국가적, 반역적 활동을 할 수 있기 때문이다. 역사적으로 볼 때도 국가가 내부의 적에 의해 멸망 당한 경우가 비일비재했다. 고조선이 멸망할 때도 한나라와 내통한 고조선 내부의 적이 결정적 역할을 했다. 가까운 예로 1905년 을사조약, 1910년 합방조약으로 대한제국이 일본에 의해 멸망 당할 때도 내부의 적(이완용 등 을사5적)이 결정적 역할을 했다.

김충배 육사교장은 2004년 12월 육사 가입교생들을 대상으로 "주적" 개념에 대한 무기명 설문조사를 했다.14) 미국을 주적이라고 대답한 학생이 34%, 북한이 주적이라고 대답한 학생이 33%로 나왔다. 심각한 대적관 혼동인 것이다. 김충배 교장은 '큰일 났구나' 생각하면서 생도들을 강당에 모아 놓고 우리 조국의 근대화과정에서부터 오늘에 이르기까지 피와 땀을 흘린

---

14) kosnas.net, "(인터뷰) 김충배 장군, 우리의 안보태세는 초비상이다", 2010.12.7.

할아버지, 할머니들의 노고를 이야기했고, 강당을 메운 생도들은 곳곳에서 눈물을 흘렸다. 김충배 교장은 새로운 역사교재 등을 만들어 육사생들을 교육시킨 결과, 졸업할 때는 전원 올바른 대적관을 가졌다고 한다.

이렇듯, 군에서는 대적관 교육을 중시하는데, 왜 이것이 그렇게 중요한가? 군내에 대적관이 흔들린 장병이 있으면 무슨 문제가 생긴다는 말인가?

북한군이 대한민국의 휴전선을 넘어 남침했을 경우를 생각해보자. 우리 국군은 이에 대응해 미군과 합동작전을 전개할 것이다. 이때 미군이 주적이라는 장병은 총구를 북한군에게 겨누지 않고 합동작전을 전개하는 우군인 미군에게 총구를 겨눌 것이다. 그러면 우리 방어선이 붕괴될 것이다. 아무리 무기가 좋아도 대적관이 흔들린 장병들이 내부에 있다면 군은 자멸할 수밖에 없다.

어떤 군 수사관은 자신이 경험했던 이야기를 했다. 한 종북 성향을 가진 장병을 체포해 수사하면서 이렇게 물어보았다고 한다.

"너는 북한군이 침략하면 북한군을 쏠 수 있겠느냐?"

"저는 쏠 수 없습니다"

"그러면 너의 내무반 동료를 쏠 수 있겠느냐?"

"못 쏩니다."

"왜 못 쏘나?"

"정이 들어서 못 쏩니다."

(그러면 정이 들지 않은 다른 중대원들은 쏠 수 있겠네.)

"그러면 누구를 쏘겠느냐?"

"저는 수사관님 같은 사람을 쏘겠습니다"

"허걱?!!@#$"

전쟁 때 이런 장병들이 함께 있으면 적과의 전투를 제대로 수행할 수 없다. 아군의 등 뒤에서 총을 쏘기 때문이다. 이런 장병들은 반드시 군에서 배제해야 한다. 적에게 향해야 할 총구가 동료나 우군에게 향할 수 있기 때문이다. 1950년 6 · 25전쟁 전인 1949년 동안 숙군작업을 통해 군병력의 1/10을 군에서 제거했던 것도 이런 자멸적 사태를 막기 위해서였다.

(2) 반대세 좌익세력이 사상 밝히기를 거부하는 이유

반대한민국세력, 반체제세력은 대한민국 내에서 체제전복, 국가전복활동을 하는 세력이어서, 그 사상적 실체를 밝힐 수 없다. 특히 북한에 우호적인 NL파, 특히 추종 정도가 높은 종북성향일수록 그 사상적 실체를 밝히기를 거부한다. 그들이 특히 밝히기를 거부하는 것은 북한의 통치자(김일성-김정일-김정은)와 북한체제의 문제점(북한핵 개발, 3대 세습, 정치범수용소 등 북한인권)

에 대한 관련 사항이다.

그들은 북한의 통치자, 체제에 대한 질문을 받으면 다음과 같이 대응한다. "다음에 말하겠다"고 하거나 다른 내용으로 화제를 돌린다. 회피하기 어려울 경우, "아직도 빨갱이로 모느냐"며 반발한다. 질문 자체에 대해 "이분법적 색깔론이다", "이러한 질문 자체가 양심과 사상의 자유를 옥죄는 것이고 매카시적 공세이기 때문에 답변하지 않겠다"며 대답을 거부한다. 답변하더라도 동문서답식으로 하거나 횡설수설하여 논점을 흩트려 버린다. 이들은 때로는 "북한은 병뚜껑을 만드는 기술이 부족하더라"는 식으로 하찮은 사항을 슬쩍 비판하면서 예민한 질문에서 회피하는 방법을 쓰기도 한다.

실제로 2012년 총선 직후 통합진보당 이석기 국회의원 당선자는 YTN과의 인터뷰(2012.4.17)에서 "(주체사상과 나는) 아무 인연이 없다. 나는 민주주의를 지향하는 민주주의자다"라고 하여 자신의 사상을 드러내는 것을 거부하였다. 이석기 당선자는 백지연과의 인터뷰에서도 "(나에 대해) 종북 운운하는데 종미가 훨씬 더 문제다"(4월 11일 tvN 인터뷰)라며 반발하였다.

이○○ 전 통합진보당(민노당) 대표는 3대 세습에 대해 대답을 거부하였다.

> "북한에 대한 비판, 옹호 둘 다 하지 않겠다는 게 우리 입장이다. 왜 굳이 우리한테 말하라고 하나? 말할 자유도 있고 말하지 않을 자유도 있는데 말하지 않으면 친북세력이라고 도장 찍어 버린다. 그러면서 왜 말을 하라고 하느냐?"[15]

2012년 4월 총선 직후인 5월 22일, MBC 주최 "100분 토론"이 열렸다. 한 여성 방청객은 이상규 통합진보당 국회의원 당선자에게 "북한 인권, 3대 세습, 북핵"에 대한 입장을 밝혀 달라고 요청했다. 이에 이상규 당선자는 "그러한 색깔론이 계속 재연되고 있다는 점에 대해서는 아주 유감입니다. ... 여전히 남아 있는 사상검증, 양심의 자유를 옥죄는 것이다"라며 대답을 회피했다.

정당은 정권을 장악하기 위해 모인 정치적 결사체이다. 정당은 국민들에게 표를 달라고 하기에 앞서 '우리에게 표를 주시면 이렇게 국가를 이끌겠습니다' 라고 비전을 제시해야 한다. '표를 주시되 우리가 어떻게 이끌든 묻지 마세요. 우리는 마음의 뜻을 밝히지 않을 자유가 있어요' 라고 할 수는 없는 것이다.

---

15) 나성린 · 최홍제, 『대한민국을 부탁해』(나남, 2011), pp200-201.

특히 대한민국 적화 목적을 한 번도 포기하지 않은 북한에 관한 것은 더욱 그렇다. 대한민국 미래가 걸린 매우 중요한 문제이기 때문이다. 대한민국 유권자들은 정치인들에게 북한에 대한 입장을 물을 권리가 있고, 당연히 물어야 한다. 그리고 정치인들은 반드시 분명히 밝혀야 한다. 거부할 자유가 없다. 거부하려면 선거에 나오면 안 된다.

(3) 반대한민국세력의 규모

현재 대한민국은 체제위기, 국가위기 정도가 심각한 상태인데, 그 이유는 대한민국에 존재하는 반체제세력, 즉 반대한민국세력의 규모가 대한민국이 수용할 수 있는 범위를 크게 초과했기 때문이다. 양동안 교수는 "선박도 화물적재능력을 초과하면 침몰하게 되듯이, 국가도 그러하다. 반대한민국세력의 규모가 수용범위를 초과한 것은 이미 오래전인데, 그런데도 대한민국호가 침몰하지 않고 있는 것은 한미동맹이라는 고무튜브가 대한민국호 주변에 둘러쳐져 있기 때문이다"라고 말했다.

반대한민국세력이란 대한민국의 자유민주주의체제를 무너뜨리고 사회주의체제로 변혁을 지향하는 세력을 말하는데, NL파와 PD파 등을 불문한다. 현재 대한민국 내 반체제세력은 NL계가 60% 정도, PD계가 30% 정도, 기타가 10% 정도 아닐까

한다.

먼저 소수의 반체제세력이 어떤 방법으로 체제를 무너뜨릴 수 있는지 남베트남 사례를 통해 알아본 후 국내 반체제세력의 규모를 NL계, 즉 종북세력 규모를 중심으로 설명해 보기로 한다.

남베트남(월남) 멸망과 반체제세력

남베트남은 1973년 주월(남베트남 주둔) 미군이 철수한 후 2년 뒤인 1975년 3월, 남베트남은 북베트남의 공격을 받고 전투다운 전투도 해보지 못한 채 58일 만에 공산화되고 말았다. 이렇게 쉽사리 무너진 데는 반체제세력이 남베트남의 수용범위를 초과하고 있었기 때문이다.

남베트남 반체제세력의 규모는 어느 정도였을까? 이대용 전 주월남공사는 "월남 패망은 공산 프락치 때문이었다"는 글에서 보면, 약 5만 정도로 추산했고, 이들의 영향을 받아 좌경화된 국민 비율을 17% 정도라고 했다.

"남월(월남, 남베트남) 각계각층에 침투한 공산 프락치는 4만 9,500여 명이었는데, 이중 북월(월맹, 북베트남) 공산당원이 9,500여 명이었고, 남월 임시혁명정부("남월민족해방전선"의 후신)

에 소속된 인민혁명당원이 4만여명이었다. 이는 남월 총인구의 약 0.25%에 해당한다. 그리고 이들에 동정적인 남월인(월남인)은 총 인구의 약 17%로 판단되었다.[16]

김일성, '1,000명의 혁명전사만 양성하면 남한혁명 가능하다.'

주사파 김영환은 1991년 강화도에서 북한의 대남공작선을 타고 올라가 김일성 집무실에서 2차례 직접 면담을 하였다. 이때 김일성은 '1천 명의 혁명전사만 양성하면 남한혁명은 성공한 것이나 다름없다' 고 말했다는 것이다.

"남조선 인민들이 투쟁에 나서지 않는 것은 남조선이 미국의 식민지라는 사실을 모르고 있기 때문이다. 남조선이 미국의 식민지라는 사실을 인식하는 사상이 중요하다. 남조선이 미국의 식민지라는 사실을 폭로하는 운동을 전개해야 한다. 무엇보다도 사상이 중요하다. 남조선 인민들 1천 명만 주체사상으로 무장시키면 남조선 혁명은 이룩한 것이나 다름없다."〈우태영, "82들의 혁명놀음", 도서출판 선, 2005, 202쪽.〉

---

16) 이대용, "월남 패망은 공산 프락치 때문이었다"(민족정론, 1997.1)

김일성이 말한 1,000명이란 철저히 무장된 혁명세력을 말한다. 김영환은 돌아온 후 1992년 민혁당이라는 지하당을 만들었다. 민혁당 출신 인사들에 따르면, 민혁당은 핵심당원은 100여명에 불과했지만, 이들이 직접 관리하는 14개의 RO(혁명조직) 조직원까지 합하면 400여 명이라고 했다. 이들은 모두가 뛰어난 혁명가로서 단체들 속으로 들어가 견인할 수 있는 범위는 수천, 수만여 명이 이르고, 이들이 미치는 영향력까지 생각한다면 상상을 초월한다. 이 민혁당 핵심당원의 한 사람이 바로 2013년 발생한 RO사건의 주동자 이석기이다.

반체제세력을 관용하는 국민의 규모

통합진보당은 당권파의 주도인물 이석기가 RO사건으로 내란선동죄로 9년 형을 선고받은 데 이어 2014년 12월 헌법재판소로부터 위헌 정당으로 해산판결을 받았다. 헌재 판결 직후인 12월 22일 중앙일보가 국민여론조사를 실시했는데, 통진당 해산 매우 반대 11.6%, 대체로 반대 12.1%로, 해산 반대의견이 총 25%로 나타났다. 이로써 반체제세력에 대해 관용적 태도를 보이는 국민의 규모가 1/4 정도에 달한다고 볼 수 있다. 이 정도의 규모는 남베트남이 공산화될 때 국민의 좌경 비율을 훨씬 능가하는 것이다.

반체제세력, 소수라도 혁명 가능하다

적은 수의 반체제세력이라도 얼마든지 혁명을 성공시킬 수 있다. 왜냐하면, 혁명가들의 능력이 대단하기 때문이다. 1당 백, 1당 천, 1당 만이다.

양동안 교수는 세계 공산혁명 사례연구를 통해 소수의 혁명세력에 의해서도 얼마든지 혁명이 가능하다는 것을 증명했는데, 이는 세계 유일의 분석자료라 할만하다. 그의 공산화 분석자료에 따르면, 세계 최초로 공산혁명에 성공한 러시아와 그 인접국가 그루지아, 외몽고의 사례에서 알 수 있다. 러시아에서 1917년 2월혁명이 일어나기 직전, 사회주의 혁명을 추구한 볼셰비키당의 당원수는 2만 3,600명 정도였는데, 당시 러시아 인구(1억 5,000만 명)의 0.016%에 불과했다. 러시아에서 공산혁명이 성공한 후 인접 국가인 그루지아와 외몽고에서는 공산화된 소련의 지원 아래 훨씬 더 적은 수의 공산당원만으로 사회주의 혁명을 이룰 수 있었다. 그루지아 공산주의자들은 1918년 총선에서 2.7%밖에 득표하지 못해 제6위의 군소정당에 머물렀다. 그러나 그들은 혁명투쟁을 계속하여 국가를 혼란에 빠트린 후 소련에 군사적 개입을 요청하여 그루지아를 사회주의화하는 데 성공하였다. 외몽고에서는 1921년 당시 공산당원이 164명이고 공산청년동맹원이 99명에 불과하였다. 그러나 이들

이 소련의 지령에 따라 다른 정치세력들을 기만 유인하여 중국
에 대항한다는 명분으로 민족전선을 형성하고 이를 토대로 임
시정부를 설립하였다. 공산주의자들은 임시정부의 이름으로
소련에 군사적 개입을 요청하여 1924년 200만 명의 인구를 가
진 외몽고를 사회주의화하는 데 성공했다.[17]

그는 우리나라의 경우까지 분석하여 세계에서 공산화된 다른
나라의 사례보다 현재 훨씬 더 반체제세력의 규모가 크다고 강
조했다. 2014년 반체제 정당으로 인정돼 헌법재판소에서 해산
된 통진당의 당원이 3만 3,000명이었다는데, 이는 인구 5,000
만 명의 0.066%나 되며, 득표율은 전체의 5.7%(2008년 총선에서
민노당이 획득한 득표율)나 되었다. 당원수의 면에서는 혁명 직전
의 러시아 볼셰비키 당원 수보다 4배나 많고, 득표율 면에서는
그루지아공산당이 1918년 총선에서 획득한 득표율보다 2배나
많다.

김영환이 분석한 운동권과 준운동권의 규모

주사파 김영환 씨는 시대정신 주관 토론회에서 "지난 30-40년
동안의 운동권 출신을 10만 정도로 보고 있고, 준운동권 출신

---

17) 양동안, 『벼랑 끝에 선 한국의 자유민주의』(인영사, 2017), pp132-133.

을 50만 정도"라고 분석했다. 1992년 당시 대학생 주사파단체인 전대협 회원만 10만 명을 헤아릴 정도였으며, 1980년대 중반 이후 1990년 중반에 이르는 10여 년 동안 형성된 주사파들도 10만 명 이상임을 고려할 때 합리적 추산으로 보인다.

"현재의 운동권도 중요하지만 이들은 아주 소수이고 오히려 수에서 압도적 우위를 차지하는 과거 운동권이 더 중요하다고 볼 수 있습니다. … 저는 지난 3-40년 동안의 운동권 출신을 10만 정도로 보고 있고, 준운동권 출신을 50만 정도로 보고 있습니다. 준운동권이라고 한다면 운동권으로부터 다양한 형태로 영향을 받고 심리적 유대감을 갖고 있는 사람들을 말합니다. 그들은 사회적 책임감이 높고 인간관계에서 적극적이고 인적 네트워크가 잘 발달되어 있고 결집력이 높고 정치사회적인 관심이나 정치사회적 지식 등이 다른 사람들에 비해 높습니다. 이런 요인 때문에 정치적으로나 사회적으로나 매우 큰 힘과 영향력을 갖습니다. …

그 수가 10만, 50만이라고 하면 얼마 안 되는 것처럼 볼 수도 있지만 그 영향력은 엄청납니다. … 386세대는 넓게 보면 50대 초반부터 30대 중반까지라고 보는데, 이미 사회적으로도 매우 중요한 세력, 혹은 어떻게 보면 권력화된 그룹입니다. 교육계, 문화계, 언론계, 법조계, 심지어 경제계에 이르기까지 굉장히 중요한 권력을 장악하고 있는 그룹이에요."〈(사)시대정신, "민주화 이후 대중운동 사실적 근거가 있는가?"〉18)

04 반대세 좌익세력이 정권을 잡는 방법들

대한민국은 자유민주주의 사상을 토대로 건국된 우익의 나라이며, 이를 긍정하는 대한민국세력의 나라이다. 공산주의, 사회주의 사상을 금지하는 국가보안법이 존재하고 있는 나라이다. 그러나 어느 틈엔가 주사파 등 좌익세력, 즉 반대한민국세력이 서서히 세력을 넓혀가 대한민국 정권마저 장악했다. 그것도 선거를 통해서 말이다. 반대한민국세력이 어떤 기기묘묘한 전략전술로 그러한 결과를 획득했을까?

(1) 반대세 좌익세력의 통일전선전술

레닌은 통일전선전술에 대한 개념을 이렇게 규정하였다. "너에

---

18) 시대정신, 『시대정신』(48호, 2010년 가을호), pp31-32.

게 3개의 적이 있거든, 먼저 그중 둘과 동맹하여 하나를 타도
하고, 나머지 둘 중 하나와 다시 동맹하여 다른 하나를 타도하
고, 마지막 남은 하나는 1대 1로 대결하여 타도하라"

통일전선전술이란 레닌이 창안한 공산당의 핵심전술로서, 공
산당세력만으로는 적을 1대 1로 타도할 수 없을 때 협조 가능한
비공산세력들을 일시 제휴하여 적대세력을 하나씩 차례로 타
도하여 공산당이 주도권을 장악하는 공산주의 혁명전술이다.
비록 일시 제휴할 세력이 정치적 사상이나 투쟁목적을 달리하
더라도 투쟁 대상만 같으면 일단 공동전선을 펴서 그 적을 타
도한다는 것이다. 혁명에 성공한 후에는 비공산세력들을 하나
씩 제거하는 것이다.

레닌이 러시아를 혁명에 성공할 때도 사용했고, 제2차 세계대
전 과정에서 동유럽 즉 폴란드, 헝가리, 동독 등을 사회주의,
공산주의체제로 변혁할 때도 가장 많이 사용했던 전술이다. 중
국 마오쩌둥(모택동)의 공산당군도 세력이 약할 때, 강력한 국민
당군과 두 번에 걸친 국공합작(한번은 쑨원〈손문〉과 또한 한번은 장제
스〈장개석〉)을 통해 세력을 확장했고, 결국 1949년 장제스(장개석)
의 국민당군을 물리치고 중국을 공산화하는 데 성공했다.

우리나라 좌익의 역사에서도 통일전선전술을 성사시킨 사례가
있는데, 그 대표적인 것이 1927년 결성된 신간회이다. 국내 좌

익세력은 소련 주도 세계공산주의 연대기구인 코민테른의 지령에 따라 민족주의세력(우익세력)과 연합하여 신간회를 만들었다. 좌익세력이 1931년 신간회를 해체한 것도 코민테른의 지령에 따른 것이었다.

대한민국 내 좌익세력은 특히 2000년대 이후 정권을 장악하기 위해서 통일전선전술을 적극 활용했는데, '진보대통합'과 '반보수대연합'이 그것이다. '진보대연합'이란 사회주의 성향의 세력, 즉 이른바 '진보세력'을 통합하여 세력을 확장하는 1단계 통일전선전술이다. '반보수대연합'이란 진보대연합으로 진보세력을 확장한 후 이를 근거로 중도세력을 끌어안아, 보수세력을 고립시키고 최종 승리하는 2단계 통일전선전술이다.

(2) 반대세 좌익세력의 용어전술 등 프레임전술

1) 용어전술 등 프레임전술

반대세 좌익세력은 대중들의 지지를 얻기 위해 자신들에게 유리한 용어 프레임전술을 구사한다. 물방울이 바위를 뚫듯, 반대세 좌익세력은 자신들에게 유리한 용어를 선점하고 1년, 5년, 10년 장기간 대중들이 사용토록 한다. 대중들은 그 용어를 쓰는 사이 자신도 모르게 반대세 좌익세력의 의도대로 그들이 만든 프레임에 갇혀 그들이 원하는 방향대로 행동하는 것이다.

반대세 좌익세력이 사용하는 용어 프레임전술을 알아보자.

첫째, 반대세 좌익세력은 실제 용어가 갖는 개념과 전혀 다른 뜻으로 사용함으로써 용어의 개념을 혼란시켜 놓는다. 레닌이 "용어를 혼란시켜라"라는 전술에 따른 것이다. 이 용어혼란전술에 사용되는 용어에는 진보 · 민주 · 민중 · 민족 · 평화 · 통일 · 자주 · 양심수(구속 간첩과 좌익사범 의미) 등이 대표적이다.

둘째, 반대세 좌익세력은 대세 우익세력에게 나쁜 이미지의 프레임을 씌워 내부 분열을 조장하기 위해서도 용어혼란전술을 구사한다. 대세 우익세력을 향해 수구세력, 냉전세력, 반통일세력, 전쟁세력, 친일세력, 친미세력, 반민족세력, 반동세력, 파쇼정권, 반민주세력, 독재세력, 반민중세력, 미국의 괴뢰(꼭두각시)정부, 사대매국세력 등으로 매도하는 것이 그것이다.

셋째, 반대세 종북 · 친북 좌익세력은 북한에서 사용하는 용어들을 남한에 퍼뜨려 자연스럽게 북한의 사상을 스며들게 하는 용어전술도 쓴다. 후과(결과), 호상간(상호간), 요해(이해), 추동력(추진력) 등 사상성이 약한 용어들도 있으나 북한의 사상을 강하게 나타내는 용어들도 있다. 예를 들면, 계급 · 민족해방, 반동, 주체, 미제, 철천지 원쑤, 연대, 파쇼, 인민, 민중, 단일대오 등을 들 수 있다.

넷째, 반대세 종북 성향의 좌익단체들은 김일성, 김정일, 김정은과 북한체제를 찬양하는 북한의 문건들, 동영상, 노래 등을 인터넷 등을 통해 유통시키거나 각종 책자 등을 만들어 북한의 언어와 사상을 쉽게 접할 수 있도록 하고 있다.

2) 주요한 용어혼란 사례 분석

'진보'는 좌익사상, 진보세력은 좌익세력 의미

진보는 사회주의, 공산주의 사상을 의미하고, 진보세력이란 사회주의, 공산주의를 지향하는 세력을 의미한다. 이는 자유민주주의, 시장경제체제(자본주의체제)를 무너뜨리고 사회주의, 공산주의체제로 변혁하는 것이 역사의 진보라는 마르크스 사상에 따른 것이다.

따라서, 북한은 물론 민노당, 통합진보당 등도 '진보', '진보적 민주주의' 등의 용어를 수없이 사용했다. 우익의 나라인 대한민국에서 좌익이 정권을 장악하는 기적을 이룬 가장 효과적 방법은 보수-진보 프레임을 퍼트려, 젊은 세력을 우군화하는 것이다.

'민주'는 민중민주주의(인민민주주의)의 민주

좌익세력이 사용하는 '민주' 용어의 의미는 자유민주주의의 민주가 아니라 민중민주주의(인민민주주의)의 민주이다. 대한민국세력이 사용하는 '민주(民主)'란 말에서 민(民)이란 국민 전체를 지칭한다. 부자든 가난한 자든, 지위가 높든 낮든 모두가 같은 국민이란 의미다. 반대세 좌익세력이 사용하는 '민주'(民主) 란 말에서 민(民)이란 민중(民衆) 또는 인민(人民)이란 의미이다. 인민이란 전체 국민을 의미하는 것이 아니고, 노동자 · 농민 등 하층계급만을 의미한다. 자본가 · 지주 · 부유층 등은 제외한다. 이러한 '민' 의 개념을 가진 민주주의를 '인민민주주의' 또는 '민중민주주의' 라고 부른다.

반대세 좌익세력이 사용하는 민주는 과거 보다 현저히 네오막시즘 개념에 따라 범위가 달라지는 경향을 보인다. 전통 부르주아계급 대 프롤레타리아계급을 넘어 노동, 인권, 환경, 복지 등의 개념을 포함하는 광의의 사상 대립으로 확장하고 있기 때문이다.

'민족' 도 북한을 옹호하는 개념으로 사용

원래 공산주의, 사회주의 사상은 계급을 중시하고 민족을 배척한다. 그러나 레닌은 공산주의 확산을 위한 전략전술 차원에서 민족운동세력을 끌어들여 우군화했다. 통일전선전술 차원이다. 북한과 대한민국 내 반대세 좌익세력은 민족분단 현실을 최대한 활용하여 민족이라는 프레임을 많이 활용해 왔다.

반대세 좌익세력은 '민족', '민족주의' 용어를 다양한 목적으로 활용하고 있다. ▷북한을 옹호하고('우리민족끼리'), ▷남한에 종북·친북 세력을 확대시키고('우리는 같은 민족으로 하나다') ▷ 미군을 철수시키고('민족 자주를 위해 외세는 물러가라'), ▷북한의 위협에 대해 국민 안보의식을 둔감하게 하고('북핵·미사일도 통일이 되면 우리 것인데', '설마 우리에게 쏘겠어? 동포인데') ▷국제적인 유대관계를 중시하는 우익·우경세력을 공격하는 수단('친일 반민족세력이다')으로 이용하는 것이다.

'평화'란 '전쟁 없는 상태' 아니다

대한민국세력은 평화 개념을 '전쟁이 없는 상태'로 이해한다. 그러나 북한과 반대세 좌익세력은 평화 개념을 '자본주의가 말살된 상태', '미군 철수와 남한의 공산화' 등을 의미하는 것으로 사용한다. 그들은 평화 개념을 활용하여 주한미군 철수 분위기를 조성하고 북한의 핵·미사일 등 전쟁무기 생산에 대한 비판여론을 잠재운다. 남한의 군사력 증강이나 미국 군사력을 약화시켜 북한의 안보를 강화하고 대한민국의 무장해제를 노리는 것이다.

북한과 문재인 정권은 지속적으로 정전협정을 종전협정, 평화협정으로 바꾸려 하고 있다. 정전협정이란 6·25전쟁이 아직 끝나지 않고 휴전 중임을 의미하는 개념인데, 종전협정으로 바꾸는 순간 6·25전쟁이 종결되었다는 의미가 된다. 이렇게 되면, "6·25전쟁이 끝났으니, 미군이 더이상 주둔할 필요가 없다. 주한미군은 철수하는 것이 마땅하다"는 논리를 만들기 위한 목적이다. 남베트남에서 미군이 평화협정을 맺은 후 철수한 전철을 밟도록 하려는 의도다.

'통일'은 북한식 연방제통일 의미

북한과 반대세 좌익세력은 '통일 통일'을 외치는데 이는 북한체제로의 통일, 즉 북한이 제시하는 '연방제 통일'을 의미한다. 그들은 북한체제로의 통일을 정당화하기 위해 '북한이 자주·민주·민족정권으로서 정통성이 있는데 반해 남한은 미제 식민지, 친일 반민족정권, 반민주 파쇼정권으로 정통성이 없다'는 논리를 내세운다.

이러한 결론에 따라, 반대세 좌익세력은 '통일에 방해가 되는 미군을 철수시키고 국가보안법과 국정원 수사권 등 반민족·반통일적 제도를 폐지할 것'을 주장한다.

'자주화'는 주한미군 철수 등 반미를 의미

북한과 반대세 좌익세력은 한국을 미국의 신식민지로 보고 주한미군 철수 등 한미동맹을 해체하는 것이 민족자주를 이루는 길이라고 주장한다. 그래서 "한미동맹 해체 즉 주한미군 철수 요구는 자주적 민주정부(`종북정권` 의미)를 수립하기 위한 것"이라고 밝히는 것이다. 그러니까 이들이 말하는 자주란 북한식 개념으로서, 북한체제 통일에 방해되는 장치들을 없애는 것을 의미한다. 그들의 문건에 등장하는 '자주' 라는 용어를 우리식으로 해석하면 절대로 안 되는 이유이다.

3) 반대세 좌익세력, 다양한 프레임으로 대중들 끌어가기

반대세 좌익세력은 대중들을 자기편으로 끌어들이는 방법을 다양하게 사용하고 있다. 수많은 낚싯대를 드리워 물고기를 낚아 자기 바구니에 넣는 것과 유사하다. 보수-진보, 전쟁-평화, 독재-인권, 통일-반통일, 친일-반일 등 온갖 프레임을 제시하고 어느 하나라도 동의하면 자연스럽게 좌파의 텐트 속으로 들어가도록 하고 있다.

좌익세력은 역사적 인물에 대한 이미지를 통해 국민들을 자기편으로 끌어들이는 방법을 쓴다. "이승만은 정읍발언을 통해 단독정부를 주장해 민족분단을 시켰다", "이승만은 친일파 청산을 하지 않았다", "이승만은 독재자다" 등 이승만 초대대통령을 부정하는 프레임을 통해 동의하는 국민들을 자연스럽게 좌익그룹에 들어가도록 한다.

"박정희도 독재자다", "전두환은 5·18 학살자다" 등 우익·우경 정치지도자들에 대한 나쁜 정치프레임을 퍼트리고 이에 동조하는 국민들을 자기편으로 끌어들인다. 반대로 좌익·좌경 인물들에 대해 우호적 평가 프레임을 통해 동조하는 국민들을 자기편으로 끌어들이기도 한다. 이를테면, "김일성은 독립운동가", "신영복은 존경할 사상가", "김원봉은 국군의 뿌리"라는 발언 등이다.

주사파에서 전향한 강길모씨는 운동권 선배들이 후배들을 유혹하는 도구로 역사문제를 활용한다며 다음과 같이 언급했다.

"1980년대 중반 이후 대한민국의 대학사회는 자연스럽게 '위대한 수령 김일성 동지를 외치는 주체 빨갱이들을 양산할 수 있는 구조와 문화가 만들어져 있었습니다. 처음에 의식화 교육을 받을 때 주로 선배들이 유혹하는 첫 미끼는 역사문제였습니다. … 결국, 우리가 사상전을 통해서 좌파를 제압하기 위해서는 역사투쟁이 매우 중요합니다. 특히 80, 90년대에 집중적으로 양산된 대한민국 좌파세력들이 RP작업이라고 하는, 후배들을 키우는 과정의 주요한 매개가 역사문제였습니다. '김일성은 나쁜 놈, 우리나라는 좋은 나라'로 알고 대학에 갔는데, 운동권 선배가 다가와 '네가 지금까지 알고 있던 대한민국의 역사는 거짓의 역사다.… 김일성 장군님을 남한에서는 건달 김성주라고 왜곡 선전하고 있지만 실제 독립운동사에서 이름을 널리 알리던 장군이었다'고 하면서 외국사람이 쓴 책을 보여줍니다. 그 책을 보면, 김일성이 실존인물이었다는 등의 이야기가 나옵니다. 그것을 통해서 '진짜 역사가 이런 것이구나. 그동안 대한민국의 민주화를 가로막은 군사독재세력에 의해서 눈이 가려지고 귀가 막혀있었구나'라고 자조하면서…."

반대세 좌익세력은 대한민국 건국, 호국, 부국(산업화) 과정에서 일어난 다양한 사건들(제주4·3사건, 국민보도연맹사건, 전태일사건, 5·18사건, 6·10항쟁 등)에 대해 왜곡하거나 나쁜 면만 부각하는 방법으로 국민들에게 반대한민국적 프레임이 심어지도록 하여 좌익·좌경 텐트 속으로 끌어들이는 방법을 쓰기도 한다.

그 뿐 아니다. 부르주아-프롤레타리아, 재벌-중소기업, 자본가-노동자 등 마르크스적 프레임도 있다. 최근에는 네오막시즘 노선에 따라 복지(무상급식 등), 환경(원전폐기 등), 성별(동성애 등), 인종(인종차별 금지 등), 종교(종교차별금지 등) 등 다양한 주제로 정치 · 사회적 갈등 · 대립 프레임을 만들고 이에 동조하는 국민들을 자기편으로 끌어들이는 수법도 사용한다. 이렇듯, 반대세 좌익 · 좌경세력은 수많은 낚싯대를 드리워 놓고 하나라도 걸리면 그들의 텐트 속으로 들어가도록 하는 것이다.

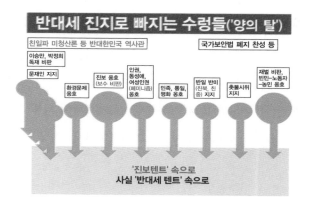

(3) 반대세 좌익세력의 반미 프레임

반대세 좌익세력은 오래전부터 반미운동을 통해 한미동맹을 약화시키고 미군철수 분위기를 조성해 왔다. 예를 들면 윤금이 사건 등 미군범죄사건, 의정부 여중생 미군장갑차 압사사건 계기 반미 촛불시위, 평택기지 이전사업 반대시위, 한미FTA 체결 반대시위, 이라크파병 반대시위, 부시 미대통령 방한 반대시위, 미쇠고기 수입반대 촛불시위(광우병 촛불시위), 사드배치 반대시위 등 반미감정을 자극할 수 있는 계기가 생길 때마다 반미투쟁을 전개해 왔다.

1) 반대세 좌익세력의 반미운동 뿌리

반대세 좌익세력의 반미운동은 뿌리가 매우 깊다. 반대세 좌익세력에 의한 반미운동이 폭증한 것은 1980년대 중반 주사파 좌익운동권의 확산과 맥을 같이한다. 그러나 더 깊은 뿌리는 해방공간에서 소련군사령부 · 김일성과 남한 좌익세력이 주도한 반미투쟁이다. 당시 북한과 남한 내 좌익들은 사회주의 정부를 구성하기 위해 미군 철수를 지속 주장했다. 대한민국 수립(1948.8.15) 이전에서부터 이후에 이르기까지 빈번히 일어났던 남한 내 좌익세력의 폭동 때마다 "미군 철퇴" 주장이 등장했다. 1946년의 9월폭동(9월총파업)과 대구10 · 1좌익폭동사건(대구→경북→전국), 1948년 대한민국 건국을 위한 5 · 10총선거를 방해하기 위한 2 · 7좌익폭동사건과 연이은 제주4 · 3사건, 1948년 대한민국 건국 직후인 10.19 여수주둔 14연대 좌익군인들의 반란사건(여순사건), 여순사건 이후 지리산 등지에서 활동했던 빨치산투쟁 등에 이르기까지 항상 나오는 단골 메뉴가 미군 철수였다. 미군 철수는 북한 공산주의세력이 한반도를 통일하기 위해 가장 필수적인 선결 조건이었기 때문이었다.

당시 북한과 남한 좌익들이 끊임없이 미군 철수를 주장한 의도가 곧 밝혀졌다. 1949년 6월 미군이 철수한 후 불과 1년 뒤인 1950년 6월 25일 북한군이 무력 남침한 것이다. 미군 철수를 주장한 것은 적화통일에 방해가 되는 미군을 없애려는 의도였던 것으로 드러났다.

2) 반대세 좌익세력의 '반미' 주장 허구성

여기서는 반대세 좌익세력의 반미 주장의 허구성을 하나씩 살펴보기로 한다.

첫째, 반대세 종북·친북 좌익세력은 '38선을 그어 남북분단의 단초를 제공한 것은 미국이다' 라고 주장한다. 그러나 분단의 단초는 소련군의 북한지역 진주에서부터 찾아야 한다. 소련군의 북한 진주야말로 남북분단의 서곡이었다.

둘째, 반대세 종북·친북 좌익세력은 '6·25전쟁은 통일전쟁, 민족해방전쟁 성격을 가진 내전으로서 외세인 미군이 참전하지 않았으면 남북통일이 되었을 것' 이라고 주장한다.

동국대 강OO 교수는 "남의 집 싸움인 통일 내전에 미국이 개입하지 않았다면 전쟁은 한 달 안에 끝났을 것이다. 생명을 박탈당한 400만 명에게 미국은 원수다"라는 주장까지 했다. 과장된 400만 명의 숫자도 문제지만, 침략한 북한군과 중공군의 전사와 북한군과 남한 좌익에 의해 희생된 대한민국의 민간우익

피살(12만명) 등도 미군 때문에 생긴 희생인가? 더욱이 남한이 한 달 안에 공산화되었을 때, 반동분자로 숙청당할 대량 희생자의 규모는 왜 고려하지 않는가?

셋째, 반대세 종북·친북 좌익세력은 '미국은 6·25전쟁 시 노근리양민학살 등 무고한 양민들을 학살하였다'고 주장한다.

6·25전쟁에서 미군에 의한 민간인 학살문제는 1990년대에 본격적으로 제기되었다. 대표적인 사례가 6·25전쟁 초기에 충북 영동에서 일어난 '노근리사건'이다. 북한군은 6·25전쟁 당시에도 노근리사건을 반미 선전선동 소재로 많이 활용했었다. 노근리사건은 이후 수면 아래 있다가 1990년경 친북 성향의 미국 시카고대 브루스 커밍스 교수가 왜곡이 심한 북한 자료를 근거로 연구하면서 다시 주목을 받게 되었다. 이 사건은 1994년 한국에도 알려졌고, 1999년경에는 AP통신의 보도로 세계적인 이슈까지 되었다. 이후 국내 반대세 종북·친북 좌익세력에 의해 반미감정을 자극하는 소재로 널리 활용된 것이다.

노근리사건이란 6·25전쟁 개시 1달 뒤인 1950년 7월 말 미국 제1기병사단 소속 부대가 충북 영동군 황간면 노근리 인근 경부선 철로 위에서 전투기에 의한 포격과 기관총 사격을 한 데 이어 쌍굴다리에 모인 피난민들을 향한 총기 사격을 가해 다수의 사상자(300-400여 명설, 확인자는 182명)를 낸 사건이다.

그렇다면, 미군이 아무 이유도 없이 피난민들을 공격한 것일까?

당시 북한군은 강력한 군사력으로 남하를 했고 이를 방어하려는 미군조차도 북한군의 공세를 막지 못하고 후퇴를 거듭하고 있었다. 북한군은 대전을 점령한 후 7월 말 충북 영동에 이르렀다. 미군도 북한군의 공세에 당황하고 위축감을 느끼고 있었다. 당시 피난민들도 북한군을 피해 남쪽으로 피난길을 가고 있었는데, 북한군이 이들 피난민들을 활용했던 것이다. 북한군은 피난민 복장을 하고 피난민 속에 숨어서 탄약이나 무기를 수송하거나 유엔군의 위치나 작전 정보를 수집하는 첩보활동을 하기도 하고, 유엔군에게 직접 총격을 가하기도 했다. 따라서 미군은 궁여지책으로 영어를 잘하는 조선인으로 하여금 따라다니는 피난민들의 짐을 수색하여 공산군(북한군, 남한 빨치산)을 색출하는 방법을 쓰기도 하였다.

미군 부대의 7월 24일 자 전투일지를 보면, 당시 미군 부대들이 피난민 문제로 얼마나 골머리를 앓았는지를 잘 알 수 있다.

"피난민 통제는 어려운 문제였다. 누구도 무고한 인민을 사살하길 원치 않았다. 그러나 전통적 흰옷을 입은, 피난민으로 보이는 많은 무고한 사람들은 달구지로 탄약과 중무기를 나르고 등에는 군사 장비를 짊어진 북한 군인들로 밝혀졌다. 그들은 자주 군복에서 민간인 복장으로, 다시 민간인 복장에서 군복으로 갈아입는 것이 목격되었다. 조사가 불가능한 수많은 피난민들이 있었다. 흰옷 입은 한 남자가 여인과 아이를 데리고 있었는데, 여인은 임신 중이었다. 조사를 하자 여인은 임신하지 않은 것으로 밝혀졌다. 그러나 임신한 것처럼 위장하여 소형 라디오를 옷 속에 숨겨 가던 중이었다. 제1기병사단 지역의 민간인들과 피난민들은 엄격한 통제 하에 놓이게 되었다. 사단은 이들의 이동은 낮 10:00~12:00에만 허용되며 어떤 소달구지, 트럭, 민간인 차량의 도로 운행도 허용되지 않는다고 명령하였다."[19]

당시 북한군의 노근리 현지 보고 자료에도 "전진하는 인민군의 공격과 후방 빨치산의 대담한 작전에 의해 적('미군' 의미) 퇴로 차단의 결합으로 포위 섬멸할 수 있었다."라는 기록이 있다. 이는 당시 미군이 인민군복을 입은 북한 군인과 민간인 복장을

---

19) 박명림, 『한국 1950 전쟁과 평화』(나남, 2009), pp331-332.

한 빨치산의 협공을 받는 상황이었음을 알 수 있다.[20]

미군의 휴먼 스토리

미군 등 유엔군이 6·25전쟁 중에 인간애를 보여준 사건들도 많다. 중공군이 참전한 직후 일어난 흥남철수사건이 대표적이다.

유엔군과 한국군은 인천상륙작전(1950.9.15.)과 38선 돌파(10.1) 이후 북진을 거듭하여 1950년 11월경에는 통일이 눈앞에 왔다고 생각했다. 이때 30만 중공군은 10월 말부터 11월까지 몰래 압록강을 건너와 숨어 있다가 11월 말 드디어 유엔군에게 대대적인 공습을 감행하였다. 장진호(개마고원 북부의 큰 호수) 부근에서 전투하던 미 해병 1사단, 미 육군 7사단 31연대 등 유엔군은 6배 이상이나 많은 중공군으로부터 포위를 당해 퇴로가 차단당했으며, 육로 후퇴가 불가능한 상태에 이르렀다. 유엔군사령관 맥아더 장군은 북동부에서 전투하던 유엔군과 한국군에게 흥남항으로 진군하여 해상으로 철수할 것을 명령하였다. 미해병 1사단, 미육군 7사단 31연대 등 유엔군은 영하 30도를 오르내리는 혹한 속에서 얼어 죽거나 전사하고 중공군의 포위망을 뚫기 위해 고초를 겪으면서도 유엔군을 따라 남쪽으로 내려가려는 수천명의 북한 피난민들을 호위하며 흥남항까지 함께 갔다. 흥남항 부두에는 다시 공산 치하에서 살 수 없다며 각지에서 몰려든 피난민들이 30만여 명에 이르렀다.

흥남철수작전을 수행하던 알몬드 군단장 등 미군 지휘관들은 한국정부와 협의 하에 유엔군·한국군 등 군인들과 전투 장비들을 철수하는데 그치지 않고, 피난민들도 수송하기로 하였다. 미군지휘부는 9만 8,100명에 이르는 피난민들을 수송선에 나눠 태워 부산·거제 등 남해안으로 무사히 이송시켰다. 1950년 12월 24일, 가장 마지막으로 흥남항을 떠난 미국상선 『메러디스 빅토리아호』는 쏟아지는 중공군이 쏜 포화 속에서도 "부두에 남아 있던 피난민을 한 사람도 빼지 말고 모두 배에 태우라"는 '레너드 라루' 선장의 지시에 따라, 피난민들을 빼곡히 1만 4,000여 명이나 태워 '한 척의 배로 가장 많은 생명을 구한 세계기록'으로 기네스북에도 2004년 등재되었다. 유엔군은 피난민을 태우느라 400여 톤의 다이너마이트와 227톤의 폭탄, 200여 드럼의 휘발유를 적재하지 못하고 흥남부두에 쌓은 후 폭파할 수밖에 없었다. 북한 주민들이 승선하는 것을 방어하는 과정에서 중공군으로부터 공격을 받아 다수의 미군이 사상하기도 했다.[21]

---

20) 박명림, 『한국 1950 전쟁과 평화』(나남, 2009), pp332.

21) 안재철, 『생명의 항해』(자운각, 2008), pp278-281.

3) 미국이 대한민국에 준 도움

우리나라는 1970년대까지만 해도 세계에서 미국에 가장 우호적인 친미국가였다. 그러나 1980년대 좌익운동권 확산과 더불어 반미운동이 거세게 일어나면서 달라졌다. 1980년대 말-90년대 초 대학교에서 좌익운동권 학생들은 일반 대학생들에게 반미감정을 자극하기 위해 학생들이 다니는 정문 입구 도로 위에 성조기를 그려놓았다. 등교하는 학생들은 누구나 성조기를 밟고 지나도록 하여 무의식중에 '미국은 짓밟혀야 마땅한 나라' 라는 의식을 갖도록 유도한 것이다.

주사파 등의 반미운동은 2000년대 들어 반미 촛불시위로 이어졌다. 이러한 반미운동의 영향으로 국민들이 그동안 미국으로부터 받았던 고마움을 잊고 있다. 우리 국민들은 1970년대까지만 해도 친미국가임을 자랑스러워했다. 미국이 일본을 항복시켜 우리 민족을 해방시켜 주었고, 자유민주주의 대한민국을 건국해 주었으며, 6·25전쟁 때 참전하여 공산화를 막아주었기 때문이었다. 그래서 항상 미국에 대해 피를 나눈 형제, 혈맹이라고 표현하였다.

사실 우리 민족이 일본으로부터 해방된 것은 미국 때문이었다. 미국이 태평양전쟁에서 일본을 항복시키지 못했다면 우리 민족은 일본의 식민지로부터 해방될 수 없었다. 태평양전쟁 당시 일본군의 전투력은 대단했는데, 전투기는 7만 6천 대, 항공모함 18척, 군병력은 수백만이었다. 우리 임시정부는 1941년에 가서야 처음으로 군대(광복군)를 보유했고, 그것도 수백 명에 불과했다. 일본과 대결하여 전투할 상황이 아니었다.

일본이 항복한 결정적 계기는 미국의 원자폭탄 투하였다. 미군이 8월 6일 히로시마, 8월 9일 나카사키 두 곳에 원자폭탄 2발을 투하하여 수십만 명이 사망하고 도시 전체가 초토화되자, 일본 천황은 전의를 상실하고 바로 항복하였다.

또한, 미국은 3년간 미군정을 운영하면서 통일정부를 구성하려 노력했다. 소련의 방해로 실패는 했지만, 유엔을 통해 자유민주주의 대한민국을 수립해 놓고 1949년 6월 완전히 철수했다. 미국은 대한민국이 1950년 6월 6·25전쟁으로 공산화 위기에 처하자, 즉시 참전하여 공산화를 막아주었다. 미국 트루먼 대통령은 미 지상군의 신속한 참전을 결정했고, UN으로 하여금 한국전 참전 결정을 유도했다. 미국측 자료에 따르면, 사실 미군은 6·25전쟁이 발발한 지 불과 10일 뒤인 1950년 7월 4일 일본에 주둔하던 스미스대대가 참전하면서부터 휴전협정이 조인될 때까지 3년 동안 연인원 175만 명이 참전했다. 이중 5만 4천여 명이 목숨을 잃었고, 10만 3천여 명이 부상당했으며, 8천여 명이 실종되었다. 미군 장성의 아들들도 142명이나 참전해 35명이 목숨을 잃었고, 아이젠하워 대통령 아들도 육군 소령으로 참전하였다. 트루먼 대통령도 6·25전쟁에 너무 많은 미국 젊은이들이 희생당했다는 이유 등으로 국민으로부터 많은 비난을 받았다. 그리고 후임 아이젠하워 미국 대통령도 다시는 이런 전쟁을 치르지 않겠다는 뜻에서 "Never again Korea"를 토로했었다.

용산에 있는 전쟁기념관에 가면 6·25전쟁에서 죽은 유엔군의 이름이 동판에 새겨져 있는데, 그 동판 전시물 위쪽 벽에는 다음과 같은 글귀가 있다. "전혀 알지도 못하는 나라, 한 번도 만난 적이 없는 국민을 지키라는 부름에 응했던 그 아들·딸들에게 경의를 표합니다." 이 문장은 워싱턴 DC에 있는 「한국전 기념공원(Korean War Veterans Memorial)」에 있는 명문장을 인용한 것이다.

6·25전쟁 수행 비용은 대부분 미국이 부담하였다. 6·25전쟁 기간 동안 쏟아부은 무기들(비행기·장갑차·전함·탄약 등)은 물론 참전한 유엔군들이 사용한 물자들(전투복·식사 재료 등), 한국군의 보급품까지도 대부분 미국이 부담하였다.

미국은 전쟁 후에도 가장 많은 것을 지원한 최대 원조국이었다. 당시 국토는 완전히 잿더미 상태였고 국민의 20-25%가 굶주림 상태였다. 이때 미국은 국제기구 등을 통해서도 지원하게 했고, 미국 자체적으로도 1953년에서 1961년까지 20억 달러 이상을 무상으로 원조해 주었다. 특히 학교에 등교하면 학생들에게 미국원조품으로 만든 우유가루, 빵 등을 나누어 주었는데, 그래서 어린 학생들의 뇌 발달이 정상적일 수 있었다는 주장도 있다.

반미세력들은 미국의 잉여농산물이 들어오자 쌀값이 폭락하여 농민들의 생활이 어려워지고 농촌을 황폐화시켰다는 식으로 매도한다. 6·25전쟁으로 전국이 초토화되고 굶주림에 허덕이는 상황을 전혀 고려하지 않은 논리다. 미국은 잉여농산물 판매대금을 한국의 국방비로 사용토록 하여 대한민국 국방력을 키우는데 크게 기여하였다. 이로 인해 6·25전쟁 당시 8개 사단 10여만 명에 불과했는데, 1954년 20개 사단 65만 명으로 증가하였다.

(4) 반대세 좌익세력의 반대한민국 역사프레임

현재 우리 사회에서는 신문 기사와 방송, 교과서, 동화책, 소설, 영화, 드라마 등 온갖 매체를 통해 반대한민국적 역사 프레임이 넘쳐나고 있다. 특히 1945년 8월 해방에서부터 대한민국이 건국된 1948년 8월까지 3년간의 해방공간에서 일어난 사건에서 왜곡이 제일 심하다. 해방공간 역사적 왜곡은 1979년부터 발간한 『해방전후사의 인식』(6권)과 1988년부터 발간한 『다시 쓰는 한국현대사(약칭 다현사)』(3권) 등의 영향이 크다. 이 책들은 북한사관, 반대한민국사관에서 쓴 현대사로서, 586세대 대학생들의 필독서였다. 이 역사관을 장착한 586세대가 사회로 진출하여 학자, 언론방송인, 교사, 소설가, 드라마작가 등으로 활동하면서 그러한 반대한민국적 역사관이 우리 사회의 보편적 역사관으로 자리 잡은 것이다.

이러한 반대한민국적 역사관의 핵심은 '남북 분단책임이 대한민국에 있다.', '대한민국은 친일파 청산을 제대로 하지 않았다' 등의 논리로 "대한민국은 태어나서는 안 될 나라다"라는 결론을 도출하는 것이다. 이로써, 대한민국의 역사적, 민족적 정통성을 부정하는 한편 북한의 역사적, 민족적 정통성을 확립했다. 이러한 잘못되고 왜곡된 역사관을 바로잡기 위해 현대정치사 분야 원로학자 양동안 한국학중앙연구원 명예교수는 2019년 8월 『대한민국 건국전후사 바로알기』라는 책을 만들어 18개 항목을 정해 『해방전후사의 인식』에서 잘못 서술한 왜곡들을 하나씩 바로 잡았다.

한반도에서 일어나고 있는 체제전쟁의 가장 중요한 무기는 역사프레임(반대한민국, 친북, 반미, 반일)이다. 강길모 등 전향자들이 밝혔듯이, 1980년대 좌익운동권은 신입생들을 끌어들이기 위해 김일성의 항일투쟁 등 친북적 역사나 반미, 반일, 반대한민국적 역사를 많이 활용하였다.

대한민국의 역사를 긍정하느냐, 부정하느냐? 북한의 역사를 긍정하느냐, 부정하느냐? 대한민국을 세운 미군을 어떻게 생각하느냐? 북한을 세운 소련군을 어떻게 생각하느냐? 대한민국을 건국한 이승만을 어떻게 생각하느냐? 북한정권을 세운 김일성을 어떻게 생각하느냐? 이러한 역사적 인물, 역사적 사건에 대한 평가도 정치사상 프레임전쟁의 주요 수단이다. '이승만은 독재자다' 라는 프레임은 이승만이 건국한 대한민국 자체를 부정하는 정치프레임, 자유민주주의체제를 부정하는 사상 프레임으로 활용된다. 이와 같은 역사논쟁은 대한민국 정통성에 대한 논쟁이자, 체제전쟁의 근간이다.

대한민국세력은 대한민국체제를 보존하기 위해 자유민주주의냐, 사회주의냐 사상 프레임 만으로는 부족하다. 대한민국 건국과 발전, 그 인물들에 대한 정당성까지 포함하는 대한민국 긍정역사 프레임까지 정립해야 한다.

역사를 이용한 정치, 사상 프레임 주입은 전국 학교교실에서 아주 은밀하고 조용히 장기적으로 진행되어왔는데, 그 효과는 강력하고 오래간다. 지금의 학생들이 성인이 되어 대한민국의 주도세대가 되는 30년 뒤, 본격적으로 영향을 미치는 것이다.

이렇듯, 반대세 좌익세력은 용어전쟁이나 프레임전쟁을 잘 알고 활용하는 데 반해 대한민국세력은 용어전쟁이나 프레임전쟁이 뭔지 잘 모른다. 그래서 대한민국세력은 정치전, 사상전에서 반대세 좌익세력에게 항상 불리한 상황에서 경쟁을 하고 있는 것이다.

1) 남북분단 책임은 미국과 이승만에게 있다?

북한과 반대세 좌익세력은 남북분단의 책임을 미국과 이승만에게 돌린다. 미국은 38도선을 획정하고 남한만의 단독선거를 추진하여 남북을 분단시켰다는 것이다. 이승만도 정읍발언을 통해 남한만의 단정(단독정부 구성)을 주장했고 5·10선거에 참여하여 대한민국 초대대통령이 됨으로서 남북분단을 확정했다는 것이다. 미군이 38선을 그어 남북을 분단시켰다는 주장은 반미감정을 자극하는 반미 정치프레임으로 작용하고 있다. 남북분단 책임 문제를 살펴보기 위해서는 건국전후사에 대한 이해가 필요하다.

소련군 진입을 초래한 국제회담(특히 얄타회담)

제2차 세계대전은 대체로 미국·영국·소련·중국 등의 연합국과 독일·이탈리아·일본 등 동맹국 간 대결 구도로 전개되었다. 전쟁은 크게 두 개의 지역에서 전개되었는데, 하나는 연합군(소련·영국·미국 등)이 독일(히틀러)·이탈리아(무솔리니)와 전투하던 유럽전선이고, 둘째는 연합군(미국·중국 등)이 일본과 전투하던 태평양전선이었다.

유럽전선·태평양전선 모두 연합군에게 유리하게 전개되어 가자, 연합국 지도자들은 전쟁이 끝난 후 독일·일본 등이 점령한 지역들을 어떻게 처리할 것이냐 등의 문제를 논의하기 위해 몇 번의 국제회담을 개최하였다. 이 중에서 한국의 독립 및 분단과 관련된 회담은 카이로회담(1943.11), 얄타회담(1945.2), 포츠담회담(1945.7~8) 등이다.

유럽전선에서 독일군의 항복이 예견되던 1945년 2월, 미국·영국·소련의 수뇌들이 소련 크림반도 얄타에서 독일의 전후처리 문제를 논의했는데, 이때 미국의 루즈벨트 대통령이 소련 스탈린에게 대일본전 참전을 요구하였다. 당시 태평양전선에서 일본과 격전을 벌이고 있던 미국은 일본을 항복시키려면 소련의 참전이 필요하다고 생각한 데다 일본 본토를 점령하려면 많은 희생이 있을 것으로 보고 소련의 참전을 독려한 것이다. 미국은 소련에게 참전 대가로 사할린 등 러일전쟁 이전의 모든 영토 권리 회복 등을 약속하였다. 소련은 독일과 수년간 격전을 벌인 탓으로 참전 여력이 없어 독일이 항복하면 3개월 내 참전하겠다고만 응답하였다. 이 얄타회담이야말로 한반도에 공산주의 소련군의 진주를 허용함으로써 남북분단의 단초를 제공한 안타까운 회담이었다. 이 얄타회담을 주도한 루즈벨트 대통령 옆에는 소련 간첩으로 드러난 엘저 히스가 밀착 수행했고, 그에 의해 얄타회담의 중요 전략정보가 소련(스탈린)에 유출되고, 소련에 유리한 결정이 내려진 것으로 드러났다.[22]

루즈벨트 대통령이 죽은 후(1945.4) 미국 대통령직을 승계한 트루먼도 독일이 항복(1945.5.7)한 후 개최된 포츠담회담(1945.7.17-8.2)에서 소련이 가급적 빠른 시일 내에 대일본전에 참전할 것을 요구했는데, 소련 스탈린은 1945년 8월 15일경 공격을 개시하겠다고 약속하였다. 미국 트루먼 대통령은 미국이 원자폭탄 실험에 성공했음(1945.7.16)에도 불구하고 활용계획이 없어 소련에게 대일본전 참전을 재요청했던 것이다.

소련군, 급히 만주와 북한으로 진입

그러나 미국은 희생이 큰 일본 본토 상륙작전 대신 원자폭탄 투하로 전략을 수정하고, 1945년 8월 6일 히로시마, 8월 9일 나가사키에 원폭을 투하하였다.

---

22) 조갑제칼럼, 뉴데일리, "미국 대통령의 측근이 되어 역사를 바꾼 간첩 엘저 히스 이야기", 2017.4.6.

소련은 8월 6일 히로시마에 떨어진 원폭의 엄청난 파괴력을 간파한 후 일본의 항복을 감지하고 참전 예정(1945.8.15)보다 일찍 대일본전에 참전하였다. 즉 1945년 8월 8일 대일 선전포고를 하고, 만주와 한반도로 진군했는데, 8월 9일 경흥을 시작으로 신속하게 한반도 진주를 단행하였다. 이러한 소련의 급속한 참전은 전후 만주와 한반도에서 전리품으로 챙기기 위해서였다.

미군, 소련군 남한 점령 막기 위해 저지선 획정

한반도와 멀리 떨어져 있는 오키나와에 있던 미군은 소련군이 북한지역에 들어온 후 빠른 속도로 남하하고 서울, 부산까지 점령할지 모른다는 소문에 당황했다. 이에 미군은 소련군의 남하 저지선을 검토한 끝에 38도선으로 정하였다. 이것이 태평양 지역 연합군 최고사령관 맥아더의 행정명령 1호로서, 38선 북쪽은 소련군이, 남쪽은 미군이 일본군을 무장해제 시키자는 내용이었다. 말하자면 소련군이 38선 이남으로 넘어오지 말 것을 제안한 것이었다. 이것은 트루먼 대통령의 결재를 받은 후 신속히 소련 스탈린에게 보내, 스탈린의 동의를 받음(8.16)으로써 소련군의 38도선 이남 진주를 막을 수 있었다. 당시 미국 전략가들은 스탈린이 일반명령 1호의 동의를 지연시키면서 한반도 전체를 점령하지 않을까 우려했다. 소련군이 38선에서 멈추지 않고 서울을 점령한다면 미국은 부산을 점령해야 한다고 주장하는 미군 지휘관도 있었다.

사실 미국의 38도선 획정이 없었으면 소련이 38선 이남까지 진주했을 가능성이 높다. 1945년 7월 5일 소련군 극동전선 사령관들에게 하달된 한반도에 대한 소련의 군사작전에는 먼저 웅기·나진·청진 등 북동쪽에 위치한 항구들을 점령한 다음 서울을 점령하도록 되어 있었다.

그리고 미군이 획정한 38도선은 민족분단선이 아니고 군사작전상 분계선이었다. 미군이 그은 선은 민간인의 이동을 막는 선이 아니다.

군사분계선을 민족분단선으로 만든 것은 소련군

양동안 명예교수의 『대한민국건국사』에 따르면, 소련군은 북한지역에 들어온 후 38도선이 정해지자, 대규모 병력으로 38선 부근 도시들을 점령해 갔다. 그런 후 미군이 점령할 38선 이남지역과 분리시키는 몇 가지 조치를 취했는데, 먼저 38선 이남과의 철도(8.24 경원선 차단, 8.25 경의선 차단) 운행을 차단했고, 동시에 38선 이남으로 가는 모든 도로를 차단했다. 나아가 소련군이 점령하는 도시마다 남한과 연결되는 전화를 차단하고, 우체국을 폐쇄했다. 9월 6일 해주-서울간 전화가 단절됨으로써 남북한간의 전화가 완전히 단절되었다. 그날을 전후하여 우편물 교환도 불가능해졌다.

소련군이 취한 이러한 38도선 이남과의 교통·통신 단절조치는 미군이 남한지역에 진주하기도 전에 일방적으로 취한 것이어서 남북분단을 전제한 것으로 평가될 수 있다. 미군이 제시한 38도선은 단순한 일본군의 무장해제를 위한 군사분계선이었지, 남북한 주민간의 생활분계선이나 정치분계선이 아니었다. 그러나 소련이 남북주민간의 생활을 단절시키고 북한만의 단독정권을 수립하고 사회주의개혁을 추진함으로써 38도선은 완전한 민족분단선이 되고 말았다.[23]

이 같은 소련의 치밀한 점령정책으로 말미암아 제2차 대전 종전 무렵 소련군이 점령한 나라마다 사회주의정권이 수립되었다. 실제로 제2차 세계대전 직후 소련이 점령하고 있던 동유럽 대부분의 지역(폴란드 · 루마니아 · 불가리아 · 헝가리 · 동독 등)에서 소련식 사회주의국가가 수립되었다.

소련군, 친소정권 수립 치밀하게 진행

1945년 9월 14일 북한주둔 소련군사령부가 발표한 '인민정부

---

23) 양동안, 『대한민국 건국사』(현음사, 2001), pp45-48.

수립요강'에 따르면, "쏘비에트연방은 끝끝내 노동자·농민 정권의 수립을 소·미·영·중 4개국에 제안할 것이다"라고 하여 사회주의정권 수립에 강한 집착을 보였다. 이러한 요강이 발표된 지 6일 후인 9월 20일 스탈린은 북한주둔 소련군 지휘관들에게 북한지역에서 단독정권을 수립하라고 지시했다.24) 이에 따라 1945년 10월 10일-13일 북한의 소비에트화를 추진할 정치기관으로 조선공산당 북조선분국을 설치했고, 10월 28일 북한지역을 통치하는 지방행정기구인 5도의 임시인민위원회(오늘날 우리의 도청 격; 도 아래 시·군·면·리에도 하부 인민위원회 조직)를 통일적으로 통치할 중앙기구로서 북조선5도행정국(우리의 행정안전부 격)을 설치하였다. 이러한 조치들은 북한에서 남한과 다른 새로운 정권이 수립되어가고 있었다는 명백한 증거이다.

당시 북한에 주둔한 소련군 제25군 최고지휘관 레베데프는 다음과 같이 회고했다.

"조선이 식민지의 노예상태로부터 해방됨에 따라 조선인민의 앞에는 해방된 이 나라가 어떤 길을 걸어 나가야 하는가 하는

---

24) 양동안, 『대한민국 건국사』(현음사, 2001), pp49.

문제가 제기되었다. … 소련군이 존재하고 있는 이 나라의 북
반부에서만은 조선인민의 근로자들의 국가를 건설하고 발전시
킬 수 있었다."

1946년 2월 사실상의 정부인 북조선임시인민위원회(행정부)를
창설하였는데, 이는 북한이 명실공히 단독정권이 수립되었음
을 의미한다. 북한은 북조선임시인민위원회를 창설하자마자,
본격적으로 인민민주주의체제(프롤레타리아독재체제)를 만들어 갔
다. 북조선임시인민위원회는 가장 먼저 토지개혁법령을 제정
(1946.3.5)한 후 즉시 토지개혁에 나서 25일만에 무상몰수 무상
분배의 토지개혁을 완료, 지주들을 제거해 사회주의체제로 가
기 위한 기반조성을 했다. 북한의 토지개혁은 38도선 이북지역
이 남한과 다른 경제체제로 되어감을 의미했다. 남한과 통일이
불가능함을 의미하는 것이다.

그 후 1946년 11월 북한의 최고입법기관인 북조선인민회의(입
법부)를 구성하여 분단 고착화로 나아갔다. 북한은 '임시정부
수립 전까지는 군대 창설을 금지한다' 는 미국과 소련의 합의를
의식하여 위장된 군대조직들을 점차적으로 증설하다가 1948
년 2월 8일 '조선인민군' 을 정식으로 창설하였다. 게다가 김

구, 김규식 등 남한대표자가 올라가 김일성과 회담한 남북협상 기간(1948.4.19~4.30) 중인 1948년 4.29 북조선인민회의는 스탈린의 승낙을 받은 조선민주주의인민공화국 헌법 초안을 승인하였다.

이러한 사실들은 남한이 단독정부를 구성(1948.5.10.~.15)하기 이전에, 소련의 계획아래 북한이 단독정부 구성을 완료했음을 의미한다. 당시 남한 내 좌익세력은 5 · 10선거를 앞두고 남한의 단독정부 반대, 통일정부 구성 등을 지속 요구하며 남한 국민을 부추겼는데, 이는 남한을 혼란케 하려는 전술에 불과했다.

이에 반해 남한은 1948년 5.10 총선거를 통해 제헌국회를 만들고 제헌국회를 통해 대통령을 선출하고 행정부 · 사법부를 만들어 8.15 공식 출범하였다. 미군정이 1946년 치안을 목적으로 창설한 600명의 국방경비대는 1948년 정부 수립 직후에야 비로소 국방을 목적으로 한 국군으로 개편되었다. 농지개혁 등도 정부수립 후 제헌국회의 의결을 거쳐 실행되었다.

이런 증거들을 통해, 북한이 먼저 단독정권을 수립해 남북분단을 초래했고, 남한은 북한이 취한 분단조치에 대응해 사후조치적으로 단독정부를 수립했음을 알 수 있다.

미군정, 끝까지 통일정부 수립에 노력

그리고 미국은 남북을 분단화하려는 의도가 없었다. 미국은 미소공동위원회를 통해 남북 통일정부를 구성하려 했으나, 소련이 한반도에 위성국가를 수립하기 위해 고의로 지속 트집을 잡아 결렬시킨 것이다. 미국은 하는 수 없이 한국정부 수립문제를 유엔에 상정하였다. 유엔총회는 남북한총선거 실시를 결의했고, 이에 따라 실행을 위해 유엔임시위원단을 남한에 파견한 것이다. 만약 소련군과 북한이 유엔의 총선거에 협조했더라면 남북 총선거를 통해 남북통일정부가 구성되었을 것이다. 그러나 소련군과 김일성은 유엔임시위원단이 38선 이북으로 들어오는 것을 거부(1948.1.23.)함으로써 선거를 통한 남북통일 기회를 무산시키고 말았다. 이렇게 볼 때 분단의 실질적 책임은 소련군과 김일성에게 있었다.

이승만의 정읍발언도 북한정권 수립의 반작용

이승만에게 분단책임을 지우는 것도 부당하다. 이승만이 남한 단독정부 수립을 주장한 것도 사실 북한의 인민민주주의정권 수립이 상당히 진척된 상황에 따른 반작용이었다. 이승만이 당시 국민들에게 위기의 상황을 전파하기 위해 전국 순회강연을 하는 중 1946년 6.3 전북 정읍에서 한 강연에서였다. 이를 '정읍발언'이라고 하는데, 요지는 다음과 같다.

> "이제는 무기 휴회에 빠진 미·소 공동위원회가 재개될 기색도 보이지 않으며 통일정부를 고대하더라도 뜻대로 되지 않기 때문에 우리는 남쪽에서 만이라도 임시정부 또는 위원회 같은 것을 조직해서 38도선 이북에서 소련이 철수하도록 세계공론에 호소하지 않으면 안 된다. 여러분도 결심하지 않으면 안 된다."

당시 남한에서는 사회주의 사상이 만연했고, 잘못하다가는 남한마저 소련군과 김일성의 전략에 따라 사회주의체제로 흡수될 가능성이 많았다. 이는 1946년 10월 미군정이 실시한 국민여론조사에서도 드러난 사실이다. "어느 체제로 독립국가를 이루기를 원하느냐?"는 질문에 "사회주의체제 70%, 자본주의체제 14%, 공산주의체제 7%"라는 응답 결과가 나왔다.

왜 이런 결과가 나왔을까? 일제시기 국민들은 자본주의란 일본·친일 자본가들에게 유리한 체제로 인식하였다. 또한, 국민주권 등 자유민주주의체제를 한 번도 겪어보지 못했으므로 자유민주주의체제에 집착했을 리 없다. 오히려 해방 후 우리 민족은 사회주의체제를 보다 빨리 접촉했었다. 해방과 함께 온건좌익인 여운형이 발 빠르게 만든 건준(조선건국준비위원회)과 지방조직들을 경험했다. 이를 승계해 만든 박헌영의 조선인민공화국(약칭 인공)도 산하에 도·시·군·면·리 단위까지 인민위원회라는 지방조직을 만들어 행정·치안 등 실질적인 정부 기능을 행사했었다. 뒤늦게 들어온 미군정은 인민공화국의 불법적 통치권 행사를 금지하고 그 산하 인민위원회 조직들을 해체하는데 많은 시간을 허비했다. 1946년 초에 가서야 해체할 수 있었는데, 제주도의 경우는 끝까지 인민위원회를 해체하지 못했다. 그러므로 해방 후 우리 민족은 사회주의 조직들을 훨씬 가까이 많이 경험했고, 그 영향을 많이 받은 것이다.

이승만은 1917년 러시아에서 볼셰비키혁명이 일어난 후 공산주의 사상의 독성을 세계적으로 가장 먼저 인식한 국제정치학자였다. 그는 이동휘가 레닌의 공작금을 가지고 임시정부에 침투한 공작실태가 드러나자, 모든 공산세력을 퇴출했다. 그는 1923년 태평양잡지에 "공산주의 당부당"이라는 글을 통해 공산주의 위험성을 정확히 지적했었다. 이승만은 공산주의를 누구보다 더 잘 아는 정치가로서 북한의 소련군과 김일성의 실체와 전략전술을 간파하고 있었다. 특히 그는 제2차 대전 후 폴란드, 헝가리, 동독 등 동유럽 국가들을 점령하여 소련식 공산체제를 이식하는 과정을 유심히 관찰하고 있었고, 북한을 점령한 소련군도 유사한 과정을 밟아 공산화하고 있다는 점을 간파한 것이다. 그는 흘러가는 상황을 볼 때, 북한은 물론 남한마저 공산화될 가능성이 높다고 보았다. 남한에서도 사회주의사상이 만연했고, 국민들이 사회주의체제의 위험성을 잘 깨닫지 못하고 있었기 때문이다. 그는 남한만이라도 자본주의·자유민주주의체제를 수립한 후, 이를 근거로 소련의 철수를 요구하여 자유민주주의로 통일해야 한다고 생각하였다. 이것이 6.3 '정읍발언'으로 나타난 것이다.

2) 대한민국은 친일파가 세운 나라다?

북한과 반대세 좌익세력은 '해방 이후 북한은 일제청산을 철저히 했는데, 미군정과 이승만은 일제청산을 하지 않았다고 주장한다. 심지어 '대한민국은 친일파가 세운 나라다' 라는 주장까지 한다. 이는 사실과 다르다.

대한민국 초대 국회의원을 선출하는 5·10선거법은 친일파들이 국회의원으로 출마할 수 없도록 피선거권을 박탈했을 뿐 아니라 국회의원을 선출하는 투표권마저 박탈하였다. 대한민국 건국세력이 친일파였다면 스스로를 5·10선거에 참여하지 못하도록 했을 수가 없다.[25]

초대 이승만 대통령은 초대내각에 친일파를 한 명도 임명하지 않았다. 이승만 대통령은 평생을 항일독립운동에 바친 분이고,

이시영 부통령은 임시정부 내무총장을 역임했다. 이범석 국무총리 겸 국방부장관은 광복군 참모장을 역임했고, 국회의장 신익희는 임시정부 내무총장을 역임하는 등 대부분 독립운동가로 채웠다. 그러나 북한은 초대내각에 친일파로 평가될 수 있는 사람들을 상당히 많이 포함했다. 부주석 김영주는 김일성의 동생으로, 일제 강점기 헌병보조원이었고, 부수상 홍명희는 이광수 등과 함께 임전대책협의회(일제 전쟁비용 적극 모금활동)에서 활동했고, 북한 인민위원회 상임위원장을 역임했던 강양욱(김일성의 모 강반석의 7촌 아저씨)은 도의원을 했다. 사법부장 장헌근(서열 10위)은 중추원 참의를 했고, 보위성 부상 김정제는 양주군수를 지냈다. 문화선전성 조일명 부상은 친일단체 대화숙 출신으로 학도병 지원 유세를 주도했다.

북한은 친일파 청산을 했다는 말뿐, 그 증거인 청산자 명단이 없다. 이는 북한정권 수립에 비협조적 인물이나 지주, 반공인

---

25) 국회의원선거법(1948.3.17.)
　　제2조 : "일본 정부로부터 작위를 받은 자, 일본 제국의회 의원이 되었던 자 등은 선거권이 없다."
　　제3조 : "일제시대 판임관 이상의 경찰관 및 헌병보 또는 고등경찰의 직에 있었던 자 및 그 밀정행위를 한자, 일제시대 중추원 부의장 고문 또는 참의가 되었던 자, 일제시대 부 또는 도의 자문 혹은 결의기관의 의원이 되었던 자, 일제시대 고등관으로서 3등급 이상의 지위에 있었던 자 또는 훈(勳) 7등 이상을 받은 자(단 기술관 및 교육자는 제외함) 등은 피선거권이 없다."

사들을 제거하는 명분으로 '친일파 청산'을 활용했음을 의미한다.

이승만 대통령이 교사, 군, 경찰 등 실무자들을 일부 등용한 것은 사실이나 해방 이후 일본인 교사, 경찰, 행정관리, 군 등이 대거 일본으로 귀국해 버렸고, 해외에 있던 사람들이 대거 국내로 귀국함에 따라 교사, 경찰, 행정관리 등을 담당할 경험자가 절대적으로 부족했다. 또한, 건국 직후 여수14연대반란사건과 빨치산 진압, 1949년 군내 숙군작업과 사회 내 남로당 척결 등 반공 활동을 활발하게 펼쳤는데, 이때 반공수사능력을 가진 친일 경찰들을 활용하지 않을 수 없었던 불가피한 상황도 있었다.

어쨌든 일제 잔재를 청산하기 위해 반민족행위자처벌법(1948.9)과 반민족행위자처벌특별조사위원회(일명 반민특위)가 만들어져 활동했으나 수사와 처벌이 미진한 채 종결된 것은 안타까운 일이다.

3) 1948년 8월 15일은 대한민국 건국일 아니다?

문재인 대통령은 2017년 8월 15일 광복절 행사에서 "2년 후 2019년은 대한민국 건국과 임시정부 수립 100주년을 맞는 해입니다. 내년 8·15는 정부 수립 70주년이기도 합니다."라고 말했다. 그가 주장한 것은 "1948년 8월 15일은 대한민국 정부수립일이고, 대한민국 건국일은 아니다. 대한민국 건국일은 대한민국 임시정부가 수립된 1919년 4월 11이다.' 라는 것을 의미한다.

문재인 대통령이 1919년 4월 11일을 건국일로 주장한 이유는 뭘까? 1948년 8.15 대한민국의 건국을 부정하려는 목적에 있다.

임시정부수립일을 대한민국 건국일이라고 할 수 있을까? 임시정부는 국가인가? 정치학에서는 '국가의 조건'을 4가지로 제시하고 있다. 영토, 국민, 정부, 주권(통치권)이 그것이다. 임시정부는 중국 상해 프랑스조계(조차지) 내 조그마한 건물에서 창설된 조직일 뿐이다. 통치하는 영토도, 국민도, 통치권도 없었다.26) 김구 등 임시정부 요인들도 임시정부를 국가라고 부르지 않았다. 임시정부는 1941년 11월 '대한민국 건국강령'을 발표했는데, 건국될 국가의 청사진을 밝힌 것이다. 임시정부가 국가가 아니었음을 밝힌 것이다. 1945년 8.15 해방된 날, 여운형 등 좌익세력이 건국준비위원회가 만들었는데, '건국준비'라는 용어를 쓴 것도 건국이 되지 않았다는 의미 아닌가?27)

1945년 8월 15일은 해방일이다. 일제 식민지상태에서 벗어났다는 말이다. 이후 3년간 준비 기간을 거쳐 건국한 것이다. 헌법도

---

26) 한국학중앙연구원, 『대한민국의 건국시점과 임시정부 성격에 관한 재조명』(한국학중
27) 앙연구원, 2008), pp125-127.
　　이주영, 『대한민국은 왜 건국을 기념하지 않는가』(뉴데일리, 2011), pp31-36.

만들고 입법부, 행정부, 사법부 등 정부도 만들고 대통령도 뽑았다. 그런 준비를 끝낸 후 1948년 8월 15일 대한민국정부 수립식을 개최했는데, 미군정은 통치권을 그날 밤 자정(0시)을 시점으로 새로 만들어진 대한민국정부에게 이양하였다. 이로써 대한민국은 한반도에 살고 있는 국민들을 대상으로 통치권을 행사하는 정상적인 독립국가가 된 것이다. 그러므로 1948년 8월 15일은 정부수립일이자 대한민국 건국일(국가수립일)인 것이다.[28]

그런데, 북한은 1948년 9월 9일을 북한의 건국일, 국가수립일이라고 말하고, 1919년 4월을 북한의 건국일이라고 보지 않는다. 지금 중·고등학교 역사교과서에는 1948년 8월 15일을 대한민국 건국일이 아닌 정부수립일로 격하하면서도, 북한정권을 창건한 1948년 9월 9일을 조선민주주의인민공화국 수립일로 기술하고 있다. 대한민국의 건국은 애써 감추면서도 북한정권 수립을 건국으로 내세우는 반대한민국적, 친북적 역사기술인 것이다.

덧붙이자면, 우리 국민들은 광복절을 1945년 8월 15일을 기념하는 것으로 알고 있다. 그러나 사실 광복절은 1948년 8월 15일 건국된 날, 독립기념일을 기념하는 날이다.[29] 정부는 1949년

---

28) 이주영, 『대한민국은 왜 건국을 기념하지 않는가』(뉴데일리, 2011), pp23-25.

8.15 제1회 독립기념일(직후 국회에서 '독립기념일'을 '광복절'로 명칭 교체) 행사를 개최했고, 1950년 8월 15일에는 전쟁 중이라 대구에서 정부 주관으로 '제2회 광복절' 행사를 개최했다. 당시 유일하게 참석했던 대구매일신문 기자가 제6회 광복절 행사로 잘못 보도한 후 매년 8·15행사 때마다 해방일(1945.8.15.)을 기념하는 행사로 보도하면서 그렇게 굳어진 것이다.

4) 소련군은 해방군, 미군은 점령군이다?

김원웅 광복회 회장은 2021년 5월 경기도 어느 고등학교 학생 대상 강의에서 '소련군은 해방군, 미군은 점령군 행세를 했다'고 발언해 논란을 불러일으켰다.

1945년 8.9 북한지역을 진군해 들어온 소련군은 결코 해방군이 아니다. 해방군인 것처럼 포장했을 뿐이다. 소련군 제25군 치스챠코프 사령관의 포고문(1945.8.26.)에도 북한 주민들을 향해 "당신들은 자유와 독립을 찾았다", "모든 것이 죄다 당신들의 손에 달렸다", "구라파에서나 아시아에서나 남의 영토나 인민들을 점령할 목적이 없고 있을 수도 없다", "정직한 친우인

---

29) 광복(光復)은 '빛을 되찾다'는 의미로서, 독립운동가들도 일제로부터 석방되는 날을 의미한다기 보다, 일제에 의해 1910년 잃었던 독립국가의 주권을 되찾는 것을 의미하는 것으로 보고 있다.

소련", "해방군인 붉은 군대"라고 온갖 사탕발림 소리를 했다. 이는 북한 주민들을 속이고 저항하지 못하도록 하기 위한 선전 선동술이었다. 제2차 세계대전 끝나갈 무렵 소련군은 수많은 동유럽 나라들(폴란드, 헝가리, 동독 등)을 점령해 소련의 위성국가로 만들었다. 북한도 마찬가지다. 소련군은 겉으로는 북한 인민을 앞세웠지만 실제로는 북한을 강제로 공산화할 목적을 분명히 갖고 있었다. 소련군은 북한지역을 인민민주주의체제로 만드는 전 과정을 주도했다. 북한 통치자로 김일성을 물색해 내세운 것도 소련군이었고, 10.14 평양공설운동장에 운집한 평양시민들에게 김일성을 처음 내세울 때 그가 한 연설문과 옷과 넥타이까지도 소련군이 제공한 것이었다. 김일성은 완전히 소련의 꼭두각시였다.

오히려 우리 민족을 일제로부터 해방한 것도 미군이었다. 또한, 미군은 처음부터 남한을 점령할 마음이 없었다. 1945년 9.9 하지 장군이 국내에 진입할 때의 포고문에서도 나타나 있지만, 미군은 '국가건설'을 하기 위해 왔다고 강조했다. 실제로 대한민국을 만들어 놓고 약속대로 1949년 6월 철수했다. 다시 온 것은 6·25전쟁 때 공산화를 막기 위해 우리의 요청에 따라 다시 온 것이다.

미군이 점령군 같은 고압적인 포고문을 발표한 까닭은 점령군으로 왔기 때문이 아니다. 조선을 점령할 목적이었다면 주민들에게 좋은 감정을 갖도록 사탕발림 소리를 했을 것이다. 고압적 태도를 취한 가장 큰 이유는 다름 아닌 남한 내 좌익세력들 때문이다. 그들이 인민공화국이라는 정부 명칭을 쓰면서 남한을 사실상 장악하고 있었기 때문이다.

또한, 우리는 "소련군=해방군"에서 "해방" 용어가 어떤 의미로 사용되는지 알아야 한다. 자유민주주의세력은 '해방' 용어를 식민지상태에서 풀려나는 것으로 이해하지만, 북한과 좌익세력은 식민지상태에서 벗어나서 공산·사회주의체제가 되는 것까지 포함해서 이해한다. 이 개념에서 보면, 소련군은 공산화를 시키러 온 군대이기 때문에 '해방군'인 셈이다. 그 개념에서 보면, 대한민국은 아직 해방되지 않는 상태이고, 공산·사회주의체제로 바뀌어야 진정한 해방이 되는 셈이며, 미군은 공산화를 방해하는 점령군인 셈이다.

05 문재인 정권의 체제변혁 조치들

체제전쟁에 돌입한 대한민국

대한민국은 현재 체제전쟁에 돌입한 상태다. 박근혜 대통령이 광장에 나온 촛불을 든 군중들의 압력과 정치세력의 야합으로

범죄가 증명되기도 전에 퇴진된 것은 자유민주주의체제가 와해 상태에 돌입했음을 반증하는 것이다. 당시 사상전문가 양동안 교수는 촛불시위와 박근혜 대통령 탄핵 과정을 지켜본 후 대한민국이 느슨한 내전 상황에 직면했다고 선언했다. 그는 국민들에게 사태의 심각성을 알리기 위해 2017년 4월 『벼랑 끝에 선 한국의 자유민주주의』라는 책을 썼다. 그는 이 내전이 "반공적 자유민주주의체제를 와해시키려는 세력과 반공적 자유민주주의체제를 수호하려는 세력 간에 전개되고 있다"고 말했다. 이러한 내전은 1980년대 후반 반공적 자유민주주의에 반대하는 사상을 가진 혁명세력(민중혁명세력, NLPDR)이 급성장하면서 대한민국 국민의 사상적 합의가 와해된데 기인한다고 했다. 그는 "대선 후에는(문재인 정권이 들어서면) "적폐청산ʼ 혹은 완전히 새로운 나라를 만들기 위한 입법 투쟁(헌법 및 법률 개정 및 제정을 둘러싼 투쟁)이라는 세 번째 전투, 그리고 대북한 정책을 둘러싼 네 번째 전투가 기다리고 있다"고 예측했다.30) 그의 예측대로 문재인 정권이 등장한 후 헌법 개정 추진은 물론 각종 법률 제정 및 개정이나 다양한 정책 등을 통해 체제변혁조치들이 광범하게 이루어져 왔다.

---

30) 양동안, 『벼랑 끝에 선 한국의 자유민주주의』(인영사, 2017), pp4, pp13-14.

문 정권의 대한민국 체제허물기

문재인 정권은 취임 후부터 전광석화처럼 체제변혁 조치들이 시행되어 왔다. 그 내용들을 구체적으로 지적하기는 어렵고, 큰 틀에서 개략적으로 지적해 보기로 한다.

첫째, 문 정권은 출범 후 행정부, 사법부, 언론 등 주요 진지마다 체제변혁을 주동할 인물들을 포진하고 배치했다. 이로써 자유민주주의체제의 기초가 되는 권력분립과 견제균형제도는 사실상 무력화되었다.

둘째, 문 정권은 '적폐청산' 이름으로 박근혜·이명박 대통령은 물론 청와대, 국가정보원(약칭 국정원), 군 등 주요기관 핵심인물들을 숙청했는데, 표적 수사, 억지 법리 만들기 등 법치주의 파괴라는 비판이 쏟아졌다. 특히 체제수호기관인 국정원과 안보수사기관을 무력화하거나 공수처 설치, 검경수사권 조정 등 체제변혁에 필요한 수사·사법기관을 만들었다.

셋째, 문 정권은 2018년 2월 헌법개정안을 만들어 일거에 체제변혁을 이루려 했다. 그러나 기독교계, 애국진영, 우경정당의 저지 노력으로 겨우 무산시킬 수 있었다.

넷째, 기업 경영 간섭, 과도한 시장질서 개입, 부동산 사회주의화, 조세 폭탄을 통한 개인재산과 부를 국가로 환수 등을 추진했다. 이로써 개인의 자유를 토대로 한 시장경제체제를 무력화시키고 중국과 유사한 국가통제경제체제로의 전환 의도를 드러냈다.

다섯째, 친북, 친중 외교 노선으로 기울고 있고, DMZ 지뢰 제거 및 GP 폭파, DMZ 비행금지구역 설정으로 미군의 U2기 등 대북 감시활동을 불가능하게 했다. 지속적으로 6·25전쟁의 휴전협정을 종전협정으로 바꾸고 주한미군을 철수하도록 하려고 노력하고 있다.

여섯째, 문 정권은 대한민국의 하부인 3,491개의 읍면동을 마을활동가들로 하여금 장악하도록 하는 법안과 정책을 집요하게 추진하고 있다. 청와대의 자치분권위원회와 행안부, 교육부 등이 주도하고 있다.

▷행안부 주도 아래 3,491개의 읍면동에 주민자치회, 주민총회를 전면 실시하려 하고 있는데, 더불어민주당 김영배 의원이 대표 발의한 주민자치기본법안과 주민자지회 설치조례를 보면, 주소가 없는 가짜주민(외국인, 재외동포, 기관 및 사업체 근무자, 학교 교직원과 학생)들이 대거 읍면동에 들어와 읍면동 주민자치회의 통치권을 장악하도록 하려 하고 있다.31) 심지어 조선족(110만 명) 등 재외동포나 외국인(중국인, 이슬람인 등)까지도 주민

---

31) 이희천, 『주민자치기본법 공산화의 길목』(도서출판 대추나무, 2021), pp67-73.

총회, 주민자치회에 활동할 수 있도록 해놓았다. 민노총, 전교조 등이 합법적으로 주민자치회에 간여할 수 있도록 했으며, 프로 마을활동가들이 동네에 들어와 마을통치권을 주도할 수 있도록 하고 있다.

▷교육부 주도로 마을교육공동체 설치, 운영을 추진하고 있는데, 읍면동별로 모든 유사교육기관을 통합 관리하겠다는 것이다. 이러한 시도는 청와대(자치분권위원회)와 교육부, 행안부 등이 함께 작업하고 있다. 이들은 "요람에서 무덤까지"니 "한 명의 아이를 키우기 위해 온 마을이 필요하다"는 슬로건을 내세우고 있는데, 부모의 자녀 양육권을 제한하고 마을교육공동체가 아이들을 합동으로 키우겠다는 것이다. 아이들뿐 아니라 학부모, 지역주민들까지 같은 교육을 시키겠다는 것이다. 이를 위해 자치단체와 교육청이 함께 컨트롤센터를 만들고 관내 읍면동별 유아원, 유치원, 정규학교, 마을학교, 마을도서관, 성인교육기관 등을 아우르고 학교 교사, 이른바 '좌파마을강사' 등을 함께 활용하겠다는 것이다.[32]

▷더불어민주당 서영교 행안위원장이 최근 발의한 "마을공동체 및 지역사회혁신 활성화 기본법안"을 보면, 읍면동 행정

---

32) 교육부 보도자료, "미래형 교육자치 협력지구로 지역중심의 교육공동체 확산 추진", 2019.12.11.

권과 교육권 등 종합적인 통치권을 컨트롤하는 센터를 전국단위로 설치하도록 하고, 이 조직을 지원하는 외부 전문지원기관을 설치하도록 하고 이 권한을 '외부민간좌파단체'에게 위탁할 수 있도록 해놓고 있다.

일곱째, 문 정권은 기독교세력을 무력화하려고 집요하게 노력하고 있다. 코로나 방역을 무기로 불교, 천주교와 달리 집요하게 기독교 예배를 방해하는 등 자유민주주의의 핵심인 종교의 자유를 훼손하고 있다. 더욱이 네오막시즘에 따라 기독교의 기반이 되는 교회, 가정, 기독교 문화와 정신을 해체하기 위한 동성애 합법화 등을 지속 시도하고 있다.

제3부

반대세의
실체 탐색하기

제1장

주사파 행태 이해하려면
북한의 사상 · 역사 알아야

현재 대한민국 내 주도권을 가지고 있는 반대세 좌익세력은
1980년대 주체사상과 북한의 역사관 등을 받아들여 반대한민
국 투쟁을 전개했다. 그리고 이들은 지금까지 자신들이 과거에
습득한 북한의 사상관, 역사관을 교정하는 작업을 하지 않고,
그에 입각한 지식과 사상을 대한민국 내로 전파했다. 그러므
로, 그들이 당시에 습득했던 북한의 사상관, 역사관이 현재 교
과서, 동화책, 소설, 영화 등으로 대한민국 모든 부면에 널리
퍼져 있는 상황이다. 대한민국을 정상적 상태로 만들려면 그들
이 습득하고 퍼트렸던 북한의 통치사상과 역사관, 그리고 북한
의 대남공작 등의 실체를 살펴보아야 할 것이다.

(1) 북한의 주요 역사

1) 북한 단독정권 수립과정

소련군 제88여단 소속 김일성은 스탈린의 면접을 거쳐 장차 북한통치자로 낙점되어 추석 하루 전날인 1945년 9.19 북한으로 들어왔다. 북한의 사회주의정권 수립은 북한지역을 점령한 소련군 제25군에 의해 이루어졌다.

소련군사령부는 1945년 9.20 "북한만의 단독정부를 구성하라"는 스탈린의 지령에 따라, 10월 중순 북한의 소비에트화를 추진할 정치기관으로 조선공산당 북조선분국을 설치했다. 조선공산당 북조선분국은 '북조선공산당'으로 당명을 변경(1946.4)했다가 '북조선노동당'으로 확대 개편(1946.8)했다. 이는 북한을 통치할 집권 정당을 창당했다는 의미이다. 이는 박헌영이 주도하는 서울의 조선공산당과는 다른 독립적인 정당을 수립한 것이다.

소련군은 북한지역 점령 직후 북한지역에 건준을 해체하고 각 지역에 임시인민위원회 조직(도 임시인민위원회 −시·군 임시인민위원회 − 면·리 인민위원회)을 만들었다. 1945년 11월에는 5도의 임시인민위원회들을 관리할 중앙행정기구로써 북조선5도행정국을 만들었다. 그러다 1946년 2.8 드디어 북조선5도행정국을 북조선임시인민위원회(행정부)로 개편했다. 새롭게 만든 북조선임시인민위원회는 법령을 제정하고 이 법령에 따라 체제변혁 조치를 취할 수 있는 사실상의 정부였다. 이는 38선 이북지역에 단독정권이 창설되었음을 의미한다. 그것도 소련군 장교 출신 김일성을 북조선임시인민위원회 위원장에 취임하게 했는데, 이는 38이북을 소련의 위성국으로 만들려는 의도를 분명히 드러낸 것이다. 이때부터 민족분단은 시작된 것이다.

북조선임시인민위원회는 2.8 수립한 후 다음 달부터 본격적으로 체제변혁 조치에 들어갔다. 즉, 토지개혁법령(1946.3.5)을 비롯하여 선거법령(1946.6.4), 노동법령(1946.6.24), 농업현물세에 관한 결정서(1946.6.27), 중요산업국유화법령(1946.8.10) 등을 제정하여 인민민주주의체제로의 변혁 조치들을 단행한 것이다.

소련군과 김일성은 각종 변혁조치들을 어느 정도 마무리한 후 1946년 11월 선거를 통해 북한의 최고입법기관인 북조선인민회의(입법부)를 구성했다. 이어 1947년 2월에는 북조선임시인민위원회에서 '임시' 글자를 빼고 북조선인민위원회로 만들어 정식 행정부로 변경했다. 이로써 정식 입법부와 행정부 설립이 완료되었다. 1948년 2월 8일에는 조선인민군을 창설했다. 이런 과정을 통해 볼 때 북한이 먼저 체계적으로 단독정권을 수립했음을 알 수 있다.

2) 북한 토지개혁의 문제점과 그 영향

소련군과 김일성은 북조선임시위원회를 수립한 후 가장 먼저 토지개혁을 실시했는 데, 토지개혁법령을 제정(1946.3.5)한 지 불과 25일 만에 토지개혁을 완료(1946.3.31)했다. 이처럼 단기간에 전국적으로 토지개혁을 완료한 것은 세계공산주의 역사에서도 유래를 찾을 수 없다. 그만큼 토지개혁이 막무가내로 진행되었다는 반증이다.

북한의 토지개혁은 도-군-면 별 인민위원회가 통제하고 실제 집행은 마을별(촌, 동)로 빈농, 고농(머슴) 중심 5-9명으로 구성된 농촌위원회(11,500개)가 담당했다.[33] 토지분배는 지주들로부터 토지를 무상몰수한 후 빈농들에게 5정보 단위로 무상분배한다고 선전했다. 토지개혁은 각 마을의 머슴, 소작농, 빈농 등이 완장을 차고 같은 마을 지주들의 땅을 빼앗고 48시간 내에 추방하는 형식이었다.

이러한 북한식 토지개혁은 여러 가지 문제점을 가지고 있었다. 첫째, "북조선토지개혁령 제5조에는 "몰수한 토지 전부는 농민에게 무상으로 영원한 소유로 양여" 한다고 했으나 제10조에는 "농민에게 분여된 토지는 매매치 못하며 소작 주지 못하며 저

---

33) 데일리LK[평양포커스], 정교진 고려대 북한통일연구센터 연구교수, "과거 북한이 시행했던 토지개혁과 그 연결고리(2)", 2020.3.31.

당하지 못함"이라고 규정했다. 즉 토지를 농민에게 완전한 소유권을 준 것이 아니라 명의만 주었을 뿐, 그 토지를 매매권, 소작권, 저당권, 상속권 행사가 불가능한 그야말로 경작권만 준 것에 불과했다. 경작권만 준 것인 만큼 당연히 무상일 수밖에 없음에도 이를 '무상분배'라고 대대적으로 선전해댔고, 이에 남한 주민들은 "북한은 토지를 공짜로 주는데 우리도 토지를 공짜로 달라"고 요구했다. 북한의 토지개혁은 경작권을 준 것으로서, 협동체제(협동농장화)로 이행해 가기 위한 과도기적 조치였으며, 사실상 국유화의 효과를 거두었다.

둘째, 북한은 농민들에게 분배한 토지에 대해 농업현물세를 징수했는데, 그 양은 총 수확량의 25%라고 규정했다. 실제는 각종 잡세 부과로 총 수확량의 약 40% 정도를 징수했다. 이전의 지주들이 소작농에게 수확의 50%(병작반수제)를 징수한 것이나 같은 것이었다. 결국 북한의 토지개혁은 사인(私人)지주제에서 국가지주제로 바뀐 것에 불과하였다.

셋째, 토지개혁은 그 목적이 봉건체제를 붕괴시키고 사회주의 체제를 확립하기 위한 체제변혁적 목적에 있었는데, 즉시 효과가 나타났다. 명의만이었지만 토지를 무상으로 받은 소작 농민들은 환호하며 대거 김일성 지지로 돌아섰다. 토지개혁 전에는 북한 전역에 공산당원이 4,500여 명에 불과했으나 토지개혁

후에는 일시에 27만여 명으로 급증한 데서 알 수 있다.

반면 토지를 빼앗긴 지주 가족들은 공산주의에 반감을 갖고 대부분(23만여 명 중 15만여 명) 남한으로 내려왔다. 당시 인구통계를 작성했던 북한고위당원에 따르면, 토지개혁을 전후로 하여 월남한 숫자는 총 100만 명에 이르렀다고 한다.[34] 이들은 남한으로 내려와 투철한 반공(反共産主義) 전사로 변했다. 이들은 일본 유학, 고등교육을 받은 지식인들이 많았는데, 남한으로 내려와 서북청년단 등을 구성해 반공 활동을 열성적으로 했다. 이들은 공산주의를 잘 모르는 남한 주민들에게 깨우치는 강연도 했고, 좌익노동자들에게 공장을 빼앗긴 공장주에게 무력으로 퇴치, 되찾아주기도 했으며[35], 경찰에 협조하여 제주 등지에서 빨치산, 좌익세력 토벌에도 적극 앞장섰다. 이들은 남한으로 내려와 육사 등 군대로 많이 들어가 대한민국 국군의 주역이 되었다. 백선엽, 채명신, 김창룡 등 유명한 반공 군인들이 북한 출신이었다. 일명 '백골부대'로 불린 육군 제3사단 제18연대는 3,000여 명의 서북청년회 대원으로 구성된 부대로, 전원 단신 월남자들로 구성되었다. 이들은 중대장, 대대장을 '형님'으로 불렀고, 전우이기 이전에 서북청년회 동지였기 때문에 가족 같

---

34) 중앙일보 특별취재팀, 『비록 조선민주주의 인민공화국』(중앙일보사, 1993), pp57.

35) 손진, 『서북청년회가 겪은 건국과 6.25』(건국이념보급회 출판부, 2014), pp9-21.

은 유대감으로 목숨 걸고 투쟁했기 때문에 패배를 몰랐다.[36]

6 · 25전쟁 때도 유격대(KLO부대 등)로 자원하여 큰 역할을 했는데, 인천상륙작전 직전 북한군 정보를 수집하기 위해 적진에 침투하여 덕적도, 팔미도 등의 정보를 파악했고 9월 15일 전날 밤 팔미도 등대 불을 밝히는 데 성공한 주역도 서북청년단 출신 KLO부대(위장 명칭은 정의사)였다.[37] 이들은 1 · 4후퇴 당시 '동키부대'라는 명칭으로 서해5도인 연평도, 백령도 등을 거점으로 북한군 점령지역으로 들어가 폭파, 정보탐지 등 공작 임무를 용감히 수행했으며, 와중에 많은 희생을 당하기도 했다.

3) 북한 1인지배체제 확립과정

북한정권 수립 초기에는 김일성 등 항일 빨치산세력, 중국 화북지역에서 활동한 김두봉 등 독립동맹계열(연안파), 허가이 등 소련 한인 2 · 3세로 구성된 구소련파, 박헌영 등 월북한 남로당 출신, 현준혁 등 북한에서 활동하던 국내파 공산주의세력 등 다양한 세력이 정권에 참여하고 있었다.

김일성은 1953년 7월 휴전협정이 체결되자 곧바로 박헌영, 이승엽, 이강국 등 남로당세력을 숙청하는 작업에 돌입했다. 이

---

36) 이주영, 『서북청년회』(백년동안, 2015), pp141-142.
37) 이주영, 『서북청년회』(백년동안, 2015), pp138-141.

들이 주요 국가기밀을 미국에 제공하는 간첩행위를 했고 미제
국주의정권을 수립하려 했다는 것이었다. 이는 6 · 25전쟁의
실패 책임을 이들에게 돌리고 자신의 권력기반을 강화하기 위
한 조처였다.

이어 소련 정계 내에서 죽은 스탈린에 대한 격하운동(1955.2)이
일어나자 이의 영향을 받아 북한 내에서도 반김일성 세력이
김일성에게 도전하였다. 이에 김일성은 기회를 보고 있다가
1956년 이른바 '8월종파' 사건을 계기로 자신에게 도전한 연
안파 · 소련파 모두 제거하고 독재의 기틀을 마련하였다. 김일
성 정권은 당, 내각, 교육계, 군대 등에서 개개인에 대한 철저
한 사상검토작업과 조직검열사업을 거쳐 자신의 반대파들을
조직에서 완전히 제거했다. 8월 종파사건은 북한에서 다양하
게 존재하던 정치세력이 사라지고 오로지 김일성에 충성하는
세력만이 살아남는 사회가 되었다. 이후 김일성은 1960년대
중 · 후반 갑산파와 군벌 관료들마저 숙청하였다. 이로써 김일
성에 대한 비판 · 대항세력은 완전히 소멸하였다. 마침내 김일
성의 유일독재체제가 확립된 것이다.

김일성 정권은 주민들에 대한 검열작업도 벌였는데, 주민들의
지역, 파벌, 학교, 직업 등에 대한 개인정보와 사상을 조사한
것이다. 이를 위해 1958년부터 5호담당제를 실시했다.[38] 이러

한 북한 전 주민에 대한 사상검토작업(반동분자색출작업)을 벌여 7만여 명을 적발하였고, 이들을 '정치범수용소'에 수용하였다.

김일성은 남한이 유신체제(1972.10)를 선포하자, 자신도 권력 강화에 나서 1972년 12월 헌법을 완전 개정("조선민주주의인민공화국 사회주의헌법: 약칭 사회주의헌법)하여 김일성 유일영도체제(독재체제)를 헌법으로 제도화하였다. 이 사회주의헌법은 국가주석제를 신설하여 김일성 1인지도체제를 제도화하였고, '주체사상'을 유일사상으로 규정하기에 이르렀다.

1970년대 들어 김일성은 기회가 있을 때마다 '새 세대', '대를 이어' 등을 강조하여 김정일 세습 후계체제를 암시하다가, 1974년 2월 당중앙위 제5기 8차 전원회의에서 김정일을 후계자로 내정하였으며, 1980년 10월 제6차 조선노동당대회에서 후계자로 공식화하였다. 1994년 7월 김일성이 사망한 후 3년 동안, 김정일은 '유훈통치'란 이름으로 죽은 김일성을 앞세워 국가를 통치하였다. 김정일은 1997년 당총비서직을 승계함으로써 당권 승계를 마무리하였다. 이로써 북한은 새로운 김정일 독재정권의 시대로 접어들게 되었다.

북한은 2011년 12.17 김정일이 심근경색으로 사망하고 김정은

---

38) 박영실, 『8월 종파사건』(백년동안, 2015), pp148-153.

이 권력을 승계하여 지금에 이르고 있다.

(2) 주사파 행태 이해하려면 북한 주체사상 알아야

대한민국세력은 북한의 통치사상인 주체사상이 무엇인지 알아둘 필요가 있다. 1980년대 중반 이후 대학가에서 양산된 주사파가 현재 대한민국의 주도세력으로 활동하고 있고, 이들에 의해 대한민국이 가는 노선과 정책이 정해지기 때문이다. 1960년대 통혁당, 1970년대 남민전, 1980년대 전대협, 1990년대 한총련 등에서 활동했던 인물이 갖는 세계관은 기본적으로 북한의 주체사상이다.

주체사상의 발생과 확립과정

북한은 6·25전쟁 직후 박헌영의 남로당파 등 국내파 공산세력을 제거했지만, 중국을 등에 업은 연안파와 소련과 연계된 소련파가 김일성을 견제하는 세력으로 남아 있었다. 이들을 제거하는데 '주체'라는 구호가 가장 적절했던 것으로 보인다.[39] 김일성 정권이 주체라는 용어를 사용하기 시작한 것은 1955년부터이다. 이는 소련의 정치변동과 관련이 있다. 스탈린이 죽

---

39) 도홍렬, 허동찬, 이기봉 외, 『민족사 입장에서 본 북한정권』(남북문제연구소, 1997), pp168-170.

은 후(1953.3) 후임으로 등장한 후르시쵸프는 전임 스탈린의 1인 독재와 개인숭배를 비판하며 스탈린격하운동(1955.2)을 일으켰다. 이를 관망하던 북한의 연안파·소련파 등은 스탈린을 철저히 모방해온 김일성 독재를 비판하기 시작했다. 이에 김일성은 소련의 반스탈린운동이 북한에 유입되는 것을 차단하고, 반대파의 비판에 대응하기 위해 1955년 '조선혁명에서의 주체'를 강조했다. 1955년 12.28 당 선전선동원대회에서였다. 이는 박헌영을 처형(1955.12.20.)한 직후였다. 김일성은 소련에 의해 최고통치자 자리에 올랐고, 소련 스탈린사상, 중국 마오쩌둥(모택동)사상을 철저히 모방해 통치했기 때문에 내부 비판자들로부터 공격당할 소지가 있었다. 그래서 김일성은 정통성의 뿌리를 소련이나 중국이 아니라 자신의 항일운동에서 찾아야겠다고 생각했다. '주체'를 강조하여 자신의 정통성을 확립함으로써, 소련 추종파인 소련파, 중국 추종파인 연안파 등을 일거에 제거하는 명분으로도 활용했다.

처음에는 '주체'라는 용어만 사용되다가 '주체사상'이란 용어가 처음 언급된 것은 1960년대 초반이었다. 사상에서의 주체, 정치에서의 자주, 경제에서의 자립, 국방에서의 자위'를 내용으로 하는 주체사상을 최초로 정식화한 것은 1965년 4월이었다. 후르시쵸프의 스탈린격하운동으로 인해 일어난 중소갈등은 1960년대 들어와서는 노골적인 분쟁으로 확대되었고, 1960년대 중반경에는 양국관계가 단절상태에 이르렀다. 김일성은 주체사상을 통해 소련·중국갈등의 중간적 입장을 합리화할 수 있었다.

주체사상은 처음부터 완결적 이론이 아니었고, 필요에 따라 첨가한 끝에 1960년대 중반에 가서야 완결적 형태를 띠었다. 즉, 사상에서의 주체(1955, 국내파 숙청, 소련파 숙청 필요)를 필두로 해서 '경제에서의 자립'(1956, 8월 종파사건 후, 중국식 자력갱생모델 착수), '정치에서의 자주'(1957, 공산권내 개인숭배 반대 분위기, 당내 중공파, 소련파 숙청), '국방에서의 자위'(1962, 중·소분쟁, 한국의 5.16 군사혁명〈1961.5〉, 쿠바 미사일 위기〈1962.10〉), '대외정책에서의 자주'(1966, 중소분쟁 확대, 월남전 확대, 중공의 문화대혁명) 등을 통해 하나씩 추가된 것이다. 1967년(당중앙위원회 4기 16차 전원위원회, 1967.6.28)에 이르러서야 이 모두를 포괄하는 '주체사상'이 북한정권의 공식적 이데올로기로 공언된 것이다. 이 때 김일성 1인지배체제가 확립되고 김일성 개인숭배운동이 전개되었다.[40] 1970년에는 주체사상이 마르크스-레닌사상과 함께 조선노동당의 공식 이데올로기로 선포되었으나 1970년대 중반부터는

---

40) 도흥렬, 허동찬, 이기봉 외, "민족사 입장에서 본 북한정권"(남북문제연구소, 1997), pp168-175.

마르크스-레닌주의는 아예 언급하지 않고 주체사상만 주장하기에 이르렀다. 1980년(제6차 당대회, 1980.10.10)에는 조선노동당 규약 전문에 주체사상이 당의 공식 지도이념임을 명기하였는데, 이는 김정일 권력세습체제를 공고히 하려는데 있었고, 이후 '온 사회의 주체사상화운동'을 전개하고 동유럽 변화에 대응해 '우리식 사회주의'를 고수하는 이론적 바탕이 되었다.

주체사상의 핵심

북한의 주체사상이란 어떤 사상인가? 주체사상이란 '사람은 자주성·창조성·의식성을 가진 사회적 존재이다. 사람은 모든 것의 주인이며, 모든 것을 결정한다'는 것이 기본 컨셉이다. 혁명주체인 근로인민대중이 사회의 주인인지도 자각하지 못하고, 기존 사회(봉건농업사회, 근대자본주의사회)의 모순을 깨닫지도, 혁명을 일으켜야 한다는 의식마저도 없다는 것이다. 의식이 없는 근로인민대중에게 역사의 주체임을 자각하게 하고, 자신들이 주인이 되는 세상을 만들기 위해 단결하여 혁명을 일으키도록 지도하는 그 무엇이 필요하다. 그게 수령이라는 것이다. 사람의 '뇌수'(뇌)가 육체에서 중추적 역할을 하듯이 수령은 인민대중을 이끌어 혁명을 이루는 향도적 존재(인민대중의 뇌수)라는 것이다. 만약 수령이 이끌지 않으면 인민대중은 통일되지 못하고, 힘이 통일되지 못하면 역사의 주체로서의 역할을 다할 수 없다. 이것이 주체사상의 가장 핵심내용인 수령론이다.

결국 주체사상은 개별 인간이 스스로 자주성·창조성·의식성 등을 발현시킬 수 있다는 휴머니즘적인 사상이 아니다. 오직 수령을 통해서만 자주성·창조성·의식성을 가질 수 있다고 강변함으로써 김일성 1인 지배체제의 우상화와 김정일 체제를 뒷받침하는 통치이데올로기였을 뿐이다.

주체사상, 종교로 변질

주체사상은 김정일이 후계자로 내정(1974.2)되고 실권을 장악(1979)한 후 1980년대 들어 새로운 질적 변화를 시도했다. 김정일은 사실상 실권을 장악한 후 주체사상을 1인 지배체제를 뒷받침하는 이론으로 심화하기 위해 북한의 사회과학자들을 총동원했다. 김정일은 1980년 10월 제6차 당대회에서 "주체사상은 현시대 로동계급의 영생불멸의 지도리념"이라며 마르크스-레닌주의보다 우월한 사상으로 격상했으며, 1980년대 중반에는 주체사상을 "김일성주의"로 정식화한 데 이어 "사회정치적 생명체론", "우리식 사회주의" 등을 삽입하여 새로운 종교성을 띤 통치이데올로기로 만들었다. 김정일은 드디어 1985년 『주체사상 총서』 전 10권을 발간했는데, 이 총서는 주체의 사상(1-

3권), 이론(4-8권), 방법(9-10권)의 전 체계를 수록한 3,250여 페이지에 달하는 방대한 분량이다.[41]

이 책은 "온 사회의 주체사상화"를 혁명의 목표로 제시했는데, 이 역사관이 대한민국 대학가 주사파들에게 주입된 것이다.

특히 김정일은 '사회정치적 생명체론'을 주장하고 주체사상에 삽입했다. '사회정치적 생명체론'은 생명의 이분법(육체적 생명과 정치적 생명)에 따라, 개개인의 육체적 생명은 끝이 있지만, 수령을 중심으로 결속하면 영원한 사회정치적 생명체를 이루며, 뇌수(腦髓)인 수령과 중추인 당(黨)의 지도 속에서 인민대중은 영생하는 생명을 얻을 수 있다는 내용이다.[42]

주체사상에 '사회정치적 생명체론'이 가미된 것은 "주체사상"이 과거의 단순한 정치, 외교, 경제 등 북한 통치이데올로기를 넘어 북한 통치자들을 신격화하는 종교적 형태로 진화해 갔음을 의미한다. 김정일이 이러한 종교적 형태의 주체사상으로 격상한 것은 수령의 영원성에 기대어 김정일의 권력 세습을 교묘하게 합리화하고 김일성 때보다 더 강력한 전체주의 통치권을 확보하려는 권력세습 준비작업이었다고 할 수 있다. 나아가 동

---

41) 도흥렬, 허동찬, 이기봉 외, "민족사 입장에서 본 북한정권"(남북문제연구소, 1997), pp167-168.
42) 이종석, "새로 쓴 현대북한의 이해"(역사비평사, 2000), pp216-220.

유럽의 체제 와해가 전파되는 것을 막고, 남한 사회에 일어나고 있는 좌익학생운동권의 혁명의식을 고취하기 위한 목적도 있었다고 보여진다.

주체사상에 입각한 북한역사 왜곡

김정일은 1979년에서 1982년간 종래의 역사관과 다른 주체사관으로 전체가 재구성된 『조선전사』 전 33권을 발간하고 1983년에는 『현대조선력사』 그리고 1987년에 『조선통사』를 발간했다.[43] 김정일에 의해 주체사상이 통치이데올로기에 머물지 않고 모든 역사를 이에 부합하도록 한민족의 역사를 재구성한 것이다. 역사개조를 통한 문화혁명이다. 김정일은 이렇게 재구성한 주체사상을 대남공작망과 남한 내 좌익세력을 통하거나 대남방송을 통해 남한의 대학가에 확산시켰다. 그 결과, 1980년대 주사파의 대폭발이 일어난 것이다.

1980년대 중반 대학가에서 폭발적으로 양산된 주사파는 위수김동(위대한 수령 김일성동지), 친지김동(친애하는 지도자 김정일 동지)를 외쳤는데, 김일성, 김정일을 신으로 모시는 사이비종교집단을 추종한 것이다. 미국의 종교관련 통계사이트인 「어드히런츠닷

---

43) 도홍렬, 허동찬, 이기봉 외, "민족사 입장에서 본 북한정권"(남북문제연구소, 1997), pp167.

컴(adherents.com)」은 2007년 북한의 "주체사상"은 추종자 규모에 있어서 세계 10대 종교에 해당된다고 발표했다.[44] 이렇게 볼 때, 한국기독교에서도 사이비종교인 주체사상에 대한 연구와 기독교 침투에 대한 분리와 방어책이 강구되어야 하지 않을까?

(3) 북한의 왜곡된 역사관 살펴보기

북한의 역사는 김일성·김정일·김정은 등 1인 통치를 합리화하고, 북한의 정통성을 조작해내기 위한 목적에서 의도적으로 왜곡 기술되어 있다. 여기서는 북한의 역사 기술의 특징 및 문제점들을 살펴보기로 한다.

1) 5단계 시대구분론

북한은 마르크스가 자본론에서 제시한 5단계 시대구분론을 여전히 활용하고 있다. 원시 공동사회(구석기·신석기시대)-고대 노예제사회(청동기시대-기원 전후)-중세 봉건사회(기원전후-1866)-근대 자본주의사회(1866-1926)-현대 사회주의사회(1926-)로 구분하고 있다.[45]

---

44) 한겨레, "주체사상은 세계 10대 종교" 미종교관련 통계사이트", 2007.5.8.
45) 한국 역사학계의 통설의 입장은 근대의 시작을 강화도조약(1876), 현대의 시작을 태평양전쟁이 종결된 해방 시점(1945)으로 잡고 있다.

북한은 이 시대구분에서 김일성 가계의 활동을 중요한 기점으로 삼고 있다. 예를 들면, ▷근대의 기점은 제너럴셔먼호사건이 일어난 1866년으로 잡고 있다. 이는 김일성의 증조부인 김응우가 주동이 되어 대동강에 올라온 미국상선 제너럴셔먼호를 불태웠다는 설에 근거하고 있다. 그러나 김응우는 당시 이름없는 묘지기에 불과했다. 사실 제너럴셔먼호는 평양감사 박규수를 비롯한 관리들과 백성들에 의한 관민(官民) 합동작전으로 격침되었다. ▷현대의 기점은 1926년으로 잡고 있다. 김일성이 14세의 나이로,「타도제국주의동맹」(약칭 'ㅌ·ㄷ동맹')이라는 청년단체를 만들었기 때문이라는 것이다.

2) 김일성·김정일 우상화를 위한 역사 왜곡

『조선전사』 총 33권 중 22%에 해당하는 일곱권(16-22권)을 김일성이 활약했다는 항일무장투쟁사에 할애하고 있다. 김씨 가계 우상화를 위해 극심한 왜곡과 편중성을 띠고 있다는 것이 문제이다.

첫째, 김일성 가문에 대한 역사왜곡이 극심하다.

김일성의 증조부 김응우를 높이기 위해 1866년 제너럴셔먼호 사건을 왜곡하고, 이 사건을 근대 시작 시점으로 삼고 있다. 김일성의 아버지 김형직에 대해서도 우상화작업을 하였는데,

3 · 1운동을 촉발시킨 평양시위는 김형직이 심어놓은 평양숭실학교의 애국청년학생이 주동하였다고 기술하고, 당시 8세인 김일성도 보통문(30리)까지 반일봉기대열에 참가하였다고 왜곡하고 있다. 또한 김형직에 대해 사회주의사상을 제일 먼저 도입한 공산주의운동의 선구자로 왜곡하고 있다.

김일성이 평양시 만경대의 한 빈민농가에서 태어났다고 하나, 그는 사실 부농이며 기독교전통이 있는 가정에서 태어났다. 그의 아버지 김형직은 기독교 계통의 숭실학교에 다녔으며, 외할아버지 강양욱도 1923년 평양신학교를 졸업한 목사였으며, 그의 어머니 강반석도 기독교인이었다.

둘째, 「타도제국주의동맹」(ㅌ · ㄷ동맹) 결성과 관련된 역사왜곡이다.

김일성이 14세 때인 1926년 10월 역사적인 「타도제국주의동맹」(이를 약칭 "ㅌ · ㄷ동맹" : '트 · 드 동맹'으로 읽음)이라는 우리나라 최초의 공산주의혁명단체를 결성했다고 한다. 그러나, ▷화성의숙에 다닐 때 「ㅌ · ㄷ동맹」을 만들었다고 하나, 사실 왜곡이다. 사실은 1926년 3월 화성의숙에 입학했는데, 민족주의단체 정의부가 창립한 반공 노선의 학교였다. 김일성은 그해 6월 아버지가 암살당함에 따라 화성의숙을 자퇴하고 백두산 인근의 무송으로 갔다.[46] 10월은 이미 화성의숙을 자퇴한 뒤이다. ▷

김일성이 길림의 육문중학에 다닐 때 몰래 마르크스의 공산당 선언, 자본론 등을 읽었다고 주장하는데, 15살에 불과한 김일성이 경제학자들도 이해하기 어렵다는 마르크스의 자본론 등을 이해한다는 것은 불가능하고, 더욱이 당시 마르크스 자본론은 영어, 독일어, 프랑스어, 러시아어판만 있었고, 한국어판과 중국어판이 처음 출판된 것은 제2차 세계대전 이후이다.

셋째, 보천보전투에 대한 역사왜곡이다.

북한에서는 김일성의 가장 큰 업적으로 내세우는 것이 보천보전투이다. 북한의 『력사사전』에서는 보천보전투에 대해 "해방의 서광을 보여주었다"고 자랑하고 있다.

> "김일성 동지의 천재적 전략 전술 방침에 따라서 놈들의 '토벌 공세'를 파탄시키는 한편 그분의 직접적인 지휘하에 1937년 6월 4일 보천보전투를 승리적으로 진행하여 일제에 대해서 심각한 타격을 주었고, 놈들의 억압 하에서 신음하고 있던 조선 인민에게 조국 해방의 서광을 보여주었다."

보천보전투는 중국인 부대인 동북항일연군 제6사에 소속된 김

---

46) 도홍렬, 허동찬, 이기봉 외, "민족사 입장에서 본 북한정권"(남북문제연구소, 1997), pp104-108.

일성이 이끄는 90여명의 병력이 1937년 6월 4일 압록강을 넘어 함북 갑산군 혜산진 보천면 보전리(보천보)로 침투해 일으킨 사건이다. 이들은 경찰주재소를 사격하여 무기를 탈취했으며, 방화대는 인근 면사무소·보통학교·우체국 등에 방화했고, 약탈대는 조선인, 일본인 소유를 가리지 않고 주택·점포 등에 들어가 현금, 약품, 옷감, 잡화 등을 마구잡이 약탈했다. 이들은 1시간 후인 밤 11시경 약탈품을 둘러메고 철수했다. 이 사건으로 젖먹이 유아와 총소리에 놀라 뛰쳐나온 일본음식점 주인이 유탄에 맞아 사망했을 뿐이다. 이 사건의 본질은 약탈이 목적이었다. 이 사건이 미화된 것은 동아일보의 과장 보도였다. 동아일보는 이 사건이 일어나자 두 번에 걸쳐 호외를 발행했고 헤드라인에 "김일성 일파로 판명"이라고 보도하여 김일성을 전국적 스타로 만들었다. 동아일보가 김일성 사건을 크게 보도한 이유는 혜산진 주재기자가 조국광복회 조직과 직접 연결이 되어 있었다고 한다.[47]

전 북한노동당비서를 담당했다가 소련으로 탈출한 임은(가명)이 폭로한 『북한 김일성왕조 비사(秘史)』(1982)에서 보천보전투에 참여했던 노장의 말을 인용하여 당시의 사실을 기록하고 있다.

---

[47] 김용삼, 『김정은의 할아버지 김일성 진실을 말하다』(미래사, 2018), pp29-34.

"이 노장은 자신의 회고담에서 '국내 진출' '조국 해방의 서광'이라는 대의명분적 설(說)에는 전연 주의를 기울이지 않았다. 뿐만아니라 군량 조달이 그 전투의 기본 목적이었으며, 동기였다고 노장답게 솔직히 언명했다. 전투 자체에 대해서도 그들이 느닷없이 습격했으므로 아직도 잠이 덜 깬 왜놈이 바지도 입지 않고 나와서 애원하는 것을 어떻게 처단했다느니, 또는 아깝게도 누구누구를 놓쳤다느니 하는 것을 이야기했다. 오늘날 그림에까지 그려서 선전하고 있는 보천보의 '군중대회'에 관해서도 그 노장은 '그런 얼빠진 일을 하고 있을 시간이 어딨어…' '한밤중에 두려워 떨고 있는 군중이 연설을 듣기 위해 어떻게 모인단 말인가…'라고 그 '설(說)'을 도리어 분개하여 한 마디로 물리쳤다."[48]

넷째, 조국광복회에 대한 역사 왜곡이다. 김일성의 경력에서 가장 크게 자랑하고 있는 것의 하나는 그가 조직했다는 조국광복회이다. 조국광복회는 보천보전투와 함께 쌍벽을 이루는 그의 정치적 자산이다.

---

48) 임은, 『북한 김일성왕조 비사』(도서출판 한국양서, 1982), pp87-88.

일본 관동군의 총공격으로 동북항일연군의 조직이 거의 궤멸되어 만주의 유격대활동이 불가하게 되자, 김일성의 빨치산부대 80여 명은 1941년 초 소련 하바로프스크로 들어가 해방 직후인 1945년 9월까지 거기에 있었다. 그런데도 일제 말기에 백두산을 근거로 엄청난 항일활동을 한 것처럼 날조하고 있다.

전 북한노동당비서 임은(가명)은 『북한 김일성왕조 비사(秘史)』(1982)에서 다음과 같이 주장하고 있다.

> "조국광복회의 조직분포도를 보면, 1936년 5월부터 1945년 8월까지의 기간에 마치 그 조직이 존재해 있었던 것처럼 날짜까지 새겨져 있다. 또한, 그 분포 상황을 보면, 조국광복회는 만주의 목단강성·빈강성·사평성·통화성·봉천성·안동성 등 많은 지역과 한반도 내의 주요 도시인 평양·남포·원산·인천·서울·부산 등에 1백여 개 이상의 지부와 20만 이상의 회원을 포섭하고 있었다는 갖가지 모자이크를 짜놓고 있는 것이다. 이것은 1940년대 초에 김일성 자신이 살아남기 위하여 부하인 빨치산대원들과 함께 소련으로 들어가서 망명생활을 하고 있었던 시기이다. 따라서 광복회 본부를 백두산 꼭대기에 있었던 것처럼 표현하고 있는 것은 생판 억지이며 새빨간 거짓말인 것이다."[49]

다섯째, 김일성이 소련에 의해 지도자로 선택된 것을 감추고 있다. 김일성은 1941년 하바로프스크로 들어가 소련극동군 정찰부대 제88여단에 들어갔다. 이것이 김일성에게는 큰 행운이었다. 1945년 8월 일본이 항복하자, 소련군과 국가공안부 (MGB: KGB의 전신)는 장차 북한에 세워질 친소정권을 책임질 지도자로 김일성을 추천했고, 김일성은 모스크바에 가서 4시간의 스탈린의 면접을 통해 낙점을 받았다.

중앙일보 차장 김국후는 소련 붕괴 후 러시아에 들어가 각종 실증자료들을 수집하고 북한정권 창출에 주도적 역할을 한 인물들을 찾아 면담하여 『비록 평양의 소련군정』을 출판했다. 이 책에 따르면, 당시 소련군 극동군 총사령부 정치국 소좌로 사령관 바실레브스키 원수의 부관을 지낸 코바렌코는 이렇게 증언하고 있다.[50]

"김일성이 입북(1945.9.19.)하기 보름 전인 1945년 9월 초순, 스탈린이 김일성을 비밀리에 모스크바로 불러 크렘린궁과 별장에서 단독으로 만나 그를 북한의 최고 지도자 후보로 낙점한

49) 임은, 『북한 김일성왕조 비사』(도서출판 한국양서, 1982), pp92-93.
50) 김국후, 『비록 평양의 소련군정』(한울, 2008), pp72-73.

후 그를 믿고 평양에 보낸 것입니다. 김일성의 모스크바행은 극동군 총사령관 바실레프스키 원수가 비밀리에 모스크바의 지령을 받아 시행했기 때문에 극동군 총사령부 내에서도 군사위원 치킨(Chikin) 상장 등 극히 일부만 알고 있는 '절대 비밀'이었습니다"

"1945년 8월 말 모스크바 소련공산당에서 하바로프스크의 극동군 총사령부에 '북조선인민위원회를 조직하기 위해 빨리 지도자를 찾아보라' 라는 지령이 떨어졌고, 결국 하바로프스크에 있는 국가공안부(MGB: KGB의 전신) 총국은 김일성이 가장 적합한 인물이라는 보고서를 모스크바 소련공산당에 올렸습니다. 결국 이 보고서가 스탈린의 마음을 움직인 것 같습니다."

"모스크바로부터 바실레프스키 사령관에게 보고된 '크렘린궁 동향' 에 따르면, 스탈린이 김일성과 4시간 동안 대좌했습니다. '스탈린주의' 를 설파하고 여러 질문을 통해 지도자가 될 수 있는지를 탐색한 스탈린은 즉석에서 '이 사람이 좋다. 앞으로 열심히 해서 북조선을 잘 이끌어가라. 소련군은 이 사람에게 적극 협력하라' 라고 지령했습니다."

대위 계급의 소련군 복장을 하고 소련군 운반선을 타고 원산항에 도착한 것은 추석 하루 전인 1945년 9월 19일이었다. 북한에 도착한 김일성은 몇일 뒤 평양 주둔 제25군 정치사령관 레베데프 소장을 찾아 왔다. 김국후씨는 1991년 모스크바에서 레베데프와의 면담내용을 이렇게 기술하고 있다.

"레베데프는 그 때 김일성이 소련 군복에 대위 계급장을 달고 있기에 인민에게 거부감을 줄 수 있으니 즉시 떼라고 지시했다. 또한 김일성이 '장군님! 부탁이 하나 있습니다. 우리 빨치산부대도 일본과의 해방전쟁에 참전한 것으로 해주십시오. 우리는 여러 번 이 전쟁에 참전할 수 있도록 하바로프스크 사령부에 건의했으나 번번이 좌절됐습니다' 라고 말했다. (이에 나는) "그게 무슨 말인가? 조선을 해방시킨 것은 제25군과 태평양함대 뿐이다. 제88정찰여단 빨치산부대의 단 한명도 대일전에 참전하지 않았고 총 한번 쏘지 않았다. 절대로 역사를 바꿀 수 없다"라고 단호히 거절하였다." 51)

또한, 소련군사령부는 10.13 평양 공설운동장에서 '소련군 환영대회'(북한에서는 김일성 장군 환영대회라고 기록)를 개최하여 '항

---

51) 김국후, "비록 평양의 소련군정"(한울, 2008), pp77.

일 빨치산 민족영웅'으로 부상시킨다는 방침 아래 소련군사령부가 처음부터 끝까지 기획 · 연출하였는데, 이와 관련, 정치사령관을 역임했던 레베데프는 다음과 같이 회고하였다.

"솔직히 말하면 이 날 대회에서 김일성이 읽은 연설 원고는 우리 사령부에서 작성해 준 것이고, 심지어 김일성이 입은 양복과 구두 모두 강미하일 소좌의 것이었다. … 우리는 김일성의 진짜 이름이 김성주라는 사실을 알고 있었지만 '항일 빨치산 투쟁 민족영웅' 김일성 장군을 상징하게 하고자 김일성 이름을 그대로 사용했다. … 김일성의 연설이 끝난 후 군중 속에서 '가짜 김일성이다'라며 소동이 났다. 메크레르 중좌와 강미하일 소좌가 김일성을 데리고 그의 출생지인 만경대를 찾아가 가족 · 친지 등을 공개하고 이를 신문과 방송을 통해 대대적으로 보도했다. 그러자 '가짜 김일성' 논란이 가라앉았다."52)

---

52) 김국후, "비록 평양의 소련군정"(한울, 2008), pp81-82.

북한은 정권 수립 이래로 대한민국을 적화(공산화)시켜 전 한반도를 주체사상화, 공산화하겠다는 목표를 한 번도 포기한 적이 없다. 북한은 통치사상, 대남전략, 역사왜곡 등 모든 부분을 남한 공산화에 포커스를 맞추고 있다.

북한은 대한민국을 적화하는 방법으로 크게 3가지를 고려하고 있다.

첫째, 전쟁을 통해 일시에 남한을 타도하고 적화통일하는 방법이다. 이것은 6 · 25전쟁 때 사용했던 방법이다. 6 · 25전쟁 전에 미군이 철수하자 바로 전쟁을 일으킨 것처럼 지금도 미군철수 상황이 오면 고려할 수 있는 카드다.

둘째, 전통적 정권쟁취방법인 폭력혁명에 의한 정부전복 방법이다. 북한은 대남적화전략으로 '민족해방 인민민주주의혁명(NLPDR)', '민족해방 민주주의혁명(NLDR)'을 주장하는데, 일단 미군을 몰아낸 후 남한 내에 지하당을 통해 대중을 선동하여 폭력혁명을 일으킨 후 정부를 전복한다는 것이다.

셋째, 선거를 통해 정권을 장악하는 방법이다. 합법적인 정당을 만들고 대통령선거 등에 후보를 내세워 합법적으로 정권을 장악하는 것이다. 정권을 잡은 후 헌법, 법령 등을 바꾸고 정책 등을 통해 남한의 자유민주주의체제를 인민민주주의체제→사회주의체제로 변혁한 후 북한과 연방제로 통일하는 것이다.

북한은 전략전술을 다양하게 배합하면서 70여 년간 끊임없이 대한민국을 적화하기 위해 노력해 왔다. 대한민국 건국 이후 지금까지 대한민국 내에서 일어난 다양한 사건들이 그냥 일어난 것처럼 보이지만, 실제로 파헤치고 들어가 보면 북한의 대남공작의 결과인 경우가 너무나 많다. 그러므로 대한민국에 나타난 정치, 사회적 현상들을 제대로 이해하려면 반드시 북한의 대남전략과의 연계성을 고려해야 한다. 북한의 대남전략이 대한민국에 큰 영향을 미친 것은 대한민국 내에 존재하는 반대한민국세력이 알게 모르게 호응해 온 탓이다.

공산·사회주의세력과 반공세력 간 치열한 사상전쟁의 역사(창과 방패 간 100년 전쟁)

우리나라의 공산·사회주의세력과 반공세력 간의 사상전, 체제전쟁은 근래에 시작된 것이 아니다. "100년 전쟁"이라는 말이 있을 정도로 오랜 역사를 가지고 있다.

1918년 우리 민족에게 처음으로 공산·사회주의 사상이 들어온 후 좌우갈등이 일어났으며, 해방 이후 어느 체제의 국가를 건설하느냐를 두고 치열한 좌우세력 간 사상전을 펼쳤다. 남북이 분단된 후 6·25전쟁을 통해 피를 흘렸으며, 지금까지 체제대결을 벌이고 있다.

01 일제시기(1918-1945)

1) 레닌의 한인사회에 공산혁명 사상 확산 노력

레닌은 러시아에서 1917년 10월혁명을 성공시켜 세계 최초로 사회주의정권을 수립하였다. 레닌은 러시아혁명에 만족하지 않고 막대한 공작자금과 함께 공작원들을 선발, 공산혁명 수출에 총력을 기울였다. 레닌은 유럽으로 공산혁명 전파에 노력했지만 동아시아에도 힘을 기울였다. 레닌이 동아시아지역에서 가장 먼저 공산혁명 수출 대상으로 지목한 것은 한인(조선인)들이었다. 한인들이 레닌의 공산혁명 사상에 가장 적극적인 관심을 보였기 때문이다.

레닌은 1918년 1월, "동방제민족공산주의조직전러시아대회"를 개최하여 소련 내에 거주하는 동양민족들이 참가하도록 지령을 내렸는데, 한인이 가장 많이 참석했다. 레닌은 참석자 중 26명의 정예분자들을 선발하여 공산주의이론과 혁명전략전술 등을 가르쳤는데, 이것이 "모스크바공산대학"이다. 여기에서 교육받은 제1기생 26명 중 조선인이 18명이었고, 인도인이 3명, 중국인, 베트남인, 말라이인, 필리핀인 등이 각 1명에 불과했다. 졸업생 중 한인 박진순이 수석을 했다.[53]

레닌은 박진순을 자신의 비서로 발탁하여 한인 대상 공작 임무를 맡겼다. 박진순은 공작자금을 가지고 하바로프스크로 가서 아시아 최초의 공산·사회주의정당인 한인사회당을 창설

---

53) 홍지영, 안종식, 『세계공산화운동사』(한국사회사상아카데미, 1989), pp35-36.

⑴918.5)하도록 지도했다. 박진순은 한인사회당 대표 이동휘에게 레닌의 공작금 100만 루불을 가지고 상해로 가서 임시정부에 침투하도록 했다. 이동휘는 9월 통합임시정부에 초대 국무총리 자리를 차지하는 데 성공했고 12월경 이동휘 추종자들마저도 임시정부 내 많은 요직을 차지하기에 이르렀다. 임시정부에 안착한 이동휘는 상해 임시정부와 상해고려공산당이 사실상 같은 조직이라면서 한국인들 사이에서 공산주의를 전파할 책임을 지겠다는 내용의 탄원서를 작성한 후 공작원 박진순을 통해 코민테른에 제출했다. 이에 코민테른은 상해 임시정부를 한인사회당(→상해고려공산당)이 장악한 도구로 간주했다.[54] 이렇게 볼 때 임시정부는 레닌이 민족해방전략에 따른 침투 공작을 최초로 성공시킨 대상이었다.

그러나, 이동휘의 공작성공은 잠시뿐이었다. 이동휘 국무총리는 1921년 1월 임시정부 내 이동휘와 다른 계열 공산주의자들의 폭로로 임시정부로부터 파면당한 것이다. 이동휘가 레닌으로부터 받은 100만 루불 중 60만 루불을 유용해 고려공산당 창설 자금으로 충당한 사실이 드러났기 때문이다.

이승만 대통령은 이동휘를 국무총리로 임명할 때부터 공산주

---

54) 로버트 스칼라피노·이정식 공저, 한홍구 역, 『한국공산주의 운동사』(돌베개, 2015), pp81-82.

의 이동휘에 대해 반대 입장을 견지했으며, 레닌의 자금 지원
은 공산주의 세계정복운동의 일환이라고 주장했었다. 김구도
이동휘가 레닌과 연계한 사실에 대해 상당히 우려감을 표했다.
특히 이승만은 세계적인 정치학자로서 임시정부 이전부터 세
계공산주의운동의 실체를 간파하고 있었다. 이승만 대통령은
이동휘사건 후 모든 마르크스주의자들을 상해 임시정부에서
축출할 것과 이후 공산주의자들과의 연합을 반대하는 척공(斥
共)노선(공산주의 척결)을 상해임시정부의 기본노선으로 삼을 것
을 강조했다.[55] 이승만 대통령은 1923년 「태평양」잡지에 '공산
주의 당부당' 이라는 글에서 공산주의의 본질적 문제점을 정확
히 꼭 집어 지적할 수 있었던 것도 임시정부의 경험도 한몫했
을 것이다.

이렇듯, 한인은 동아시아에서 가장 먼저 공산주의를 받아들였
고, 이것을 중국 등 주변에 전파하는데 지렛대 역할을 했다. 한
인들 중 사회주의 사상을 처음으로 받아들인 것은 러시아에 있
는 한인세력이었는데, 합방 전후 러시아 하바로프스크로 갔던
이동휘 등 신민회 출신들이 결성한 한인사회당이었고, 연해주
이르쿠츠크에서 김철훈 · 오하묵 등 러시아 귀화자들이 1919년

---

55) 홍지영, 안종식, 『세계공산화운동사』(한국사회사상아카데미, 1989), pp36-38.

4월 결성한 이르쿠츠크파 고려공산당이었다.

1919년 9월 이동휘가 통합임시정부에 국무총리로 참여하면서 이동휘가 만든 하바로프스크의 한인사회당은 상해로 근거지를 옮겼다. 이로써 러시아의 사회주의 사상이 중국 상해 민족운동가에게 전파되었다. 이들에 의해 1921년 초 이른바 상해파 고려공산당이 결성되었다. 이 고려공산당에 의해 상해의 많은 민족지도자들이 공산·사회주의 사상을 접하게 되었다.

한편 일본에 유학 갔던 한인 학생들도 사회주의 사상을 접했는데, 1921년 11월 드디어 박렬·김약수·조봉암 등이 흑도회라는 최초의 사회주의단체를 결성했다. 이후 풍뢰회·흑우회·북성회·북풍회·무산자동지회 등 여러 단체들이 조직되었다가 소멸되기를 반복했다.

한반도에 공산·사회주의 사상을 가장 먼저 전파한 것은 일본 유학생들이었다. 그 후 러시아 이르쿠츠크파 고려공산당 계열과 중국 상해파 고려공산당 계열이 들어와 서로 세력경쟁을 했다. 1926년에는 서울청년회·화요회·북풍회 등 공산·사회주의단체들이 338개나 될 정도로 난립하여 극심한 분파투쟁을 벌였다.[56]

---

56) 이희천, 『한국사』(박영사, 2004), pp1085-1086.

레닌이 1919년 창립한 국제공산주의조직인 코민테른(Communist International, 공산주의 국제조직체)은 한인의 극심한 분파투쟁을 종식시키고 조선혁명의 구심적 역할을 하도록 하기 위해 이르쿠츠크파 고려공산당과 상해파 고려공산당의 해체를 지시하고, 조선공산당을 결성토록 했다. 이에 따라 1925년 4월 서울에서 조선공산당이 결성되었다.

2) 동아시아 공산세력 확산과 일본의 강력한 반공정책

한반도 내 공산·사회주의세력 확산과 일본의 강력한 반공정책 추진

일본은 1920년대 초 공산주의 활동이 일본이나 한반도 등에 확산되자, 이를 막기 위해 1925년 치안유지법을 제정했다. 치안유지법(7개 조항)은 국체(국가체제)의 변혁 또는 사유재산제도의 부인을 목적으로 하는 결사, 행위자 등을 처벌하는 반공법이었다.

한반도에서는 1920년 이후 일본, 중국 등에서 들어온 공산·사회주의세력이 폭발적으로 늘어났다. 수백 개의 단체가 만들어져 극심한 분파투쟁을 벌인 것이다. 이에 코민테른은 분파투쟁을 중단시키기 위해 조선공산당 조직을 지시했고, 1925년 조선공산당이 창당되었다. 총독부는 1925년 제정된 치안유지법에 근거, 조선공산당을 4차에 걸쳐 지도부를 검거했다. 조선공산당은 1928년 4차 검거로 조직원 170명이 일망타진됨으로써 해체되고 말았다. 이후 공산·사회주의세력은 조선공산당 재건을 위해 노력했지만 해방이 될 때까지 재건하지 못했다. 이는 일본의 강력한 반공정책으로 한반도에서 공산주의세력이 약세를 면치 못했음을 의미한다. 조금이라도 이름있는 공산주의자들은 거의 모두 중국 본토나 만주, 그리고 연해주 등 소련지역으로 피신할 수밖에 없었다.

일본군, 러시아백군 지원

러시아에서는 1917년 10월혁명 이후 1922년 말까지 레닌의 적군(공산군)과 공산화에 반대하는 백군간에 치열한 내전이 일어났는데, 이때 일본군은 연해주로 진출하여 그 지역을 장악하고 있던 백군을 지원했다. 그러나 1922년 10월 적백내전이 적군의 승리로 결정 나자, 일본군은 시베리아에서 철수했다.[57]

1920년 일어난 우리 독립군, 레닌군대(러시아적군)에 의해 괴멸되다

1919년 3·1운동이 일어난 후, 국외 민족운동세력은 상해에 임시정부를 수립했고, 독립군 투쟁세력은 두만강, 백두산 인근 등 국경 부근에서 대규모 독립군단을 만들어 일본군과 치열한

---

57) 김용삼, 『김정은의 할아버지 김일성 진실을 말하다』(미래사, 2018), pp89-93.

전투를 벌였다. 봉오동전투(1920.6.7.), 청산리전투(1920.10.21.-26) 등이 대표적이다. 청산리전투의 경우, 북로군정서군(김좌진) 등 독립군 연합부대 3,000여 명이 참여하여 일본군 1,200여 명을 사상케 하는 대전과를 올렸다. 독립군으로부터 큰 타격을 받은 일본군 부대는 만주로 들어와 한인지역을 초토화하는 작전(경신참변, 1920년 말)으로 나왔다. 이에 독립군부대의 다수는 만주를 떠나 러시아로 피신했다. 러시아로 들어간 대한독립군, 군무도독부, 서로군정서군 등 독립군 부대(4,000여 명)의 다수는 러시아 적군의 거짓선동에 속아 무장해제한 채 자유시로 들어 갔다가 러시아 적군부대의 집중 사격을 받아 상당수 몰살당했고, 남은 1,000여 명은 체포되어 적군에 편입되고 말았다. 이것이 1921년 6월 28일 일어난 자유시참변이다. 3·1운동 직후 북간도를 중심으로 활발하게 항일운동을 했던 독립군들은 결국 러시아 레닌의 적군부대에 의해 붕괴되고 말았다. 이러한 독립군이 궤멸적 타격을 받은 것은 러시아 영역에서 활동하던 레닌을 추종한 한인 공산세력의 반역 때문이었다.[58]

러시아 적백내전 후 한인들, 공산주의 급증
적백내전에서 레닌의 승리로 끝나자, 연해주 한인들은 레닌의 약소민족 지원, 토지 무상 제공 등 유혹에 호응하여 소련 사회주의 노선에 적극 호응했다. 이리하여 1925-26년 무렵 연해주 지역 한인으로서 소련공산당에 가입한 사람이 약 1만 5,000여 명, 후보당원과 공산청년당원 1만 3,000여 명, 공산당 학교에 재학 중인 사람 약 3,000여명, 적군 소속 군인 약 5,000여 명 이었다. 이들은 수시로 국경을 넘어 만주로 진출하여 만주 한인사회 적화공작을 시도했다.[59] 그만큼 러시아령과 만주 등 한반도 인근 지역에 한인 공산세력이 급증했던 것이다.

한반도 주변 한인들의 실태

한반도 주변 만주(간도), 러시아 연해주, 중국 본토, 일본 등에는 조선총독부의 탄압을 피해 이주해간 한인들이 점점 늘어갔는데, 이들은 1920년대 들어 공산주의운동에 빠져든 사람들이 점점 늘어났다. 이에 따라 일본의 반공 활동의 범위도 한반도에 그치지 않고 러시아(소련), 만주, 중국 영역에까지 이르렀다.

일본의 대륙침략과 반공전선 혼선

일본은 1931년 만주사변과 1937년 중일전쟁을 일으켰는데, 이로써 중국 내 일어나고 있던 반공세력과 공산세력과의 대결이

---

58) 김용삼, 『김정은의 할아버지 김일성 진실을 말하다』(미래사, 2018), pp97-103.
59) 김용삼, 『김정은의 할아버지 김일성 진실을 말하다』(미래사, 2018), pp105.

흐트러져 갔다. 일본이 대륙침략을 하는 바람에 서로 싸우던 친공세력과 반공세력이 싸움을 멈추고 서로 연합하여 일본에 대항하게 된 것이다. 이제 중국 내 좌익(모택동의 공산군)과 우익(장제스의 국민당군)의 국공합작(1936-45)이 일어난 것이다.

또한, 중국 관내에 있던 한인에서도 좌익세력과 우익세력 간의 통일전선운동(한국대일전선통일동맹⟨1932⟩, 전국연합진선협회⟨1939⟩ 등)이 일어났다. 나아가 일본군이라는 공통의 적에 대응하여 중국인들과 한인들이 연합하는 현상(지청천의 한국독립군과 중국 호로군과 연합⟨1932-33⟩, 만주공산세력의 중국 동북인민혁명군⟨1933⟩→동북항일연군 참여⟨1935⟩ 등)까지도 일어났다.[60]

1940년대 일본의 강력한 반공정책 추진

일본군은 중일전쟁(1937) 이후보다 강력하게 반공활동을 전개했다. 만주에서 활동하던 중국 빨치산부대인 동북항일연군(김일성은 이 부대 제6사에 소속)도 일본군의 강력한 진압 작전으로 소멸하고, 1941년경 러시아로 피신할 정도였다. 이후 만주에서는 공산주의 조직들의 투쟁 활동이 불가능했다. 1940년부터 1945년까지 만주에서 일본군 관동군 특무대원으로 발탁되어 반공활동을 전개했던 김창룡의 활동사례에서 잘 알 수 있다. 김창룡은 만주철도회사에 입사했다가 역장의 추천으로 관동군 헌병대에 편입되었다. 그는 일본 「나까노 정보학교」에 입교해 특히 러시아 볼셰비키 공산혁명, 공산·사회주의의 무신론 등 공산주의 속성에 대해서도 학습을 했다. 그는 중국공산당의 아지트가 있는 소련과 인접한 국경지대에 배치를 받아 1945년까지 특수활동을 수행했다. 그는 중국공산당의 거물 왕근례를 장기 관찰하여 체포했고, 왕을 전향시킨 후 소련에 불리한 역정보를 보내 9개의 간첩망 50명을 검거하는 데 큰 역할을 했다. 김창룡은 중국공산당의 거점확보 전략과 세포조직의 모든 계획 등을 수집했고, 50여 건이 넘는 소련의 공산당 비밀조직을 적발해 냈다고 한다.[61] 김창룡은 해방 후 고향인 북한에 들어왔다가 소련군에 체포돼 2번이나 처형 직전 탈출에 성공했고, 남한으로 넘어와 군으로 입대하여 육군정보국에 근무하면서 6·25 전쟁 직전 숙군작업, 남로당 색출 와해작업, 빨치산 토벌 작업 등 반공 활동에 주도적 역할을 했다.

중국 내 공산세력 확장과정

중국 공산세력은 1920년 초 규모가 미미했는데, 국민당 대표 쑨원(손문)이 코민테른의 공작에 넘어가 친공 노선으로 전환함

---

60) 이희천, 『한국사』(박영사, 2004), pp1129-1134.
61) 이대인, 『대한민국 특무부대장 김창룡』(기파랑, 2011), pp32-35.

으로써 크게 늘어났다. 쑨원은 1922년 8월 중국공산당 대표들의 조언을 듣고 국민당 조직을 공산당 조직처럼 전면 재정비하기로 하고 중국공산당 인사들을 개인 자격으로 국민당에 가입하도록 조치했다. 코민테른은 다수의 공산당원을 국민당군에 침투시켰다. 이로써 중국공산당 당원은 1921년 약 300여명에 불과했으나 1925년 1,500여 명으로 늘어났다. 1925년 쑨원(손문)이 죽고 장제스(장개석)가 국민당 대표가 되자, 1926년 들어 소련고문단을 해임하고 공산당원과 국민당의 좌파인사에 대한 대대적 숙청작업을 단행했다.

그러나 중국공산당은 서서히 세력을 확장해 자신들의 군사투쟁 거점인 해방구를 만들었다. 장제스(장개석)는 공산당군 8만여 명이 점령하고 있는 남부 장시성 서금을 공격했다. 이에 중국 공산당군은 국민당군을 피해 이른바 "대장정"을 결행했다.(1934.10.16. ‒ 1935.10) 공산군은 모든 물자를 지고 국민당군의 추격을 받으며 1년에 걸쳐 산시성 옌안까지 1만km를 이동했다. 공산군은 도착했을 때 남은 인원이 3만여 명(출발자 중 남은 인원은 7,000여 명)에 불과할 정도로 위축되어 있었다.

그러나 일본이 1931년 만주사변을 일으켜 만주를 점령하자, 중국은 점차 반일 노선으로 결집되어 갔다. 반공 노선의 장제스(장개석) 국민당정부가 1936년 12월 시안사건(만주국 장학량이 장제스를 감금, 항일을 요구한 사건)을 계기로 적군이었던 공산당군과 제2차 국공합작을 한 후 대일본전투에 함께 나섰다. 공산당군은 제2차 국공합작을 통해 국민당군과 한편이 됨으로써 국민당군의 공격을 받지 않게 되었고, 오히려 국민당군 내부로 침투하여 분열시킬 수 있었다. 공산당군은 일본군과의 전투로 힘을 소모한 국민당군과 달리 힘을 비축했다가 1945년 8월 일본 항복 후 국민당군과 내전을 일으켜 결국 1949년 장제스 국민당군을 패배시키고 중국 전역을 공산화했다.

02 해방 직후(1945.8.15-9.8)

(1) 소련군사령부의 대남공작 가능성

1945년 8월 9일 북한지역에 들어온 소련군 제25군은 북한지역을 장악하고 소련의 위성국가로 만드는 데 혼신의 노력을 다했다. 북한에 진입한 소련군은 북한을 점령하는 문제에 주력했고, 본격적으로 대남공작을 하기는 어려웠을 것이다. 오히려 남한에 있는 박헌영 등이 북한지역 내 공산세력을 컨트롤 하는 상황이었다.

다만 소련군은 미군이 들어온 9월 초까지 남한이 통치공백 상태였다는 틈을 이용해 심리전 공작을 했을 가능성은 충분하다.

38선이 확정되기 전 소련군이 서울을 점령하고 부산까지 점령할지 모른다는 소문이 파다했고, 심지어 조선총독부는 물론 미군까지도 그럴 가능성이 있다고 생각했다. 그러한 소문으로 인해 좌익세력은 기고만장, 우익들은 위축세를 보였으며, 조선총독부도 위축되어 좌익세력이 조선공산당을 조직하고 전국적 준행정조직을 만드는 것을 방치한 것이다.

(2) 남한의 좌익세력의 실상

조선공산당의 결성

해방 다음 날인 1945년 8.16 이영 · 장백 등이 서울 종로구 장안동에서 조선공산당을 결성하였다. 이를 장안파라 한다. 1945년 8.20 광주 벽돌공장에 숨어 있던 박헌영은 서울로 올라와, 이주하 등과 함께 장안파에 대항하여 일제 때 해체된 조선공산당 재건을 결정하였다. 이를 재건파라 한다. 장안파와 재건파의 세력투쟁 결과, 장안파는 그 정통성을 상실하고, 재건파 박헌영을 책임비서로 하는 조선공산당이 9월 11일 재건되었다.

건준(建準)의 활동

조선총독부 정무총감 엔도는 일제의 패망이 가까워져 옴에 따라 일본인의 안전귀환을 보장받기 위해 조선인 정치세력과 협

의를 시도하였다. 먼저 민족주의계열인 송진우에게 치안권·
행정권 인수를 제의하였으나 거절당했다. 이에 온건사회주의
계열인 여운형과 협상하여 치안권과 약간의 자금을 인계하는
조건으로 일본인의 안전귀환을 보장받았다.

여운형은 일제로부터 받은 치안권 등을 기반으로 조선건국준
비위원회(약칭 건준)를 조직하였다. 건준은 해방 이후 결성된 최
초의 정치단체였다. 건준에는 여운형 등 중도좌익세력 뿐 아니
라 박헌영 등 급진좌익세력도 참여하였다. 송진우·김성수 등
우익(민족주의)우파는 건준 참여를 처음부터 거절하였고, 안재홍
등 우익(민족주의)좌파는 참여하였다가 좌익이 주도권을 장악하
자 곧 탈퇴했다.

건준은 빠른 시일 내에 정부를 구성하는 것을 목표로 잡았다.
이에 따라 읍·면 단위까지 건준 지부를 급속히 조직하여 치
안·행정·식량확보 등 준 정부적 기능을 함으로써 대중적 기
반을 확보해 갔다. 8월 말 145개 지부를 결성할 정도로 빠른 진
행을 보였다. 건준 지방조직에는 건준이 좌익 주도 단체라는
정체성을 정확히 알지 못해서, 우익인사들도 참여하였다.[62]

건준은 박헌영의 배후 조종에 따라 미군 선발대가 도착하여

---

62) 양동안, 『대한민국 건국사』(현음사, 2001), pp52-53.

조선총독부와 예비교섭을 시작하던 9월 6일, 급히 조선인민 공화국(약칭 인공) 정부 수립을 발표하였다. 이로써 정부 수립 준비조직으로 발족한 건준이 20여 일 만에 해체되고, 자기들 멋대로 조선인민공화국(인공)이라는 정부 명칭을 가진 단체 수 립을 발표한 것이다. 이는 좌익들이 미군정 성립 전에 기존 정부로 인정받으려는 의도에서 급하게 정부 수립을 선포한 것이었다.

인공(人共)의 활동

박헌영 등 급진좌익세력은 건준에 적극 참여하면서 주도권을 확보해 갔으며, 조선인민공화국(인공)정부 구성에 주도적 역할 을 하였다. 송진우·김성수 등 우익들은 인공정부를 공산주의 계열로 간주하여 참여를 거부하였고, 김구와 이승만도 귀국 후 인공정부 참여를 거부하였다.

자칭 인공(조선인민공화국)정부는 건준이 설치했던 지부들을 인 민위원회(지방행정조직)로 재편하면서 지방에서 좌익세력을 급속 히 확산시켰다. 전국 도(13개)-시(21개)-군(218개)-읍(103개)·면 (2,244개) 단위까지 거의 대부분 인민위원회를 구성하여 치안· 행정 등 준 정부기능을 수행하였다. 인공 산하 인민위원회는 미군정이 지방행정 조직을 정비하는 1946년 초까지 실질적인 지방 자치권을 행사하였다.

(3) 미군정의 무력한 반공정책

미 군정은 사상에 대한 이해가 부족했다. 좌익세력의 정치적 활동에 대해서도 정치활동의 자유 보장 등을 이유로 방치했다. 그러나, 미군정은 공산주의계열의 '인공(人共)정부' 가 실질적인 정부 노릇을 하며 국민 속에 합법정부 이미지를 심어주고 있는 데 대해, 매우 우려하면서 미군정 만이 유일한 합법정부 임을 밝히고 '인공정부가 정부를 참칭(僭稱)해서는 안 된다' 고 경고 했다. 박헌영이 주도한 '인공정부' 는 미군정이 지방행정을 장악하게 된 1946년 2월에 가서야 소멸되었다. 해방 직후 인공정부 산하의 인민위원회가 상당 기간 통치권을 사실상 행사함으로 인해, 국민들은 이들과의 접촉을 통해 자연스럽게 사회주의 사상에 물들어갔다.

03 미군정기(1945.9.8.-48.8.15)

해방 이후 3년간 북한지역은 소련군이, 남한은 미군이 점령했다. 이 3년을 해방공간이라고 하는데, 대한민국 건국을 준비한 매우 중요한 시기였다.

(1) 북한의 대남공작 실상

소련군과 김일성은 북한지역을 사회주의 체제로 만들어가면서
도 미군정과 남한 사회를 혼란시켜 공산화하려는 양동작전을
구사했다. 소련군은 공개적으로는 미군정과 미소공동위원회에
응했으나, 미군이 받아들일 수 없는 조건을 내걸어 질질 끌어
결국은 무산시켰다. 다른 한편으로는 비밀리에 박헌영 등 남한
내 공산세력을 배후 조정하여 폭동을 일으키게 하거나 간첩과
빨치산을 남파하는 등으로 사회를 혼란시켰다. 이외에도 소련
군과 김일성은 다양한 방법으로 대남공작을 추진했는데, 다음
과 같은 근거들을 통해 알 수 있다.

첫째, 1945년 9월총파업, 10 · 1대구폭동사건을 공작한 점이
다. 9월총파업과 대구 10 · 1사건 배후에는 소련이 개입되었다
는 사실이 밝혀졌다. 당시 한국문제를 전담하던 연해주 군관구
정치담당 부사령관 테렌치비치 스티코프의 비망록(중앙일보 현대
사연구소 발굴)을 통해 밝혀진 사실이다. 스탈린-연해주 군관
구- 소련군사령부로 연결되는 지휘계통을 통해 북한에 체류
중인 박헌영에게 폭력적 혁명투쟁 지령을 내렸다. 이에 박헌영
은 남한의 조선공산당에 지령을 내렸고, 조선공산당은 다시 전
평(조선노동조합전국평의회)에 지령을 내려 총파업과 폭동을 일으
켰던 것이다. 좌익들은 미군정에 불만을 가진 노동자 등 민중

들의 항쟁이라고 합리화하지만, 스티코프 비망록에 따르면 소련의 지시와 후원에 따라 박헌영이 책임비서로 있는 조선공산당이 주도한 폭동이었음이 명백해졌다.[63] [64]

둘째, 북한이 화폐개혁을 이용해 공작한 사례도 있다. 1947년 12월 1일, 북한정권은 기존 일제시대의 화폐인 조선은행권을 회수하고 북조선중앙은행권을 새로 발행했다. 구화폐를 모두 몰수하고 주민 1세대당 최고 500원씩의 신화폐를 교부하는 방식이었다. 이로써 부자들이 소유한 모든 화폐를 몰수하는 효과를 거두었다. 부자들은 하루아침에 알거지가 되고 말았다. 당시 남한은 여전히 일제 당시의 조선은행권을 사용하고 있었다. 이에 북한은 몰수한 구화폐 30억원을 몰래 남한으로 가져와 대남공작자금으로 사용했다. 이로 인해 남한에는 극심한 인플레이션이 일어났다. 미군정은 하는 수 없이 화폐개혁(1948.4.7.)을 단행했다.[65]

셋째, 북한은 대한민국 건국을 무산시키기 위해 5·10선거 방해 공작도 일으켰다. 유엔은 1948년 초 남한의 단독정부 수립안(5·10총선거)을 결정했는데, 북한은 이를 무산시키기 위해 선

---

63) 이현희, 『대한민국 어떻게 탄생했나』(대왕사, 1997), pp156-157.
64) 대공안보협의회, 『대공안보총서』(정동출판사, 1987), pp367.
65) 대공안보협의회, 『대공안보총서』(정동출판사, 1987), pp373-374.

거방해 폭동을 지령했다. 박헌영은 북한에 있으면서 남한의 남로당 조직에 지령하여 2·7폭동을 일으켰고, 연장 선상에서 제주 4·3사건도 일으켰다. 또한, 김일성은 남로당과는 별도로 거물간첩 성시백을 통해 김구·김규식 등이 단독정부 수립에 반대하며 북한과 남북협상에 나서도록 공작했다. 김일성이 직접 남파한 성시백은 김구의 비서와 김규식의 측근 등을 포섭한데다 김일성의 초청장을 들고 직접 김구, 김규식을 만나 설득하여 1948년 4월 평양에서 개최된 남북연석회의를 참석토록 하는 데 성공한 것이다.66) 성시백은 이뿐 아니라 군내, 행정부 등 곳곳에 공작망을 심었는데, 6·25전쟁 직전에 체포, 전쟁 발발 직후 처형되었다. 북한은 1997년 5월 26일자 로동신문에서 성시백에 대해 "민족의 령수를 받들어 용감하게 싸운 통일혁명렬사"라는 대서특집으로 기사를 보도한 바 있다. 결국, 김구는 방북(4.19)하여 김일성과 성과없는 남북협상을 하고 돌아와 5·10 선거에 불참함으로써 대한민국 건국에 오점을 남겼다.

넷째, 북한정권 수립을 위해 실시한 남한 각지의 지하선거를 들 수 있다. 남로당세력은 북한의 지시에 따라 대의원 선출을 위해 남한 곳곳에서 지하선거를 했는데, 제주도에서도 주민들

---

66) 김동식, 『북한 대남전략의 실체』(기파랑, 2013), pp242-250.

을 설득, 강요로 85%가 '손도장찍기 투표'에 참가하였다.[67] 김달삼은 해주로 월북할 때 제주도민들이 찍은 '손도장 투표지' 5만 여장을 가지고 올라갔다.

다섯째, 북한 정권은 미군정기에 치안유지 목적으로 만든 국방경비대에 북한에서 직파한 간첩들을 잠입시키기도 했다. 여수 14연대반란사건을 주도하고 진압 후 지리산 빨치산 투쟁을 주도한 김지회도 김일성이 직파한 공작원이었다.[68]

(2) 남한내 좌익세력의 활동

해방 이후 조선공산당(뒤에 남로당)·전평(조선노동자전국평의회) 등에 소속된 좌익세력은 남한 사회에 매우 광범하게 퍼져 있었다. 이들에 의해 9월총파업, 대구 10·1사건(1946.10.1), 제주 4·3사건(1948.4.3), 여순사건(1948.10.19), 여순사건 이후 본격화된 좌익 빨치산(무장인민유격대) 투쟁 등이 일어났다.

1) 미군정에 대한 강경투쟁전술로 전환

1945년 12월 개최된 모스크바삼상회의에서 5개년 신탁통치안이 발표되자, 한반도 전역에서 신탁통치를 반대하는 반탁운동

---

67) 현길언, 『섬의 반란, 1948년 4월 3일』(백년동안, 2014), pp59~60.
68) 이기봉, 『빨치산의 진실』(다나, 1992), pp256~264.

이 활화산처럼 일어났다. 그런데, 박헌영이 북한에 올라가 소련군의 찬탁 지령을 전해 듣고 내려온 후, 조선공산당 등 좌익세력은 1946년 1월 초부터 반탁운동에서 찬탁운동으로 돌변했다. 이에 국민들은 좌익세력을 향해 매국노라고 비난을 쏟아냈다. 이후 좌익세력은 남한 국민들로부터 지지를 상실하는 결과를 낳았다.

반탁운동이 한참 고조되고 있는 상황에서, 조선공산당은 재정난을 해결하기 위해 위조지폐를 제작하는 불법행위를 저질렀다. 위조지폐제작사건은 경찰에 의해 적발(1946.5.4)되었는데, 이것이 조선정판사 사건이다. 조선정판사는 일제 말기까지 조선은행 백원권을 찍어내던 인쇄소였는데, 여기에 있던 지폐원판을 이용하여 대량의 위조지폐를 제작한 것이다. 이들은 100원권 위조지폐를 6차에 걸쳐 1,200만 원을 발행하여 조선공산당 운영비로 사용했다. 이 사건의 영향으로 전국 각지에서는 100원권에 대한 불신 풍조가 일어나 화폐의 신용도가 떨어지는 등 경제 · 사회적 혼란이 일어났다.

조선공산당 세력은 관련자들이 구속되자, 허위날조라며 담당 검 · 판사를 협박하고 공판정(公判廷)을 아수라장으로 만들었다. 미군정은 이 사건을 계기로 조선공산당에 대한 통제를 본격화했다. 이에 박헌영 등 조선공산당은 1946년 7월 미군정과의 협력을 포기하고 '테러·파업 등 강경 대중투쟁으로 미군정을 압박한다' 는 내용의 "신전술"을 발표했다. 박헌영은 '정당방위의 역공세' 라는 구호 아래 다음과 같은 "신전술"을 제시했다.

"지금까지 우리가 미군정에 협력하여 왔으나 … 앞으로는 우리가 이런 태도를 버리고 미군정을 노골적으로 치자. 지금부터는 맞고만 있을 것이 아니라 정당방위의 역공세로 나가자. 테러는 테러로, 피는 피로 갚자."

좌익들은 신전술을 기점으로 미군정에 대해 공격적인 태도로 방향전환을 했다. 해방 직후 박헌영 등 급진좌익들은 이승만·김구 등 우익에 대해서는 파쇼세력이라고 비난하면서도 미국에 대해서는 호의적인 태도를 가졌다. 미국 때문에 해방이 된 것으로 인식하고 있었고, 모스크바삼상회의 결정에 따라 임시정부를 구성하면 당연히 사회주의정부가 구성될 것으로 믿고, 이를 실현해줄 미군정에 대해 호의적 반응을 보였던 것이다. 그러나 미군정은 기본적으로 우익을 선호하고 좌익을 경원시하는 태도를 유지하였다.

좌익들은 "신전술" 노선에 따라 미군정에 대한 투쟁역량을 강화하기 위해 1946년 8월 조선공산당(박헌영), 조선인민당(여운형), 남조선신민당(백남운) 좌익3당을 남조선노동당(남로당)으로 합당키로 하고 준비작업에 착수하였다. (실제 남로당 창당은 1946.11) 미군정이 1946년 9.7 박헌영 등 주요 간부들에 대한 체포령을 내리는 등 압박을 본격화하자, 박헌영 등 남로당 추진세력은 9월총파업, 대구 10 · 1사건을 일으켜 미군정에 타격을 주려고 했다.

2) 9월총파업

박헌영 등 남로당 추진세력은 1946년 9월 공산계 최대조직인 "전평"(조선노동자전국평의회)을 동원하여 한국철도 사상 최대의 철도파업을 단행하였다. 이것이 '9월총파업'이다. 1946년 9.23 0시를 기해 7,000여 명의 부산 노동자들이 파업에 돌입하였다. 24일에는 경성(서울)을 비롯한 전국의 철도노동자 4만여 명이 총파업에 동조하여 순식간에 경부선 · 호남선 등 전국의 모든 철도가 마비되었다. 이 철도노동자 파업은 며칠 사이에 전신 · 체신 · 전기 · 운송 · 방직 · 해운 등 주요 산업으로 확산되어 25만 명이 참여하는 대규모 '9월총파업'이 된 것이다. 전평 산하 좌익 성향의 각 산업계 노조원들이 총파업에 적극합류한 탓이다.

미군정은 이 같은 대대적인 총파업이 순수한 노동운동이 아니라 노동운동을 앞세운 좌익세력의 정치적 도전이라고 판단하고 단호하게 대처했다. 전평 등의 주동세력 1,200여 명을 대량 검거하는 등 강력히 대처함으로써 한 달 만에 철도가 정상화될 수 있었다.

3) 대구 10 · 1폭동사건

'9월총파업'의 연장 선상에서 '대구 10 · 1폭동사건'이 일어났다. 조선공산당은 대구 근로자들의 파업을 유도하여 대구 10 · 1폭동사건을 일으킨 것이다. 해방공간에서 대구 · 경북은 좌익세력이 강한 지역이었는데, 특히 대구는 '한국의 모스크바'라고 불릴 만큼 공산주의가 만연한 지역이었다. 게다가 해방 후 귀국 동포들이 증가한 데다 미군정의 식량통제 정책으로 경제적 어려움이 많았다. 따라서 좌익들은 이러한 지역적 불만을 이용하여 대구폭동을 기획한 것이다.

대구의 좌익진영은 저소득층 부녀자들 1,000여 명을 동원하여 대구시청 앞에서 "쌀을 달라"는 시위를 하게 하고 시청 유리창을 파손하는 등 소동을 벌이게 했다. 오후에는 대구역전 부근에 있는 전평의 대구시평의회 사무실 부근에서 시위를 벌이게 했는데, 갑자기 경찰을 향해 돌을 던져 경찰의 발포를 유도했다. 이 과정에서 한 명의 시위 노동자가 사망했다.

이튿날인 10.2 아침 대구의대(현 경북대의대) 좌익계 학생대표 최무학이 콜레라에 걸려 죽은 시신 한 구를 '들것'에 싣고 강당에 모인 학생들을 선동해 대구 시내로 나섰다. 학생들이 '이것이 어제 경찰의 총에 맞아 죽은 노동자의 시신'이라고 선동하자, 격분한 대구 시민들이 동참하여 큰 시위로 확대되었다. 시위대는 대구경찰서를 점령한 후 경찰서 무기들을 탈취하여 무장한 후 경찰관 수십여 명을 학살하고 시내 대부분의 파출소를 점령했다. 그리고 교도소에 수감 중이던 좌익계 사상범들이 탈옥, 가담 함으로써 대구지역의 치안은 마비 상태가 되었다.

미군정은 10.2 오후 대구지역에 계엄령을 선포하고 강력한 진압작전을 펼쳤다. 이에 좌익계 시위대들은 달성·칠곡·성주 등지로 도주하면서 경찰관·우익인사와 그 가족들을 살해하고 경찰서·관공서 등을 방화·약탈하는 등 경상도 일대를 혼란에 빠뜨렸다. 경북지역의 폭동은 경북 22개 군 중 16개 군에서 발생했다. 이 폭동은 충남지역, 경기·황해지역, 강원지역, 전남지역으로도 전파되어, 전국 131개 군 중 56개 군에서 발생했다. 이러한 좌익 폭동으로 인해, 각지의 많은 수의 경찰관과 우익인사 및 그 가족들이 학살당했는데, 피해자는 수백 명에 이르렀다. 이로써 경찰과 우익진영의 좌익에 대한 공격능력이 큰 타격을 입었다.[69] 또한, 좌익들은 경찰관들과 우익인사들을 학살할 때 눈

알을 빼거나 피부를 벗기기도 하고 죽창으로 찔러 죽이고 불에 태우기도 하고 산 채로 묻는 등 온갖 잔인한 방법을 썼는데, 이로써 국민들은 좌익에 대한 깊은 두려움을 갖게 되었다.

미군정도 경찰력을 총동원하여 강력하게 진압했는데, 7,000여 명이나 검거했다. 폭동에 가담했던 좌익들은 경찰의 추적을 피해 산중에 아지트를 설치하고 생활하기도 했다. 사람들은 이들을 '산사람'이라고 불렀는데, 4·3사건 이후 본격화된 빨치산(무장유격대, 무장공비, 무장게릴라 등으로 표현)의 시발이 되었다.

4) 2·7사건

1947년 7월 2차 미소공동위원회가 결렬되었다. 이에 미군정은 미·소 양국 간 협의로 통일정부를 수립하는 것이 불가능하다고 판단하고, 1947년 9월 한국문제를 유엔에 상정하였다. 1947년 11.14, 유엔총회는 '남북한 자유총선거를 실시할 것, 이를 위해 한국임시위원단을 파견할 것, 한국의 통일정부가 수립된 후에는 미·소 양군이 철수할 것' 등을 가결하였다. 이 결정에 따라 유엔한국임시위원단(약칭 유엔한위)은 1948년 1.8 남북한 통일정부를 구성하기 위해 총선거 준비차 입국했다. 유엔한

---

69) 양동안, 『건국전후사 바로알기』(도서출판 대추나무, 2020), pp91-96.

위는 총선문제를 협의하기 위해 38선을 넘어 북한 측으로 들어가려 했으나 소련군이 이를 거부했다.(1.23) 이로써, 유엔이 주도하는 남북한 자유총선거에 의한 통일정부 구성이 소련군의 거부로 아쉽게 무산되고 말았다. 소련군은 처음부터 북한에 친소정부를 만들 것을 목적하고 차질 없이 사회주의정부 수립을 진행하고 있었으므로, 유엔한위의 입북(入北)을 거부하는 것은 당연한 수순이었다.

소련군의 거부로 총선에 의해 통일정부를 구성하는 것이 불가능해지자, 남한 단독정부라도 구성해야 하지 않겠느냐는 여론이 일어났다. 이승만과 한민당은 남한 단독선거에 찬성했고, 김구·김규식 등은 이에 반대했다.

이렇듯 단독선거 논란이 일자, 박헌영의 남로당은 남한 단독선거의 책임을 이승만과 미군정에게 돌리면서 전국에 산재한 좌익들에게 단정 반대를 위한 폭력투쟁을 전개토록 지령을 내렸다. 이에 따라 일어난 것이 1948년 2·7사건이다. 김남식(『해방전후사의 인식』)에 따르면, 2·7사건은 전국적으로 전개되었는데, 경기·인천 일대를 비롯하여 경남북 일대, 전남북·제주도에 이르기까지 거의 전국적인 규모의 폭동과 파업이 발생했다. 좌익세력은 각 생산기관을 마비시키고 교통·수송을 혼란에 빠뜨렸으며, 교량을 폭파하고 철도 기관차까지 파괴했다. 전신·전화사업 파업은 물론 전신선 절단, 전신주 파괴로 통신을 두절시키고 행정을 교란시켰다. 자료를 종합하면 1948년 2월 7일부터 20일까지 파업 30건, 맹휴(동맹휴학) 25건, 충돌 55건, 시위 103건, 봉화 204건, 총검거인원 8,479명이었다.

유엔은 1948년 2월 26일 유엔소총회를 개최하여 유엔한위(유엔 한국임시위원단)가 접근 가능한 38선 남쪽에서만이라도 선거를 실시하기로 결의했다. 이에 남한 단독정부(약칭 단정) 반대여론이 거세게 일어났다. 남로당은 2·7폭동에 이어 그 연장선상에서 단정 반대를 위한 제주4·3사건을 일으켰다.

단독선거를 실시할 수밖에 없었던 이유가 이미 북에 단독정부가 들어선데다 소련군이 유엔 주도의 통일선거 추진을 거부한 데 있었음에도 불구하고, 남한 좌익들은 단독선거 책임을 미군정과 이승만 등에게 돌렸다. 적반하장이었다. 좌익들이 단독선거로 인한 분단책임을 미군정과 이승만 등에 돌리는 것은 남한 주민들에게 투쟁심에 불을 붙여 대한민국 정부수립을 무산시키기 위해서였다.

5) 제주 4·3사건
하필이면 왜 제주도인가?

제주4·3사건은 지금까지도 사건의 성격을 둘러싸고 논란이 심하다. 해방 이후부터 6·25전쟁 이전까지 전국 각지에서 일어난 좌익폭동 가운데 가장 격렬하고 가장 많은 인명 피해를 낳았던 사건이다. 하필이면 왜 제주에서 이러한 사건이 일어났을까?

제주지역은 해방 이후 좌익 성향이 특히 강했다는 점이 중요한 요인이었다. 미군정은 제주도에 늦게 들어온 데다 좌익세력이 강해 조선인민공화국이 만든 인민위원회를 폐지하지 못했는데, 주요행사 때 경찰서장과 인민위원장이 함께 단상에 올라가 축사를 하곤 했다. 오랜 좌익행정조직의 영향 등으로 좌익사상이 제주도민들에게 자연스럽게 스며들었다. 4·3증언자료집인 『이제사 말 햄수다』에 따르면 다음과 같은 증언이 있다.

> "해방 당시에는 옳은 일이라는 생각에서 대부분 사람들이 건준이나 인민위원회에 들어갔소. 우리는 이것을 정식 우리 정부라 생각했고, 합법 정부라고 생각했지."

제주도민들은 이러한 속에서 자연스럽게 좌경화되었고, 그 비율이 전 주민의 80%에 이르렀다는 주장도 있다. 특히 좌익사상에 투철한 좌익교사들의 역할이 컸다. 조천중학교 등 제주도 내 학교 교사들은 공산주의이론·자본론 등을 공공연히 가르치며 좌익사상을 확산하는 데 크게 기여했고, 좌익폭동을 주도하는 역할도 했다. 제주4·3사건을 주도한 남로당 군사부 총사령관 김달삼(제주 대정중 사회과 교사) 등 지도부의 상당수도 교사 출신이었다.

제주 4 · 3사건의 성격과 발생배경

첫째, 제주4 · 3사건은 5 · 10총선(제헌 국회의원 선출, 200명)을 방해하기 위한 목적의 사건이다. 좌익세력은 제주4 · 3사건의 기원을 1947년 3 · 1절 행사 때 발생한 경찰의 발포사건이라고 하나, 억지 논리다. 이는 제주4 · 3사건을 경찰의 탄압에 맞선 민중의 저항운동으로 만들려는 고의적인 짜 맞추기다. 제주4 · 3사건의 핵심은 5 · 10총선거 반대, 단독정부 구성 반대이다. 제주4 · 3사건은 단독정부 반대를 위한 2.7사건의 연장 선상에서 일어난 사건이다.

둘째, 남로당이 주도해 일으킨 좌익폭동사건에서 출발한 것이다. 당시 주한미군 사령부의 보고서(1948.6)는 "경찰이 1.22 남로당 (제주) 조천지부 불법회의장을 급습하여 노획한 문건에, 공산주의자들은 '2월 중순부터 3월 5일 사이에 제주도에서 폭동을 일으키라' 그리고 '경찰간부와 고위 공무원을 암살하고, 경찰 무기를 탈취하라' 라는 지시가 적혀 있었다"라고 기술하였다. 남로당 지하총책이었던 박갑동 씨가 1973년부터 중앙일보에 연재한 『남기고 싶은 이야기』를 통해 "남로당 중앙당의 폭동지령에 의해 4·3사건이 발생했다"고 증언하여 이를 뒷받침하고 있다.

제주도 남로당 총책임자 김달삼은 4·3사건을 일으키기 위해 빨치산부대인 야산대(500여명)를 구성하여 국방경비대에 침투한 남로당원들이 빼낸 무기와 탄약, 일본군이 긴급히 철수하면서 한라산에 매몰해 놓은 무기와 탄약으로 무장하여 게릴라 훈련까지 실시하였다.

제주4·3사건의 발생

1948년 4월 3일 새벽 2시. 한라산과 제주지역의 89개 '오름'(기생화산)에서 일제히 봉화(烽火, 햇불)가 오르는 것을 신호로, 1,500여 명의 좌익세력으로 구성된 빨치산(무장대, 공비)이 무장폭동을 일으켰다. 제주도 내 총 15개 경찰지서 중 14개 지서가 이들의 습격을 받아 불에 타거나 파괴되었으며, 경찰관 13명이 살해되었다. 빨치산들은 경찰관 이외에도 서북청년단·대동청년단·독립촉성국민회 등 우익단체 인사들의 명단을 가지고 집을 찾아다니며 학살하기도 하였다. 4·3사건 때 남로당이 요구한 내용은 "미제는 물러가라", "미 제국주의 타도", "단독선거 단독정부 결사반대", "신탁통치 찬성", "리승만 매국도당 타도" 등이었다.

제주4 · 3사건으로 2군데 선거구 무효

제주4 · 3사건은 남로당이 5 · 10선거 방해를 위해 일으킨 것이었다. 그래서 선거업무 담당자 테러, 선거사무실 습격, 선거서류 탈취 등이 빈번히 일어났다. 또한, 남로당원들은 주민들이 투표소에 가지 못하게 방해했다. 이러한 남로당의 집요한 선거 방해 행위로 제주도 3개 선거구 중 2개 선거구(북제주군 갑과 을)가 투표자 미달로 무효가 되었다.[70] 제헌국회는 200명의 국회의원으로 예정되어 있었으나 198명으로 출범할 수밖에 없었다. 제주도에 관한 한 남로당의 집요한 방해로 대한민국 건국이 무산된 셈이었다.

제주4 · 3사건 진압과정

제주 국방경비대는 인원도 적은 데다 내부에 침투한 남로당원들이 작전계획을 빨치산에게 누설하여 빨치산 토벌작전을 제대로 수행할 수 없었다. 미군정에 이은 이승만 정부는 총선 직후인 1948년 5월 15일부터 새로 군부대로 토벌대를 편성하여 본격적인 토벌작전에 나섰다. 토벌대는 수원 · 대구 · 대전 등지에서 급파된 군부대가 기존 제주도 군대를 흡수해 편성하는

---

70) 현길언, 『섬의 반란, 1948년 4월 3일』(백년동안, 2014), pp36-37, pp59-61.

방식이었다.

토벌대가 본격적인 토벌작전에 나서자, 제주도 남로당 총책임
자인 김달삼은 남로당원으로 국방경비대에 침투해 있던 문상
길 중위에게 지령을 내려 새로 부임한 유능한 연대장 박진경
중령을 암살했다(1948.6.18.). 박진경 연대장 암살사건을 계기
로 수사를 개시하여 범인이 문상길 중위임을 밝혀내고 남로당
프락치들을 일망타진하였다. 김달삼은 박진경 연대장 암살 배
후로 지목되어 수사망이 좁혀오자, 8월 초 남로당 주동자 5명
과 함께 제주도를 빠져나가 월북했다. 월북 명분은 황해도 해
주에서 1948년 8월말(8.21~8.26) 개최되는 인민대표자대회 참
석이었다. 주동자 일부는 체포를 피해 배를 타고 일본으로 밀
항하기도 했다. 그래서 당시 일본에 있는 친북 한인단체인 조
련(1955년 조총련으로 확장)에는 제주도 출신이 유난히 많았다고
한다.

토벌대의 가장 큰 고민은 빨치산과 주민을 어떻게 분리시킬 것
인가의 문제였다. 왜냐하면, 빨치산들이 한라산 중산간에 사는
주민들의 도움을 받아 투쟁했기 때문이다. 토벌대는 시행착오
끝에 토벌작전과 함께 귀순하도록 설득하는 선무(선전ㆍ위무)활
동도 병행하고, 귀순하는 자들에게는 구호물자 배급, 귀향 허
용 등 시혜를 베풀었다. 이 작전이 효과를 거두어 1949년 5월

에는 빨치산들이 재기 불능상태까지 갔다. 그러나 6·25전쟁이 일어나 토벌에 고삐를 늦추자 다시 준동하였다. 완전히 소탕된 것은 6·25전쟁이 끝난 뒤인 1953년 5월이었다. 1954년 9월 한라산이 전면 개방되었다. 4·3사건은 수년 동안 1만 명 이상의 많은 인명 피해를 낸 뒤 종결되었다.

폭동이 장기화된 이유와 민간인 피해가 많았던 이유

빨치산들이 장기전을 할 수 있었던 것은 한라산 중산간 지역에 있는 마을 주민들이 그들의 배후 역할을 했기 때문이다. 빨치산들은 상당수가 산촌 주민들과 친인척이어서, 군·경찰의 토벌작전에 비협조적인 경우가 많았다. 『해방전후사의 인식』에 기록된 제주 4·3사건 당시 남로당 선전부원이 되어 빨치산 활동을 한 한 학생의 증언을 들어보면 잘 알 수 있다.

"산에 가니까, 나는 선전부에 배치를 받았지. 등사기로 삐라도 만들고 … 하루는 밤에 선전활동을 하러 북촌으로 갔지. 마이크로 골목골목을 다니면서 '아버지 어머니 안녕하십니까? 우리는 여러분의 자위대 자식들입니다. 우리가 하는 일을 도와주십시오'라는 등의 선전을 하고 다니는 거였지. 그리고 나면 그

동네는 난리가 나지. 우리들을 잡아들이지 않았다고 경찰이 난리를 피지. … 어떻게 신고를 하겠어. 모두 자기들의 아들·딸인걸. 그때야 경찰이 잡으러 오면, '어느 집에 가서 숨어라' 하고 오히려 숨겨주었지. …"

토벌대 입장에서 보면, 산촌 주민들이 빨치산 혐의자나 협조자로 생각할 여지가 많았다. 주민들 입장에서 보면, 빨치산의 선동에 의해 자발적으로 지원한 경우도 있었지만, 빨치산들과의 지연·혈연적 관계로 불가피하게 지원한 경우가 많았고, 협박·처단에 대한 두려움으로 지원하기도 했다.

제주 23개 마을 중 토벌대로부터 가장 많은 희생자를 낸 북촌리의 집단처형도 북촌리를 지나가던 군인들이 빨치산의 기습을 받아 2명이 사살당하자, 살아남은 군인들이 보복적 차원에서 가한 것이었다. 바탕에 깔린 것은 마을 사람들이 빨치산을 지원하는 데 대한 강한 불신이었다. 북촌리 생존자 증언에 따르면, "까닭이라는 것은 산사람(빨치산)을 마을에서 옹호한다고 해서 그랬지. 뭐 다른 일은 없어"라고 언급한 것에서 잘 알 수 있다.

김대중 대통령과 문재인 대통령의 인식 차이

제주 4·3사건은 제주도민들이 자발적으로 일으킨 폭동이 아니었다. 남로당의 지령에 따라 단선 반대, 반미, 공산통일을 목적으로 일으킨 좌익폭동이었다. 김대중 전대통령도 1998년 11.23 CNN 기자와의 인터뷰에서 "제주 4·3사건은 공산폭동으로 일어났지만 억울하게 죽은 사람이 많으니 진실을 밝혀 누명을 벗겨 주어야 한다"고 말했다. 억울한 희생이 있었지만 공산세력에 의한 폭동이라는 사건의 성격을 분명히 한 것이다.

그러나 문재인 대통령은 김대중 대통령과 달리 제주 4·3사건 추념사에 연이어 참석해 "먼저 꿈을 꾸었다는 이유로 죽음을 맞이했다"는 등 공산폭동 자체를 정당화하려는 의도의 발언을 하고, 군과 경찰에게 무릎을 꿇고 사죄하는 행위를 하게 했다. 이같이 제주 4·3사건을 일으킨 폭동 자체를 의로운 항쟁으로 미화하거나 진압한 군인과 경찰을 학살자로 규정하는 것은 대한민국 건국을 방해하기 위한 제주남로당(공산세력)의 폭동을 정당화하는 셈이고, 위험한 반대한민국적 행위다.

제주 4·3사건의 성격 문제는 대한민국의 정통성 문제와 맞닿아 있다. 무고한 희생자에 대한 보상은 이루어져야 하겠지만 논쟁의 핵심은 "그 주동자들의 폭동이 정당하냐?" 아니면, "그

폭동을 진압한 것이 정당하냐?"이다. 여기에서 김대중 대통령
은 주동자는 공산폭동이라며 나쁘다고 보았고, 문재인 대통령
은 반란군은 먼저 꿈을 꾼 자라며 좋게 평가했고 진압군을 학
살자로 평가했다. 이 논쟁의 핵심은 대한민국체제로 통일할 것
이냐? 북한체제로 통일할 것이냐의 문제와 맞닿아 있다. 지금
제주 4·3사건을 둘러싸고 대한민국세력과 반대한민국세력
간에 마지막 치열한 역사전쟁이 벌어지고 있다.

04 이승만 정부 시기(1948.8~60.4)

대한민국이 건국된 후에도 남한 내 좌익·좌경세력에 의한 반
정부 투쟁 활동이 곳곳에서 일어났다. 이들의 활동을 제대로
이해하려면 북한의 대남공작을 먼저 살펴보아야 한다.

(1) 이승만 정부 시기, 북한의 대남공작

북한의 대남공작은 건국에서 지금까지 단 한 시도 멈추지 않았
다. 다만 북한의 대남공작은 드러나지 않은 경우가 너무 많아,
그 전모를 파악하는 것이 불가능하다. 빙산의 일각이라고나 할
까? 일부의 단서를 통해 당시 상황을 추론해볼 뿐이다.

6 · 25전쟁 전의 북한의 대남공작

대한민국이 건국된 후 6 · 25전쟁이 일어나기 전까지, 북한의 대남공작은 집요하고 다양하게 이루어졌다.

첫째, 북한정권은 군내 침투공작을 집요하게 전개했다.

북한정권은 미군정이 만든 국방경비대에 북한의 직파 간첩이나 남한 좌익분자들을 침투시키는 데 주력했다. 이들에 의해 대한민국 건국 후 여수14연대, 광주4연대, 대구6연대 등에서 군사반란이 일어난 것이다.

그뿐 아니다. 6 · 25전쟁이 일어나기 직전에 군내에 이상한 일들이 복합적으로 일어났는데, 이것도 북한이 군내 침투공작의 결과로 의심된다. ▷육군정보국에 박정희 문관과 함께 근무했던 김종필 중위에 따르면, 박정희 문관이 작성한 "연말 적정판단서"에 북한의 전면 남침이 있을 것이라고 정확히 판단하고 보고했음에도 불구하고 지휘부가 이를 완전 무시한 점(전쟁 전날 전면 남침 가능성을 보고했음에도 이것조차 무시), ▷북한의 남침가능성이 크다는 전방의 정보들이 왔음에도 불구하고 6월 초 8개 사단장 등 군 지휘부를 대거 인사조치했는데, 사단장들이 부대 상황을 파악하기도 전에 전쟁이 일어난 점, ▷경계 강화조치를 유지하다가 전쟁 전날인 6월 24일 0시를 기해 해제하고 전 장병 외출, 외박을 허용해 전방 군인의 1/3을 이탈케 한 점, ▷더욱이 6월

24일 저녁 육군회관 기공식 연회를 개최하여 최병덕 총참모장, 미 군사고문단, 주요 부대 지휘관들이 밤늦도록 주연을 베풀고 술과 잠에 곯아떨어진 새벽에 남침이 개시된 점 등이다.[71]

둘째, 대한민국이 건국된 1948년 8.15 이후 대한민국 국회나 정부 내로 침투하는 공작도 본격화했다. 국회프락치사건(1949.5)은 그런 결과물이었다. 여수14연대반란사건(1948.10.19.) 이후 이승만 정부는 국회가 만든 국가보안법(1948.12.1.)을 근거로 1949년 사회 곳곳에서 암약하는 남로당세력을 뿌리 뽑는 데 온 힘을 다했다. 이승만 정부는 남로당 서울시당 간부 홍민표와 그 일당이 남로당 관련 자료를 가지고 집단전향하자 이들을 모두 경찰로 특채해 남로당 수사에 투입했다. 홍민표 팀의 탁월한 수사 능력으로 6·25전쟁 전에 남로당세력을 뿌리 뽑을 수 있었는데, 남로당총책 김삼룡과 정치고문 이주하를 체포(3.15)한 데 이어 최대공작망이자 변장의 달인 성시백을 체포(5.15)하는 데 성공했다.[72] 성시백은 남로당과 별개로 공작망을 운영해왔고, 김일성이 직접 컨트롤하는 최대의 거물간첩이었다. 그는 남한에 10여 개의 언론사를 운영했으며, 남한 정계, 언론계, 국방부 최고위층까지 공작선이 닿았다. 전쟁 직전인

---

71) 이희천, 『6·25동란과 트로이목마』(인영사, 2010), pp92-96.
72) 선우종원, 『나의 조국 대한민국』(B.G.I, 2010), pp145-151, pp159-171.

5.15 체포, 전쟁 발발 이틀 후 처형되었다. 6·25전쟁 직전 군부 내 그의 공작망 흔적들이 곳곳에서 발견되었다.

셋째, 북한은 6·25전쟁을 앞두고 남한 제2전선 형성에 노력했다. 북한은 남한 내 빨치산 활동이 남한을 적화하는 데 필요한 역량으로 보고, 1949년 후반부터 본격적인 빨치산 무력투쟁을 독려하였다. 남로당은 열성 당원들을 지리산 등 각지 유격 거점에 입산토록 독려하였다. 북한에 있던 박헌영은 남한 내 빨치산들의 투쟁력을 강화하기 위해 빨치산 교육기관인 강동정치학원을 설치(1948.1)했는데, 학생 수가 적을 때는 500여명, 많을 때는 1,200~1,300여명에 이르렀다.[73] 강동정치학원은 월북한 남로당원을 수용하여 남한의 적화공작과 유격전을 위해 군사훈련(단기 3개월, 장기 6개월)을 실시하였다. 북한은 이들을 총 10차(1948.11.14.~1950.3.28)에 걸쳐 2,345명을 남파하여 남한의 빨치산을 지원하려 했다. 남한 내 빨치산들은 북한군이 남침할 때까지 그 지역을 확보해야 한다는 임무를 부여받았다. 빨치산 활동의 1차적 목적은 북한군이 남침했을 때를 대비해 거점을 구축하는 데 있었으나 더 근본적인 목적은 북한군이 남침할 때 후방기지를 중심으로 비정규전을 일으켜 제2전선을 형성하려

---

73) 중앙일보 특별취재반, 『비록 조선민족인민공화국(상, 하)』(중앙일보사, 1993), pp291-292.

는 것이었다. 북한군의 남하에 호응하여 남한 각지에 있는 빨치산들이 동시다발적으로 무장게릴라전을 일으킨다면 손쉽게 공산화시킬 수 있다는 전쟁 전략전술에 따른 것이었다.[74]

6 · 25전쟁 와중의 대남공작

북한정권은 6 · 25전쟁 중에는 어떤 대남공작을 전개했을까?

북한의 대남공작은 남로당 중심으로 편성해 운영했다. 북한은 금강정치학원(연락부소속 공작원 양성학교)을 통해 양성된 공작원들을 남파하여 공작 활동을 전개했다. 공작 활동 목적은 ▷와해된 남로당 지하당 재구축, ▷남한 지구당 지도하에 제1전선 엄호, ▷제2전선 교란(후방 교란) 등이었다. 그러나 전쟁 중 전선 이동으로 인한 한계, 이승만 정부의 반공정책으로 인한 남로당 조직의 파괴, 빨치산 토벌 등으로 무력화되었다.

북한정권은 1952년 12월 개최한 조선노동당 중앙위원회 제5차 전원회의에서 남로당계의 성과 없는 공작활동을 규탄하며 박헌영, 이승엽 등 남로당세력을 숙청하였다. 이로써 대남공작 업무가 김일성파에게 넘어갔는데, 이후 대남공작능력이 크게 떨어졌다.

---

74) 서상문, 『알아봅시다! 6 · 25전쟁사(제1권)』(서울: 국방부 군사편찬연구소, 2008), pp59-60.

6 · 25전쟁 이후 합법적 대남공작, 평화통일 선전 공세로 전환

북한정권은 6 · 25전쟁 이후 대남공작망이 와해된 데다 전후복구사업도 해야 했다. 따라서 대남공작을 무력적 방법에서 합법적 방법으로 전환했다. 합법적 정당을 건설한 후 합법적인 선거를 통해 정권교체를 실현하고 북한과 연합하는 방식으로 통일하는 방식이었다. 이런 목적으로 만들어진 것이 진보당 (1955.12)이었다.

북한은 전설적인 공작원 박정호를 통해 조봉암을 포섭하여 1955년 12월, 진보당을 창당토록 한 것이다.[75] [76] 조봉암은 1956년 5.15 대선에 출마했다. 그때 마침 대선 직전 유력한 후보자였던 민주당 신익희 후보가 사망함에 따라 진보당 조봉암 후보가 2위를 차지했다. 특히 좌익세가 강했던 경북지역에서는 조봉암이 50만여 표를 얻어 이승만 후보 62만여 표에 근접할 정도로 선전했다.

조봉암의 진보당이 북한의 대남공작의 결과라는 것은 김일성과 김정일의 발언을 통해서도 알 수 있다. 『김일성저작선집』에 따르면, 김일성이 "남조선혁명운동발전의 필연적 요구를 반영하여 1955년 12월에 남조선혁명가들의 합법적 정당으로서 진

---

75) 민족문화대백과사전, "박정호간첩사건"
76) 김동식, 『북한 대남전략의 실체』(기파랑, 2013), pp252-255.

보당이 나오게 되었습니다."하고 진보당 등장에 대해 발언한 바가 있다.[77] 신경완의 『곁에서 본 김정일』(2000)에 따르면, 김정일은 "대남공작사상 가장 큰 손실이 1958년의 진보당사건이라고 지적하면서 양명산은 이중간첩이었는데도 그를 믿고 일을 추진해서 진보당사건이 터지고 조봉암까지 희생됐다"고 말한 데서도 진보당이 대남공작의 산물임을 알 수 있다.

북한정권은 1956년 5월 대선에서 조봉암이 2위를 하자, 자신감을 얻은 듯 본격적인 평화선전공세를 전개했다. 1956년 5.31 김일성은 "인민군 병력을 8만으로 할 테니, 한국도 병력을 줄이자"고 주장하고, 7월 3일에는 평화통일에 관한 선언서를 발표했다. 1958년 들어서 평화통일 공세를 더욱 강화하여 1958년 2.8 4개 항의 통일방안을 발표하기도 했다. 모든 외국군대를 동시 철퇴하고 중립국 감시하 총선거를 실시하자는 주장이었다.

일본, 동독 등 해외 거점 통한 우회공작 개시

6 · 25전쟁을 거치면서 북한의 대남공작망이 붕괴되었고, 남한 국민들의 반공 의식이 높아졌다. 이에 북한은 직접 남파 공작을 하기보다는 우회적 방법으로 대남공작을 재개했다. 북한정

---

77) "김일성저작선집", 제5권, pp142. 김동식, 『북한 대남전략의 실체』(기파랑, 2013), pp255. 재인용.

권은 1955년 조총련을 통한 대남공작을 본격화하고 1958년에는 동독의 수도 동베를린 북한대사관을 통한 공작을 개시했다. 일본은 북한이 대남공작하기에 매우 유리한 거점이었다. 당시 일본은 한국과는 수교를 하지 않았기 때문에 친북교포가 득세했었다. 일본에는 '조련'(재일본조선인민주주의통일전선)이라는 친북단체가 있었다. 북한은 1955년 5.25 조련을 발전적으로 해체하고 '조총련'(재일본조선인총연합회)으로 확대 개편했다.

조총련은 1958년 9월 김일성이 "재일조선인의 북조선귀국에 관한 성명"을 발표하자, 일본 내 조총련은 회원들에게 북송선을 타고 북한으로 귀국하도록 하는 북송운동을 전개했다. 결국 10만 명에 달하는 친북 일본교포들이 북한의 선전선동에 속아 북송선을 타고 북한에 들어갔는데, 모두들 크게 후회했다고 한다. 조총련 인사들의 북송으로 인해 일본 내 공산세력은 크게 약화되었다.

북한정권은 1958년부터 동독 동베를린(동백림)을 거점으로 서독, 프랑스 등 유럽에 유학 중인 학생, 교포 등 장기체류자들에게 접근하여 포섭하는 공작을 개시했다. 당시 북한이 남한보다 더 잘 살았기 때문에, 북한의 발전상을 보여주며 공산주의체제의 우월성을 선전하면 쉽게 포섭할 수 있었다. 또한 동백림(동베를린) 관광을 시켜준다든가 북한에 있는 가족들의 소식을 전달하고 상봉을 제안하기도 하였다. 경제적으로 곤궁한 유학생들의 처지를 이용하여 학비, 생활비 등을 지원하겠다고 유혹하였다. 동베를린 북한대사관 공작원은 이런 방식으로 먼저 유학생 임석진(1958), 음악인 윤이상(1959) 등을 성공적으로 포섭하였다. 북한은 1960년 4·19혁명 이후 공작활동을 더욱 가속화하였다. 북한은 포섭된 자들을 평양으로 입북시켜 간첩교육을 시키는 한편 공작금을 주어 학업을 지원하고 박사학위를 취득한 후 국내에 귀국하여 정계, 학계, 언론, 문화계 등에 안착해 공작임무를 수행하게 했다.

(2) 이승만정부 시기, 국내 좌익·좌경세력 실태와 정부의 강력한 대응

1) 여수14연대 반란사건(여수순천사건, 1948.10.19.)

사건의 의미

대한민국 건국 전후 좌익세력의 빨치산(무장투쟁) 투쟁은 제주 4·3사건부터 본격화되었지만, 육지에서 본격화된 것은 1948년 10.19 일어난 여수14연대반란사건(여순사건)부터이다. 이 반란사건은 제주도 4·3사건의 연장선상에서 일어난 것이었다. 한라산을 근거로 한 유격전이 매우 효과적이라는 것을 인식하게 된 남로당은 지리산 등 내륙에서 빨치산 활동을 계획했다.

여순사건은 지리산을 중심으로 한 빨치산 유격전구(遊擊戰區)가 형성되는 계기가 되었다.

여수14연대반란사건, 어떻게 일어났나?

여수14연대반란사건은 제주 4·3사건을 진압하기 위해 대기 중이던 여수 주둔 제14연대에서 일어났다. 국방경비대 사령부는 1948년 10.15 여수에 주둔한 제14연대에게 제주도 4·3폭동사건 진압을 위해 1개 대대를 10월 19일부로 제주도로 출동시키라는 명령을 내렸다. 이에 따라 제14연대 소속 1개 대대 병력은 출동을 준비하고 있었다. 10.19 밤 8시경 14연대 남로당 조직책인 인사계 지창수 상사 등 공산 핵심세포 40여 명은 사전에 계획한 대로 무기고와 탄약고를 점령한 후 비상 나팔을 불게 하였다. 출동 대기 중이던 대대병력은 출동명령으로 생각하고 연병장에 신속히 집결하였다. 이때 지창수 상사가 단상에 올라가 "경찰이 이곳을 습격하려 한다는 정보가 있다", "동족상잔의 제주도 출동을 절대 반대한다", "지금 조선인민군이 남조선 해방을 위해 38선을 넘어 남진하고 있다. 우리는 북상하는 인민해방군으로서 행동한다"며, 장병들을 선동하고 위협하였다. 이에 대부분 장병들이 동조하여 반란군으로 변하고 말았다. 반대한 하사관 3명은 그 자리에서 사살당하였다.

사태를 수습하러 온 제1대대장 김왈영 대위 등 장교 20여 명도 사살당하였다.[78]

반란군들은 10.20 새벽 1시경 김지회 중위(김일성 직파 공작원), 지창수 상사 등의 지휘 아래 부대를 이탈하여 여수로 진격하였다. 여수에서 활동하던 좌익세력 699여 명 합류하였다. 이들도 무기와 탄약을 공급받고 무장세력이 되었다. 3,000여 명으로 불어난 무장반란군들은 4시간 만에 여수 시내 각 경찰서·시청·역사·우체국 등 주요 기관을 장악하고 우익계 인사나 경찰들을 닥치는 대로 사살하였다. 10월 20일 새벽 여수는 완전히 반란군의 수중에 들어갔다. 여수를 장악한 반란군은 일부가 통근 열차를 이용하여 20일 오전 순천에 도착하였다. 20일 오후 5시경 순천도 완전히 장악하였다. 이후 반란군들은 3개 부대로 나누어, 1개 부대는 학구·구례·남원 방면으로, 또 한 부대는 광양 방면으로, 나머지 한 부대는 벌교·보성 방면으로 진격하였다. 이렇게 하여 반란군은 여수·순천·보성·광양·하동·남원·구례·곡성 등까지 상당히 넓은 지역을 점령하였다.

반란군 점령지역에서 일어난 현상들

반란군이 장악한 지역에서는 인공기가 곳곳에 게양되었고, 집집마다 담벼락에는 "인민군은 38선을 돌파하여 서울 점령을 목표로 남진 중에 있다", "이승만도 일본으로 도망쳤다", "여수에 상륙한 인민해방군은 여수·순천을 해방하고 북상 중이다" 등 거짓말로 된 선동벽보가 붙었다. '인민위원회 발표 외에 일체의 뉴스 청취를 금지하고 위반할 때는 사형에 처한다'고 위협하는 포스터도 곳곳에 붙었다.

여수와 순천을 점령한 반란군은 동네 좌익분자들에게 지역 내 반동분자들(경찰, 경찰가족, 군인가족, 우익인사들)을 체포토록 했는데, 동네 좌익분자들은 이에 적극적으로 협조하여 집집마다 다니며 체포하였다. 반란군과 동네 좌익들은 잡아들인 경찰, 우익인사들을 인민재판이나 무단으로 곳곳에서 학살했다. 일례로 10월 23일 오후 3시에 여수읍 대판동(현 중앙동로타리)에서 인민재판을 열었는데, 반동분자로 분류된 800여 명의 경찰과 경찰가족, 그리고 우익인사들의 대부분을 사형 판결을 내리고, 현장에서 처형했다.[79]

반란군과 동네 좌익들은 이른바 반동분자들을 처형하는 방법도 대구 10.1폭동사건 때와 마찬가지로 매우 잔인했다. 눈을 도려내거나 칼로 피부 껍질을 벗기고, 몸에 기름을 붓고 불에 태

---

78) 박윤식, 『여수14연대반란(여수순천사건)』(도서출판 휘선, 2012), pp25-29.

79) 박윤식, 『여수 14연대 반란(여수순천사건)』(도서출판 휘선, 2012), pp41.

우기도 하고 몽둥이로 때려죽이거나 땅에 산 채로 파묻는 등 갖가지 잔인한 방법으로 학살하였다.

여수순천사건으로 인한 인명과 재산 피해는 너무 컸다. 여수에서 반란군에 의해 학살당한 민간인은 1,200여 명, 부상당한 민간인은 1,150여 명, 소실 및 파괴된 가옥은 1,538동, 행방불명자는 3,500여 명, 이재민은 9,800여 명이었다. 순천은 4일간 점령 당했음에도 불구하고 반란군에 학살당한 민간인이 1,134명, 행방불명자는 818명이었다.[80] 이 사건 때 손양원 목사의 두 아들(고등학생)도 동네 좌익학생들에 의해 학살당했다. 구례 등은 피해가 경미했는데, 이는 동네 사람들이 반란군에 협조하지 않았기 때문이다.[81] 여수·순천의 경우, 민간인 학살 피해가 컸던 것은 동네 좌익들이 적극 반란군에 협조, 우익인사들을 이른바 '반동분자'로 지목해 색출, 학살하는 데 앞장섰기 때문이다.

반란의 진압과 잔당의 빨치산 활동 개시

정부는 여수·순천 일원에 계엄령을 선포하고 10개 대대 병력을 투입하여 순천은 4일 만에, 여수는 8일 만에 탈환하였다. 반

---

80) 박윤식, 『여수 14연대 반란(여수순천사건)』(도서출판 휘선, 2012), pp60.
81) 이기봉, 『빨치산의 진실』(다나, 1992), pp250.

란 주도세력 1,000여 명은 진압군을 피해 지리산으로 입산하여 장기간 유격전을 벌였다. 지리산 빨치산 투쟁은 제주도 빨치산 투쟁과 함께 해방 이후 최대의 무장반란이었다.

가장 치열한 유격전을 벌였던 지리산 주변은 1950년 봄까지 전쟁터와 같았다. 빨치산과 토벌대 간의 치열한 전투는 인근 지역민들의 많은 희생을 낳았다. 빨치산이 수시로 출몰하여 쌀·옷 등을 강탈해 가고, 비협조적일 경우 수시로 처단하여 주민들은 공포 속에 살았다. 또한, 빨치산들이 인근 지역민들의 도움을 받아 장기간 유격투쟁을 했기 때문에, 토벌대는 주민들을 빨치산 또는 부역자로 의심해 처형하기도 하였다.

전남 광양 출신으로 1946년부터 호남신문 사진부장을 역임하면서, 여순사건과 진압과정을 종군하며 촬영하였던 이경모씨는 당시를 이렇게 기술하고 있다.

"당시 전남 동부지방은 반군들의 대부분이 지리산으로 들어가 게릴라전(유격전)을 계속하는 바람에 '낮에는 대한민국, 밤에는 인민공화국' 체제가 시계추처럼 반복되고 있었다. (여순사건) 이후로 1950년 봄까지 지리산 주변 마을들은 밤이 되면 입산한 반란군들이 부락을 덮쳐 '밥 지어라, 쌀 내놔라' 하며 의복이나 신발을 강탈하고 총을 쏘면 총성이 멀리 들린다고 총검으로 부락민들을 찔러 죽였으니 주민들이 협조하지 않을 수 없었다. ··· 이런 생활이 계속되는 가운데 어쩌다 쌀을 빼앗기거나 밥을 해주었다고 지서에 알리기라도 하면 반란군은 반란군대로 왜 연락을 했느냐 보복을 하고 경찰이나 토벌군은 부역자라 하여 끌고 갔으니 이래저래 산간 오지에 사는 사람들은 죽지 못해 사는 어려운 생활을 했다."

이승만 정부는 1949년 겨울 군·경찰의 강력한 동계토벌작전을 전개했고, 빨치산들은 치명타를 입었다. 이승만 정부는 1949년 한해동안 남로당세력 소탕에 주력했는데, 1950년대에 들어서서는 남로당 서울지도부와 지방당도 모두 궤멸되었다. 그래서 북한군이 남침했을 때 박헌영의 기대와 달리 남한 각지 남로당 등 좌익세력의 호응이 거의 없었던 것이다.

좌익세력의 궤멸은 박헌영 남로당이 자초한 측면이 많았다. 박헌영은 자신의 정치적 기반을 강화하기 위해 무모한 폭력·유격투쟁을 계속했는데, 그 결과 남로당과 빨치산은 집중적인 색출과 토벌 대상이 되어 제거된 것이다. 6·25전쟁 전의 빨치산 활동은 남한을 크게 혼란하게 했지만, 국민들에게 좌익세력의 위험성을 깨닫게 주었고, 정부가 1949년 남로당 소탕과 빨치산 토벌작전을 적극 전개하게 함으로써, 6·25전쟁 때 공산화를 막을 수 있었다.

조정래의 『태백산맥』(1-10권)은 지리산 빨치산을 소재로 그린 대하소설인데, 출발점을 여순사건으로 삼고 있다. 소설 『태백산맥』은 전남 보성군 벌교읍을 주 무대로 하여, 1,000여명의 잔당들이 입산한 1948년 10월 28일부터 시작하여 6·25전쟁 과정을 지나 1953년 7월 휴전협정 직후까지를 배경으로 그리고 있다. 이 『태백산맥』은 빨치산을 주인공으로 그린 소설로서, 반대한민국적이다. 이 소설을 읽은 독자들에게 국가정체성에 대한 큰 혼란을 야기하고 있다.

어느 대학생이 소설 『태백산맥』을 읽은 후 받은 충격을 이렇게 고백했다.

"이번 방학 때 읽었습니다. 충격이라… 도서관에서 공부하다가 할머니 돌아가셨다는 소식 접했을 때 정도의 충격요? 알고 있던 세상이 무너져 내리는 느낌요. 내가 알고 있던 보수는 진짜 보수가 아니었구나. 지들 밥그릇 챙기기 위해서 뭉친 집단에 불과하구나. 이런 느낌요."

이러한 잘못된 역사관 주입은 한 학생의 인생관 자체를 망칠 수 있다. 그래서 빨치산 추모제를 참가한 학생들도 이와 같은 후유증을 낳을 수 있다.

여수14연대반란사건은 대한민국 살린 계기

대한민국은 여수14연대반란사건으로 인해 좌익세력의 위험성을 깊이 깨달았다.

이승만 대통령은 경찰로부터 군내 좌익들의 실상을 보고받고 충격을 받은 후 로버츠 미군사고문단장을 불러 "당신네가 국방경비대를 만들면서 좌·우익을 가리지 않고 아무나 받아들이는 바람에 군 내부가 이 지경이 되고 말았소."라고 질책했다.

대한민국 국회도 좌익세력의 위험성을 깨닫고 국가보안법을 제정(1948.12.1)해 처벌할 법적 근거를 마련했다. 정부는 이 법을 근거로 1949년부터 군 내부의 좌익군인들을 제거하는 숙군작업을 전개했다. 숙군작업의 결과, 좌익군인으로 드러난 4,749명을 제거했고, 수사 중 5,568명이나 탈영했다. 이들의 총수는 10,317명인데, 육군총병력의 약 10%가 군 내부에 침투한 좌익 공산세력이었다는 것이다.

이승만 정부는 1949년 한해동안 국가보안법을 근거로 사회 곳곳에 암약하는 남로당세력을 뿌리 뽑는데도 전력을 다했다. 검찰과 경찰은 남로당 소탕작업에 박차를 가했는데, 특히 1949년 남로당 9월 공세를 앞두고 남로당 서울시당 간부 홍민표는 서울시당 간부들을 설득, 전원 집단전향하도록 했다. 정부는 이들을 경찰로 특채하여 남로당세력을 색출하는데 투입해 큰 성과를 거두었다.

경찰로 특채된 남로당 출신 홍민표 수사팀은 1950년 6 · 25전쟁 발발 전인 3.15 남로당총책 김삼룡과 정치고문 이주하를 체포했고, 5.15 김일성이 남파한 최대간첩 성시백을 체포하는 데 성공했다. 이를 담당했던 선우종원 검사는 자서전 『사상검사』에서 홍민표의 전향에 대해 "홍(민표)의 전향과 그의 전폭적인 협력이 없었다면 우리나라는 극도의 혼란의 와중에서 헤어나지 못했을 것이며 굳게 뿌리박은 공산당의 비밀조직을 파헤치지 못했을 것이다. … 홍민표의 존재는 대한민국의 공안경찰과 사찰경찰에게 백만 대군을 안겨주는 격이 되었다. 전국 방방곡곡에 박혀 있던 공산도배들은 그의 공적으로 완전히 뿌리 뽑혔고 새로이 움트는 싹마저 완전히 뭉개버렸다."고 극구 칭찬했다.[82]

정부는 또한 1949년 '국민보도연맹' 이라는 단체를 만들어 좌익 성향 인물들을 전향시키는 운동도 전개했다. 군은 1949년 혹독하

---

82) 선우종원, 『사상검사』(계명사, 1993), pp130-139.

게 추웠던 겨울을 이용하여 지리산, 백운산(전남 광양), 회문산(전북 순창) 등 산악을 거점으로 활동하던 빨치산도 대거 토벌했다.

이렇듯, 여수14연대반란사건은 6·25전쟁 전에 좌익의 위험성을 알리고 소탕할 수 있는 계기를 제공해준 사건이었다. 이 사건을 계기로 국가보안법을 제정했고, 이 법을 통해 군내의 좌익을 제거하고 사회 내 남로당 조직을 붕괴시킬 수 있었으며, 지리산 등지에서 유격전을 벌이는 빨치산을 토벌할 수 있었다. 그런 후에 6·25전쟁이 일어났기 때문에, 북한군 남침 시 동조반란을 막고 대한민국의 공산화를 막을 수 있었던 것이다.

2) 6·25전쟁과 남한 좌익의 활동

6·25전쟁은 세계전쟁사 중에서도 민간인 피해가 가장 많았던 "참혹한 전쟁"이었다. 군인들만이 아니라 민간인들도 합세하여 서로 죽이고 죽는 전쟁이었다. 전쟁터가 아닌 후방 마을 곳곳에서도 참혹한 시신들이 너무 많이 발견되었다. 마을에서 일어난 이 전쟁의 실상을 알아야만 6·25전쟁의 본질을 제대로 이해할 수 있다.

우리 국민들은 6·25전쟁에 대해 학교에서 배우기는 했지만 주로 군사적 충돌 측면에서만 배웠다. '북한군의 남침, 미군 참전, 낙동강전투, 인천상륙작전, 중공군 개입, 장진호전투, 백마

고지 전투, 휴전 등' 이다. 군사전투만 볼 경우, 6 · 25전쟁의 본
질적 측면인 자유민주주의체제냐 공산 · 사회주의체제냐를 놓
고 벌인 체제전쟁, 사상전이라는 본질을 놓치기 쉽다. 6 · 25전
쟁은 공산주의체제인 북한이 소련과 중공(중국공산당)의 지원 아
래 자유민주주의체제인 대한민국을 적화(공산화)하기 위해 일으
킨 체제전쟁으로서, 공산주의체제를 원하는 국민과 공산주의
를 반대하는 국민도 전쟁에 합세한 사상전이었다.

남한 좌익이 없었으면 6 · 25전쟁은 일어나지 않았다

우리는 지금까지 6 · 25전쟁을 일으킨 주역은 김일성으로만 알
고 있다. 그러나 사실은 박헌영도 중요한 역할을 했다. 박헌영
은 자신이 관리하는 남로당세력과 빨치산의 조직력과 투쟁력
을 믿고 김일성을 계속 부추겼기 때문이다. 6 · 25전쟁 당시 북
한군 부총참모장을 했던 김상조(소련 망명)도 1991년 한국일보의
『증언 김일성을 말하다』(85쪽)에서 "일단 서울을 점령하면 남한
전역에 잠복해 있는 20만 남로당 당원이 봉기, 남한 정권을 전
복시킬 것이라는 박헌영의 호언장담을 철석같이 믿고 있었다."
고 증언했다.

김일성은 1949년 3월 전쟁을 승낙해달라고 스탈린을 설득하러
모스크바로 갔는데, 이때도 박헌영이 동행했고, 스탈린 설득

논리도 박헌영이 제공한 것이었다. 김일성이 스탈린을 설득하려고 했던 말이 공산당서기장을 했던 후르시쵸프 회고록에 나와 있다. 회고록에 따르면, "그(김일성)는 남한에 한두 번 자극을 주기만 하면 내란이 일어나서 인민의 힘으로 승리를 거둘 수 있을 것이라고 했다"는 것이다. 남한을 침략하기만 하면 남한에 있는 좌익세력, 반이승만세력이 반란을 일으켜 줄 것이기 때문에 손쉽게 승리할 수 있다는 논리였다. 박헌영은 전쟁 개시 직전인 5.17 전군 주요 지휘관이 모인 자리에서 "인민군이 서울만 점령하게 되면 지하에 잠적한 20만 남로당원이 들고 일어나고 인민들이 봉기하여 남한의 잔여지역을 해방시킬 것이다."라고 말한 데서도 잘 알 수 있다.

결론은 박헌영이 김일성과 스탈린을 설득할 수 있었던 것은 바로 남한에 있는 20만명의 남로당과 빨치산이었다. 남한의 좌익이 없었으면 스탈린을 설득할 수 없었을 것이다.

김일성의 방송과 남한 좌익

김일성은 6월 28일 서울을 점령하자 방송을 통해 남한 전체 주민들을 향해 "모든 역량을 빨치산 활동을 전개하여 (국군의) 후방을 교란하고 도처에서 인민폭동을 일으켜 군수물자 수송을 하지 못하도록 방해할 것"을 지시하고 "인민군대를 적극 원조"

하라고 지시했다. 그는 아울러 공산주의 속성대로, 반동분자 숙청을 지시했다.

또한 김일성은 남침 직후 방송이나 전단지, 포고문 등을 통해 "반동분자, 비협력분자, 도피분자를 적발하여 무자비하게 숙청하라", "반역자는 무자비하게 처단하라"[83], "국군장교와 판·검사는 무조건 사형에 처하고, 면장, 동장, 반장 등은 인민재판에 부친다"[84]는 등 학살 지령을 지속 하달했다.

점령통치에서 좌익의 역할

북한군은 전쟁 후 3일 만에 서울을 점령했고, 7월 말에는 경상남·북도 일원을 제외하고는 전 국토를 장악했다. 북한군은 점령 후 인민위원회(행정 조직), 내무서(우리의 경찰서)와 치안대(마을 치안조직) 등 통치조직을 만들고 동네의 좌익분자들을 동참시켰다. 북한군과 남한 좌익분자들이 행한 악행은 우익인사 학살, 의용군 징집, 유력인사 납북 등이었다.

북한군은 남한 좌익분자들을 앞세워 경찰, 군인 가족, 지주, 자

---

83) 전라북도 경찰국, 『꽃피는 산하 - 6·25의 흔적을 찾아서』(전라북도 경찰국, 1980) (김 필재, "한국전쟁 시기 인민군 및 左翼측의 민간인 학살 행위", 코나스넷, 2005년 9월 5일자 기사에서 재인용).

84) 『정치범은 자수하라』·『반동분자 처리지침』(김필재, "한국전쟁 시기 인민군 및 左翼측의 민간인 학살 행위", 코나스넷, 2005년 9월 5일자 기사에서 재인용)

본가 등을 반동분자로 지목하여 살생부 명단을 만들고, 가가호호 수색하여 이들을 체포한 후 인민재판, 무단 처형 등을 통해 학살했다. 당시를 겪었던 사람들은 "그때가 되니 이웃이 더 무섭더라."라고 증언하곤 한다. 이는 북한군보다 그 지역 사정을 잘 아는 동네 좌익분자들이 더 큰 역할을 했음을 의미한다.

북한군은 남한 젊은이(18-37세)들을 15만여 명이나 강제 징발하여 낙동강전선 북한군에 훈련도 없이 투입해 총알받이로 죽게 했는데, 이들을 징집한 것은 남한 통치조직이 총동원되었는데, 해당지역 좌익 부역자들이 주도적 역할을 했다. 이로써 낙동강전선에 투입된 북한군 주력부대들의 70-80%가 남한 출신 병사들이었다.[85] 북한군은 8만여 명이나 되는 남한의 인재를 북한으로 납북해 갔는데, 납북자 중에는 정치인이 많았는데, 제2대 국회의원 210명 가운데 원세훈, 안재홍, 조소앙 등 27명이 납북되었고, 특히 제1대 국회의원(제헌의원)은 200명 가운데서 50명이나 납북되었다.[86] 이들을 마을에서 잡아들인 것도 바로 동네 좌익분자였다.

북한군이 마을점령통치 때 그 동네 좌익분자들을 적극 활용했던 것은 ▷후방에 배치할 인력이 많지 않기 때문이기도 했지

---

85) 85 박명림, "1950 전쟁과 평화"(나남, 2009), pp210-218.
86) 86 정진석, 『납북』(기파랑, 2006), pp21-22.

만, ▷지역주민의 도움 없이는 그 동네의 반동분자 숙청작업을 할 수 없기 때문이다.

인천상륙작전 이후 남한 좌익들의 악행

유엔군과 국군은 9.15 인천상륙작전에 성공하고 13일만인 9.28 서울을 되찾았다. 이를 '9·28서울수복'이라고 한다. 낙동강전선과 남한 전 지역에서 활동하던 북한군은 전의를 상실하고 급속히 북으로 후퇴하기 시작했다. 이때 북한군은 남한 각지에 잡아두었던 이른바 반동분자들을 학살하고 후퇴의 길로 올랐다. 대전형무소의 6,000여 명, 전주형무소의 1,000여 명, 그리고 각 지역 내무서(우리의 경찰서) 유치장들에 가두어 두었던 수많은 인사들을 학살하고 올라간 것이다. 이러한 집단학살은 9.20 전선사령관 김책의 지시에 따른 것으로,[87] 26일에서 30일 새벽까지 집중적으로 이루어졌다. 학살당한 이들을 동네에서 체포한 것은 주로 자기 동네 좌익분자들이었다.

전세가 역전되자, 마을에서 북한군 앞잡이 노릇을 한 좌익 부역자들은 후퇴하는 북한군을 따라 월북하기도 했다. 대략 10만 명 정도가 된다고 한다. 후퇴하지 못한 부역자들은 사태 추이

---

87) 국방부 군사편찬연구소, 『6·25전쟁사(6) 인천상륙작전과 반격작전』(국방부 군사편찬연구소, 2009), pp22.

를 지켜보면서 불안한 마음으로 마을 인근에서 빨치산 활동을
전개했다. 이들은 9·28서울수복 이후 전세가 역전된 것이 분
명해지고 읍내마다 우익들이 모여 유엔군환영대회를 개최하
자, 불안해지기 시작했다. 이들은 그동안 북한군의 앞잡이로서
자행한 악행들이 있기 때문이다. 장차 국군과 유엔군이 오고
경찰이 오면 자신들이 북한군에 협조해 자행한 악행에 대해 보
복을 당할 것을 우려했다. 이들은 보복을 막으려면 씨를 말려
야 한다면서 자신들을 고발할 위험이 있는 인사들을 체포하여
개울가, 우물가, 반공호 등에서 집단처형을 했다. 북한군이 후
퇴한 후 9월 29일 이후 10월에 집중적으로 일어났다.

당시 학살에 가담했던 빨치산 소년단 출신 김서용(가명)에 따르
면, "빨치산들은 보복을 막으려면 씨를 말려야 한다면서 일가
친척들까지 모조리 잡아다가 죽였어요. …. 갓난애들은 자루에
담아서 그냥 던져 버렸구요. 빨치산들에 의해 처형 명령이 내
려진 사람들을 처형하기 위해 개울가로 데려가다 보면 이미
80%쯤은 죽은 사람이 되어 있었던 걸로 기억이 나요. 공포에
정신이 혼미해진 거죠."라고 했다.88)

가장 많이 집단학살극이 일어난 곳은 전라남도였고, 그중에서

---

88) 월간조선사, 『6·25피살자 59964명』(공보처 통계국, 2003), pp26.

도 영광군, 신안군 등에서 많이 일어났다. 영광군에서만 2만여 명 이상이 학살당했다. 영광군 백수면에 있는 장맹룡씨는 10월 중 6촌 이내에 3백여 명이 학살당했다고 한다. 영광군 염산면 은 가장 피해가 심했는데, 면민이 반 이상이 죽었다는 주장도 있는데, 염산교회는 이방호 목사 가족(8명)을 포함 교인 77명 이, 야월교회는 65명 교인 전원이 학살당했다. 그 지역 출신 좌 익분자들로 구성된 빨치산에 의한 학살이었다.89)

북한군이 점령한 3개월 등 6·25전쟁 기간 동안 북한군과 남 한 좌익분자들에 의해 학살당한 민간인 피해 규모는 6만여 명, 12만여 명, 16만여 명(정일권 장군 수기 "6·25비록": 16만 5천여 명) 등 여러 주장들이 있으나, 정부의 공식통계는 1952년 10월 발 간한 "대한민국통계연감"의 12만 8,936명이다.90)

2002년 국립도서관(국립기록보존소)에서 발견된 『6·25사변 피 살자 명부』(공보처 통계국, 1952년 3.31 작성)에는 피살자의 이름과 성별, 나이, 직업, 피해 연월일, 피해 장소, 본적, 주소 등이 자 세히 나와 있는데, 이 자료에 나온 피살자만 해도 5만 9,964명 이다. 이중 호남이 83%에 달했는데, 전남이 4만 3,511명으로

---

88) 월간조선사, 『6·25피살자 59964명』(공보처 통계국, 2003), pp26.
89) 임준석, 『천국소망 순교신앙』(쿰란출판사, 2016), pp40-48.
90) 국방부 군사편찬연구소, 『6·25전쟁 전후 북한군 등 적대세력에 의한 민간인 희생사 건 조사연구 보고서』(국방부 군사편찬연구소, 2013), pp5-23.

72.6%였다. 이 중 영광군이 2만 1,225명이었다. 피살자 중 12%인 2,500여 명이 10세 이하 어린이였는데, 가족집단학살의 증거이다.[91]

대한민국정부, 부역자들에 대한 '무단 보복, 가해 금지' 선포

이승만 정부는 인천상륙작전이 성공한 후 전세가 역전되자, 북한점령통치 기간 피해를 당한 사람들이 가해자에게 사적인 보복을 할 것을 우려했다. 그래서 인천상륙작전이 성공(9.15)한 지 3일 뒤인 9.18 국회는 사형(私刑)금지법을 가결하여 사적인 보복을 못하게 했다. 서울수복 3일 전인 9월 25일에는 육군본부가 군인들을 향해 "민간인에 대한 사적인 가해를 금지"하는 훈령까지 발표하였다. 9·28서울수복 당일은 이승만 대통령이 직접 국민들을 향해 "탈환지역에서의 사적인 원한에 의한 타살, 구타, 구금 금지 등을 촉구"하는 성명서까지 발표하였다. 10월 13일에는 국회에서 "부역자처리법"을 확정해 법에 따라 처벌하도록 했다. 비록 전시상황이라 힘든 면도 많았겠지만, 신생 대한민국이 자유민주주의, 법치주의를 지키기 위해 노력한 흔적이 엿보인다.

1950년 10월 북한지역 마을에서 일어난 민간인 학살극

국군과 유엔군은 38선 이북으로 진격하기로 하고 국군은 10월 1일부터, 유엔군은 10월 9일부터 북진을 시작했다. 국군과 유엔군은 북한지역에 도착했을 때, 곳곳마다 학살된 집단시신들을 발견하고 깜짝 놀랐다. 시신들이 집단으로 발견된 장소는 교화소(감옥), 정치보위부, 내무서, 동굴, 터널, 방공호, 공동묘지, 우물, 개울, 저수지, 바다 등 다양했다. 시신들이 발견된 지역은 황해도, 평안남·북도, 함경남·북도, 강원도 등 북한 전역이었다. 함북 함흥에서만 2만여 구 이상이 발견되었다. 함흥감옥에서만 700여 구가 발견되고 함흥 북쪽 덕산 니켈 광산 6,000여 구, 함흥 뒷산 반룡산 반공굴 8,000여 구가 발견되었다.[92]

북한군은 국군이 동해안에서 북진을 개시한 10월 1일에 퇴각하며 학살을 시작했다. 유엔군이 북진을 개시한 10월 9일 이후에는 대대적인 집단학살극을 벌였는데, 이들이 학살한 대상은 '반동분자'로 의심되는 사람들이었다. 반체제세력으로 지목된 사람들 중에는 목사 등 기독교인들이 많았다. 한화룡씨가 쓴 『1950년, 황해도 신천학살사건의 진실, 전쟁의 그늘』에 따르면, 황해도 도당은 1950년 10.11 북으로 철수하라는 명령

91) 월간조선사, 『6·25피살자 59964명』(공보처 통계국, 2003)
92) 박계주, 『자유공화국 최후의 날』(정음사, 1955), pp78. ; 박남식, 『실락원의 비극』(문음사, 2004), pp169-172. (한화룡, 『1950년 황해도 신천학살사건의 진실, 전쟁의 그늘』(포앤북스, 2015)에서 재인용).

과 함께 정치보위부와 내무서에 "국방군(대한민국 국군 지칭)과 국제연합군(유엔군 지칭)에게 협력하는 자들을 말소"한다는 명분으로 "반동들을 색출 검거하여 무자비한 숙청을 감행"하라는 명령을 하달했다. 이에 따라, 황해도 신천내무서(경찰서)에서는 10.13 신천읍과 각 면에서 교수장, 총살장 등을 설치하고 지역 공산당원들이 긴 칼과 죽창을 들고 집집마다 다니면서 부엌, 헛간, 뒤주 등을 샅샅이 뒤지며 예비검속하여 학살을 한 것이다.93)

10월 19일 평양에 처음으로 도착했던 1사단장 백선엽 장군은 자신의 수기 『군과 나』에 평양교화소에서 본 집단학살 현장을 생생하게 증언하고 있다.

"평양형무소를 들렀을 때다. 끔찍한 광경을 목격했다. 우물마다 시체가 가득하고 맨땅 곳곳에도 생매장한 시체가 헤아릴 수 없을 만큼 많았다. 적들은 납북인사와 소위 그들이 말하는 '반동분자'를 모조리 학살하고 달아난 것이었다. 일대는 악취가 가득하여 숨쉬기조차 힘들었다."94)

---

93) 한화룡, 『1950년, 황해도 신천학살사건의 진실, 전쟁의 그늘』(포앤북스, 2015), pp88-92.
94) 백선엽, 『군과 나』(시대정신, 2010), pp129.

1950년 12월 중공군 공세로 전세 역전

1950년 12월, 서쪽으로는 압록강 부근까지 동쪽으로는 개마고원까지 진격했던 유엔군과 국군은 중공군의 공습으로 다시 후퇴의 길에 나서게 되었다. 전세가 다시 역전되자, 남한 각지에 은거하던 빨치산들은 힘을 얻어 다시 활발히 게릴라 활동을 하였다. 그 규모는 5-6만 명에 이르렀다. 6·25전쟁 직전 대한민국 국군 전체 숫자가 10만 명 미만이었다는 점을 고려한다면 엄청난 규모라 할 것이다. 그래서 '낮에는 대한민국, 밤에는 인민공화국'이라 할 정도로 혼란했고, 인근 주민들의 고통이 심했다.

1951년 말 빨치산 토벌활동

전쟁이 소강상태에 빠진 1951년 말, 이승만 정부는 겨울을 통해 빨치산 토벌에 나섰다. 백선엽 장군을 중심으로 한 백야전전투사령부(5만명)를 구성하여 지리산 등지의 빨치산을 집중적으로 토벌하는 데 성공함으로써, 안정을 찾을 수 있었다. 지리산 등지의 빨치산 토벌을 완료하고 지리산을 개방한 것은 1955년 5월이었다.

3) 1950년대 후반 좌경조직 재건 시작

국민들은 6·25전쟁을 겪으며 반공의식으로 무장했고, 이승만 정부의 강력한 반공정책에 동의했다. 따라서, 남한에 있던 좌익세력은 각자 사상을 숨기고 살 수밖에 없었다. 그러다 조봉암의 진보당 결성(1955.12) 이후 대학교를 중심으로 조금씩 '좌경이념서클'이 조직되기 시작했다. 서울대 문리대의 신진회(1957), 서울대 법대의 사회법학회(1958), 고려대 경제학과의 협조회, 부산의 암장(1955) 등이 그것이다. 이들은 1960년대 초 남북학생회담 추진 등 좌익·좌경학생운동에서 중추적 역할을 하였다.

05 민주당 정부 시기(1960.4-61.5)

(1) 민주당 시기, 북한의 대남공작

김일성은 4·19혁명 직후 대남지하당을 구축하지 않은 것을 크게 후회했다고 한다. 그는 "4·19인민봉기는 실패했다. 학생들의 투쟁은 민주당에 의해 좌절되었다. 이른바 반미반정부투쟁으로 이끌지 못했으며, 지하당 핵심을 가지지 못했기 때문에 혁명에까지 진출, 발전시키지 못했다. 4·19는 부르조아인텔리에 의해 지도되었기 때문에 피는 흘렸으나 실패했다"(김일성, 송도정치대학 연설, 1960)라고 말했다.

4·19혁명은 북한이 대남공작을 적극화하는 계기가 되었다.

김일성, "4·19 같은 좋은 기회 절대로 놓치지 말아야"

"우리는 조국을 통일시킬 수 있는 좋은 기회를 두 번 놓쳤습니다. 그 한 번은 6·25이고 또 한 번은 4·19입니다. 6·25 때에는 박헌영의 허위 보고 때문에 기회를 놓치게 되었고, 4·19 당시에는 연락부가 제 구실을 다하지 못해서 놓쳐버렸습니다. 그때 내가 함경도 지방에서 현지지도 하던 도중에 4·19가 터졌다는 보고를 받고 평양으로 달려올 정도로 연락부가 까맣게 모르고 있었습니다. 그래서 우리가 손을 쓸 수가 없었던 것입니다. 우리는 여기에서 심각한 교훈을 찾아야 합니다. 4·19는 남조선 혁명 정세가 무르익은 징조입니다. 이제 다시 한번 4·19와 같은 좋은 기회가 다가오면 이번에는 절대로 놓치지 말아야 합니다. 동무들도 이런 각오를 가지고 언제든지 기회가 오면 즉각 대처할 수 있도록 만반의 준비태세를 갖추어야 하겠습니다.(1974년 4월 대남공작 담당요원들과의 담화)"

김일성은 1974년 4월 대남공작 담당요원들과의 담화에서 밝혔듯이 4·19혁명의 기회를 놓친 것을 후회하면서 간첩양성기관을 증축하여 간첩을 양산했고 각계각층에 간첩을 침투했다. 당시 경찰당국에 따르면, 북한은 4·19 이후 대남공작전술을 바

구어 다량의 간첩을 연속 남파시켰다고 한다. 또한, 북한이
4 · 19 이전에는 통상적인 기밀 정탐 중심의 공작활동을 했는
데, 4 · 19 이후에는 공작전술로 180도 전환했다. 간첩을 각계
각층에 침투시켜 상호 대립 반목을 조성하는 와해공작을 추진
했다. 북한은 이러한 적극적인 공작을 위해 간첩양성기관을 증
축하고 300여명의 간첩을 매일 남파시켰다고 한다. 이러한 공
작전술의 전환은 당시 검거된 간첩들의 자백에 의해 확인된 사
실이다.[95] [96]

북한은 이처럼 결정적 적화혁명 시기가 올 것으로 생각하고 정
치권, 사회 각계로 간첩을 침투하여 친북, 통일 분위기를 확산
했던 것이다.

(2) 좌익세력 실태와 정부의 무기력한 대응

민주당정부(제2공화국) 당시에는 좌익 성향을 가지고 사회주의
적 변혁운동이나 통일운동을 전개한 세력들을 혁신계라고 불
렀다.

민주당정부는 4 · 19학생운동에 의해 어부지리로 정권을 얻었

---

95) 1960.6.12 김재성간첩사건, 1960.7.12 송종식간첩사건, 1960.7.21. 영일만간첩선나포
   사건, 1906.10.14. 국군가장간첩사살사건, 1961.1.18. 반정부 · 반미공작간첩사건,
   1961.3.29. 임경용간첩사건, 1961.4.7. 대진리앞바다어선납북사건 등
96) 대공안보협의회, 『대공안보총서』(정동출판사, 1987), pp457-458.

기 때문에 정권인수 준비가 되어 있지 않았다. 또한, 실권을 행사하는 총리 자리를 놓고 신파(장면)와 구파(김도연)가 경쟁하다가 신파의 장면이 선출되자, 구파가 탈당하여 신민당을 창당하였다. 분당(分黨)으로 세력이 위축된 민주당은 넘쳐나는 대중들의 요구를 통제할 능력이 없었다.

북한의 대남공작 영향으로, 남한 내에서는 혁신 정당·청년학생단체 등 다양한 좌익·좌경단체들이 생성되고 활발하게 활동했다. 이에 숨죽이고 있던 남로당 잔존세력, 빨치산 출신들이 혁신정당, 혁신청년단체 등에 들어가 적극적인 활동을 했다. 이로 인해 김일성체제 옹호 등 친북통일운동, 민주당 정부 퇴진 등 반정부·반체제운동, '양키 고 홈'(미군철수) 등 반미운동 등이 폭발적으로 일어났다. 서울 한복판에서 김일성 장군 만세를 부르는 일도 일어났다.

특히 혁신정당으로는 사회당(남로당·빨치산 등 좌익전력자 주도), 사회대중당 등이 있었고, 청년학생단체들로는 민민청(민주민족청년동맹, 1960.4), 통민청(통일민주청년동맹 : 사회당 외곽조직, 1960.7), 민통련(민족통일전국학생연맹, 1960.11) 등이 활발하게 활동했다. 좌익 성향의 사회당·사회대중당과 민민청·통민청 등은 1961년 2월 통일관련 협의체를 구성했는데, 그것이 민자통(민족자주통일연맹)이다. 민자통의 주요 간부들은 대개 해방 후 좌익활동 전력자들로서 통일운동을 주도했다. 민자통은 1961년 5.13 서울 운동장에서 3만 명이 모인 가운데 "남북학생회담 환영 및 민족 통일 촉진 궐기대회"를 개최했는데, "가자 북으로! 오라 남으로! 만나자 판문점으로!" 등 친북 구호가 울려 퍼졌다.

2공화국은 점차 북한의 대남간첩 침투 급증과 함께 종북·친 북 단체들의 활동이 급증했으며, 반정부, 반미, 친북 데모가 극 심해졌다. 좌익세력의 급진적 활동이 미군 철수, 김일성체제 옹호와 민주당 퇴진으로 나아가자, 민주당 정부는 1961년 3월 데모규제법과 반공임시특별법을 제정하려 했다. 그러나 좌익 세력은 "2대 악법 반대투쟁"을 강력하게 전개하여 이를 무산키 는 등 정치·사회적 혼란을 가중시켰다. 이러한 분위기는 6· 25전쟁을 경험했던 국민들을 크게 불안케 했다.

5·16혁명 직전의 안보 상황이 어땠는지는 1960년 6.25 연합신 문 사설 "불의의 재침기회를 주지 말자"를 통해서도 알 수 있다.

"오늘날 국내외의 정세는 10년 전의 6·25 당시와 대비하여 너무도 유사한 바 있어 공산침략에 대한 경계심을 추호라도 이 완할 수 없는 시기에 처한 것 같다. … 모든 부문이 거의 마비 상태에 있고 … 6·25 직전의 상태를 방불케 하고 있다."

6 · 25전쟁을 겪었던 많은 국민들은 나라의 앞날을 크게 걱정했다. 특히 북한 공산세력과 직접 치열하게 전투했던 군인들이 행동에 나섰다. 그래서 윤보선 대통령도 5 · 16군사정변(군사쿠데타)[97]이 일어났다는 보고를 받으면서 "올 것이 왔구나"라고 말했던 것이다. 그만큼 국가적 위기감이 컸다는 증거다. 장준하 씨도 "'5 · 16혁명'은 위급한 민족적 현실에서 볼 때는 '불가피한 일'" 등 지지하는 글을 자신이 운영하던 『사상계』잡지에 기고하기도 했다. 장면 정부를 지지하던 경향신문도 "드디어 올 것이 왔다"라는 내용의 사설을 실었다. 이런 사실들은 이른바 '5 · 16군사혁명'(군사쿠데타) 당시 체제위기가 심각했음을 반증하는 것이다.

06 박정희 정부 시기(1961.5-79.10)

(1) 박정희 정부 시기, 북한의 대남공작
북한의 대남지하당 공작 본격화와 통혁당 등장
북한정권은 5 · 16군사혁명으로 강력한 반공정권이 등장하자,

---

97) 5.16 명칭과 관련, 박정희 대통령에 우호적 국민들은 5.16군사혁명이라고 하고 5.16군사쿠데타라고 하면 싫어하는 경향이 있다. 그러나 쿠데타, 혁명 모두 정권을 장악하는 방법이고 그 자체가 선과 악을 구별하는 기준이 아니다. 쿠데타도 좋은 것이 있고 나쁜 것도 있으며, 혁명도 러시아혁명처럼 나쁜 혁명이 있고 명예혁명처럼 긍정적인 혁명도 있다. 양동안, "혁명과 쿠데타, 그리고 반란", 『한국에서 혼란스럽게 사용되는 정치사상용어 바로 알기』(도서출판 대추나무, 2020), pp378-40

위장평화 대남공작 대신 지하당을 확대 구축하는 방향으로 전환했다. 1961년 9.11 제4차 노동당대회에서 이 노선을 채택했다. 북한 조선노동당 산하 대남사업총국은 첫 공작원으로 전남 임자도 출신인 김수영을 선발, 임자도에 남파했다. 연고지 공작이었다. 공작 임무를 띠고 고향에 침투한 김수영은 자신의 친동생 김수상과 외삼촌 최영도, 정태묵 등을 포섭했다. 이것이 임자도간첩단(1968.12 적발)이다.[98] 이 간첩단의 주모자 김수상의 추천으로 대구의 김종태(대구10·1폭동사건 관련자)가 대남공작기관에 포섭되었고, 대한민국 역사상 가장 큰 간첩단인 통일혁명당(통혁당)이 등장하게 되었다. 통혁당의 규모는 매우 컸고 오늘날 종북·친북세력의 토대가 되고 있다.

대남공작 총책 허봉학 교체와 무력도발

북한에서는 1967년 5월 대남공작 총책임자(대남사업총국장 겸 대남비서)가 이효순에서 허봉학으로 교체되었다. 허봉학은 현역대장이었고, 김일성이 환갑을 맞는 1972년까지 통일을 달성하겠다는 공로주의에 사로잡혀 있었다. 그 결과, 1.21청와대 기습사건(김신조 등 31명, 1968.1.21), 미해군 정보함 푸에블로호납북사건

---

98) 한기홍, 『진보의 그늘』(시대정신, 2012), pp194-196.

(1968.1.23.), 울진삼척무장공비사건(1968.12.9, 120명, 이승복 어린이 일가족 학살), KAL(대한항공)기 납북사건(1969.12.11.), 동작동 국립 묘지 현충문폭파사건(1970.6.22, 박정희 대통령 암살 기도) 등 무력도 발을 감행했다.99)

1 · 21사태(1968.1)

김신조 등 무장공비 31명(민족보위성 정찰국 소속 124군부대)은 박 정희 대통령 암살을 위해 휴전선을 뚫고 내려와 청와대 기습 을 시도한 사건이다. 이들은 기관단총, 수류탄 등 완전무장한 채 청와대 정문 400m 지점까지 침투하였다. 이들은 청와대 로 가는 검문소에서 최규식 종로경찰서장 등 경찰의 제지를 받고 작전에 실패하자, 최규식 서장을 사살하고 수류탄을 던 진 후 흩어졌다. 군경은 무장공비 소탕 작전을 벌여 김신조를 생포하고 29명을 사살하였다(1명은 북으로 도주). 김신조가 체포 당시 "박정희 목을 따러 왔시다"라고 말했다. 그는 내려올 때 청와대 대통령의 침실 위치와 청와대 주변 방어상태까지 완벽 한 정보를 가지고 왔다고 한다. 이 사건으로 인해 예비군이 창 설되었다.

---

99) 김동식, 『북한 대남전략의 실체』(기파랑, 2013), pp220-221.

울진 · 삼척 무장공비침투사건(1968.11)

북한은 1 · 21사태 실패를 만회하고 동서냉전 해빙 무드(월남전 마무리) 속에서 한반도의 긴장을 고조시키기 위해 울진 · 삼척무장공비(게릴라) 침투사건을 일으켰다. 민족보위성 정찰국 소속 120여 명의 무장공비는 울진 · 삼척 지역을 침투한 후 곳곳에 흩어져서 민간인 학살 등 한국사회를 교란하였다. 북한으로 후퇴하던 일부 무장공비들이 강원도 평창군 진부면 산간마을에 나타났다. 무장공비들은 "나는 공산당이 싫어요"라고 말하는 10세의 이승복 어린이를 대검으로 입을 찢어 죽이는 등 온 가족을 무참히 학살하였다(형 이학관 씨만 난자당했음에도 살아남음).

유신체제 이후 북한의 대남도발 격화

저격당한 육영수 여사(74.8.15)

일본 조총련 소속 문세광(23세)은 북한의 지령을 받고 박정희 대통령을 저격하기 위해 1974년 8월 15일 장충동 국립극장에서 거행된 제29회 광복절 기념식장에 침투해 들어갔다. 두 번째 실탄은 박정희 대통령이 연설하는 연단을 맞추었고, 3번째 총알이 육영수 여사의 우측 머리를 관통해 사망케 했다.

1974년 4월, 김일성은 3호청사 부장회의에서 이 사건을 일으키라는 지령으로 해석되는 발언을 하였다.

"연초부터 박정희가 긴급조치를 연발하고 있다는 사실은 그렇게 강한 탄압에 의거하지 않고서는 더 이상 유신체제를 지탱할 수 없을 정도로 궁지에 몰렸다는 것을 의미하며 이것은 결정적 시기가 박두했다는 징조입니다. 우리는 유신체제가 더 굳어지기 전에 선손을 써야 합니다. 남조선에서 대통령이 출두하는 행사 일람표를 보니까 해마다 8·15 광복절 경축 파티가 경회루에서 벌어지는데 매우 흥미있는 곳입니다. 이번에는 68년 청와대 육박 당시의 교훈이 되풀이 되지 않도록 빈틈없이 잘 준비해야 합니다."

판문점 도끼만행사건(1976.8.6)

미군이 판문점에서 관측에 방해가 되는 미루나무 가지를 절단하고 있었는데, 북한군이 다가와 도끼로 미군을 살해한 사건이다.

(2) 박정희 정부 시기, 좌익세력 실태와 정부의 강력한 반공 정책

1) 박정희 정부의 반공정책 노선

박정희 대통령, '나는 다 알아요. 김일성 일당의 뱃속까지'

박정희 대통령은 남로당 활동을 했었고, 6·25전쟁 때 북한 공산세력과 전투까지 했었다. 6 · 25전쟁 후 육군정보학교에서 좌익세력 실체에 대한 과목을 강의하는 등 공산주의이론과 전략전술 등에 대한 이론체계를 겸비했다. 그래서 그는 "나는 김일성 뱃속에 김일성 일당들이 무엇을 생각하고 있다는 것을 난다 알아요. 거울을 들여다보듯이 나는 다 알고 있는 것입니다" (1969년 경부고속도로 기공식 연설문)라고 자신있게 말했던 것이다.

박정희 장군은 1961년 5.16 이른바 '군사혁명'을 일으키면서 군사혁명공약 6개조를 발표했는데, 대부분 반공을 위한 내용이었다. 제1조는 "반공을 국시의 제1의로 삼고"라고 하여 반공국가를 만들 것을 선언했다. 그는 5 · 16혁명 직후 먼저 국가보안법(반국가단체구성죄) 이외에도 반공법(반국가단체의 찬양 · 고무죄)을 제정해 좌익단체들을 해산시키고 좌익사범 혐의로 2,000여 명 체포하는 등 적극적인 반공정책을 추진했다. 박정희 대통령은 초기에 약속한 대로 집권 18년 6개월 동안 일관성 있게 반공정책을 추진하였다.

국민들은 박정희 대통령의 가장 큰 업적으로 '한강의 기적', '산업화', '중화학공업', '새마을운동' 등을 주로 거론한다. 박정희 대통령이 가난을 물리치려고 노력한 더 깊은 이유는 가난을 물리쳐야 공산주의의 전파를 막을 수 있다고 생각한 데 있었다.

박정희 대통령이 1964년 12월 서독을 방문했을 때, 독일 에르하르트 총리는 박정희 대통령에게 "왜 쿠데타를 했느냐"라고 물었다. 이에 박정희 대통령의 대답은 이러하였다.

> "우리 한국도 서독과 마찬가지로 공산국가들로부터 위협을 받고 있다. 공산국가들을 이기려면 우선 잘 살아야 한다. 내가 혁명을 한 이유는 정권을 탐해서가 아니다. 정치가 어지럽고 경제가 피폐해져 이대로는 대한민국이 소생할 수 없다는 위기의식 때문이었다. 그런데 우리에게는 돈이 없다. 돈을 빌려주면 반드시 국가 재건을 위해 쓰겠다."

에르하르트 총리는 박정희 대통령에게 다정하게 조언했다. '분단국으로서는 경제적 번영만이 공산주의를 이기는 길입니다', '한국은 산이 많던데 산이 많으면 경제발전이 어렵다. 고속도로를 깔아야 한다. 고속도로를 깔면 자동차가 다녀야 한다. 자동차를 만들려면 철이 필요하니 제철공장을 만들어야 한다. 연료도 필요하니 정유공장도 필요하다. 경제가 안정되려면 중산층이 탄탄해야 하는데 그러려면 중소기업을 육성해야 한다', '일본과 손을 잡아라. 이것이 공산주의를 막는 길이다' 등을 강조하며 같은 분단국인 서독이 적극 돕겠다고 말했다. 박정희 대통령은 에르하르트 총리의 조언에 깊은 감명을 받았다. 그는 서독에서 고속도로 톨게이트 등 모든 설계도를 직접 스케치해 왔고, 실제 1967년부터 경부고속도로를 만들 때 그대로 적용하였다.

2) 박정희 정부 시기, 좌익세력의 실태와 강력한 반공정책

제1차 인혁당사건(1964.7)

인민혁명당(약칭 인혁당)은 4·19혁명 이후 처음으로 적발(1964)된 지하당이었다. 인혁당은 남한 공산혁명을 위해 조직한 것으로, 명칭도 남베트남 내에서 공산혁명을 위해 큰 역할을 했던 인민혁명당에서 빌려왔다.[100] 인혁당은 1962년 1월에 만들어졌으며, 1964년 7월 적발되었다.

수사기관은 김상한·김배영 등 인혁당에 연루된 남파 간첩 혐의자들이 북한으로 올라가 검거하지 못했고, 북한과의 연루에 대한 증거도 제대로 확보하지 못했다. 결국 법원은 도예종, 박현채, 정도영, 오병철, 임창순, 이재문 등 인혁당 관계자들에게 국가보안법이 아닌 반공법 위반으로만 처벌하였다. 도예종만 3년 형을 선고하고 나머지에 대해서는 모두 징역 1년의 경미한 형만 선고하였다.

인혁당의 실체가 존재했느냐에 대해 논란이 있으나 인혁당사건 적발의 단초를 제공했던 김정강도 자유공론 1995년 1월호에서 인혁당의 실체를 자세히 증언했고[101] 인혁당에 포섭됐던 박범진 전 의원(당시 조선일보 기자)도 2007.3 인혁당의 실체를 분명히 증언하였다.

"젊은 날 한때 잘못된 생각으로 잘못된 유혹에 빠졌던 일은 제 일생에 씻을 수 없는 부끄러운 과거라 할 수 있습니다. 제가 그 동안에는 공직생활을 하고 신문기자를 하느라 얘기하기가 곤란했어요. ... 그래서 (지금) 진실을 증언하고자 합니다. ...

그러나 사실은 실제로 존재했던 지하당입니다. 제가 입당할 때 문서로 된 당의 강령과 규약이라는 것을 직접 봤고, 북한산에 올라가서 오른손을 들고 입당선서도 한 뒤 참여를 했습니다. 서울대학교 재학생으로는 5명이 참여했습니다. ... 나중에 보니깐 그 중에 일부는 68년 발표된 통일혁명당, 거기에 참여했더라고요. 또 일부는 76년 생겼던 남조선민족해방전선(남민전)에 참여했습니다."[102]

---

100) 안병직, "인혁당은 4·19 후 첫 자생적 공산조직", 뉴데일리, 2012.9.22.
101) 한기홍, 『진보의 그늘』(시대정신, 2012), pp250-256.
102) 한기홍, 『진보의 그늘』(시대정신, 2012, pp251-253.

김문수 전 경기도지사를 전향시켰던 안병직 전 서울대 교수도 인혁당의 실체를 증언했다. 안병직 교수는 박현채, 정도영 등 인혁당 멤버들과 깊숙이 교분을 맺은 탓에 인혁당 사정에 대해 소상히 알 수 있었다고 한다. 안병직 교수는 당사자들이 법정에서 인혁당의 실체를 완강히 부인하고 중앙정보부의 광범한 고문에 의해 허위자백을 했다고 강변함으로써 법적 처벌을 면하는 좌익들의 전형적인 수법을 썼다는 것이다.103) 그는 자신의 경험을 비추어 "그 당시 수사기관에 발각되어 조사·발표된 대부분의 보도 내용들이 기본적으로는 대개 사실"이었고, 자신이 다섯 번 정도 수사기관의 조사를 받으면서 "얻어맞기도 하고 고초를 겪기도 했지만, 그 당시 우리나라의 수사기관이 가능하면 법적 테두리를 지키려고 애쓰는 것으로 느꼈다"면서, "저 개인적인 체험에 의하면 근거가 전혀 없는 일을 억지로 수사하는 일은 없었다"고 언급하고 있다."104)

동백림사건(1967.7)

1967년 5월 17일. 명지대 임석진 조교수는 청와대에서 박정희 대통령과 직접 마주 앉았다. 그는 자신이 유학 당시 동독의 수

---

103) 안병직, 『한국 민주주의의 기원과 미래』(시대정신, 2011), pp159-160.
104) 안병직, 『한국 민주주의의 기원과 미래』(시대정신, 2011), pp146-147.

도 동백림(동베를린) 북한대사관에 포섭되어 북한에 다녀온 간첩이라는 사실을 솔직히 고백하였다. 이러한 임석진 교수의 자백이 계기가 되어, 북한이 해외교민들을 상대로 추진했던 대남공작의 거대한 음모가 드러나기 시작하였다.

중앙정보부는 수사를 하면 할수록 이 사건의 정점에는 윤이상이 있다는 점을 확인했다. 윤이상은 통영 출신으로 1954년-1956년간 경희대 교수로 있다가 1957년 서독으로 유학을 갔다. 윤이상은 1959년 1월 동독에서 북한 공작원에 포섭되어 1963년 4월 입북하여 간첩교육을 받았으며 공작금까지 받고 귀환했다. 그는 1967년 6월 동백림사건으로 검거되어 징역 10년을 선고받고 복역하다가 1969년 3월 형집행정지로 출소한 후 서독으로 돌아갔다. 윤이상은 1987년 김일성 75회 생일을 축 기념으로 "나의 땅, 나의 민족이여"라는 악보집을 바치기도 했다. 북한은 윤이상음악당을 건설(1992)하고 매년 윤이상음악제를 개최하고 있다. 통영시도 윤이상기념관을 건립하여 윤이상 기념행사를 개최하고 있다.

중앙정보부가 관련자들을 수사하면서 동백림간첩단의 실체가 서서히 드러나기 시작하였다. 이들은 동백림(동베를린) 북한대사관 공작원과 접선하거나 직접 북한에 가서 간첩교육과 공작금을 받기도 했다. 이들은 유학생·광부·간호사 등의 명단입수,

지하당 조직 공작, 정계요인 포섭, 선거기간 중 야당 및 혁신계 인사 지지 등 다양한 지령을 수행했다.

중앙정보부는 동백림사건과 관련하여 국외 및 국내인 203명을 수사하여 국가보안법, 반공법, 형법 등 법위반자 혐의가 있는 67명(서독 15명, 프랑스 7명, 미국 3명, 영국 2명, 오스트리아 1명, 국내 39명)을 검찰로 송치하였다. 국내에 귀국해 있던 동백림간첩단 연루자들 대다수는 교수·정치인 등 사회 저명인사로서 정계, 학계, 언론계, 행정부, 입법부 등에서 활동하고 있었다. 얼마나 많은 대한민국의 중요정보가 북한으로 유출되었는지 짐작하기 힘들다.

동백림사건은 참으로 아쉬운 수사였다. 수사 인력은 부족한데 연루자가 너무 많아 부실할 수밖에 없었고, 20일 이상 구속수사 할 수 없었던 법적 한계도 있었다. 특히 유럽 유학생 및 교포들이 포함된 간첩 수사여서 서독과 프랑스 등의 압박을 받아 수사나 처벌을 하는 데 어려움이 많았다. 특히 서독은 한국에 빌려준 차관을 취소하겠다고 통보할 정도였다.

따라서 초대형 간첩단사건의 전체를 다 파헤치지 못하고 일부분만 파헤치다 그만둔 아쉬운 수사였다. 당시 정부에서는 1970년 광복절을 기해 서독 및 프랑스와의 외교분쟁을 해소하기 위해 실형자들의 형집행을 면제하였고, 사형이 확정된 정OO, 정

OO, 무기징역을 받은 조OO까지도 그해 12월 크리스마스 특별 사면으로 석방함으로써 우습게 종결되고 말았다.

통혁당사건(1968.7)

통혁당사건은 6·25전쟁 이후 최대의 지하당사건이다. 통혁당의 주동자는 김종태이다. 김종태(1926년생, 동국대 졸, 운수업)는 대구 출신으로 1946년 대구 10·1폭동사건에 가담한 좌익전력자였다. 김종태는 '임자도간첩단'(1961.12)의 김수상의 소개로 북한에 들어가 조선노동당에 입당하고 간첩교육을 받았다.

남한으로 내려온 김종태는 1964년 6월 조카 김질락, 김질락의 서울대동문 이문규·신영복·박성준 등을 포섭한 후 1965년 11월 통혁당(통일혁명당)을 창당했다. 통혁당은 당강령에서 지도이념을 "김일성의 주체사상"으로 하며 "당의 최고목적은 사회주의·공산주의 사회를 건설하는 것"이라고 분명히 밝혔다.

통혁당은 마오쩌둥(모택동)식 전법, 월남의 베트콩식 게릴라전법 등을 모방하여 청와대 등 주요시설물의 폭파, 테러투쟁 등을 준비하였다. 실제로 북한으로부터 무기를 반입하였는데, 통혁당 수사시 무장공작선 1척, 고무보트 1척, 무전기 7대, 기관단총 12정, 수류탄 7발, 권총 7정, 실탄 140발 등이 적발된 바 있다.

통혁당은 철저히 북한 대남공작지도부의 지령을 받아 활동하였다. 김종태는 4회나 직접 월북하여 지령을 받았고, 167회나 무전으로 지령을 받았다. 통혁당 김종태는 "출판을 통한 사상적화공작을 전개하라"는 북한의 지령에 따라 "청맥" 잡지사를 창업하여(1964.6) 대학생, 지식인들에게 상당한 영향을 미쳤다. 1967년 학사주점이라는 술집을 만들어 자금을 조달하고 접선장소로 활용했다. 통혁당은 주체사상 유전자를 확산하기 위해 서울대 중심으로 대학교 서클과 대중조직을 만들었는데, 새문화연구원(1968.5, 서울대 문리대 출신 이진영 주도), 청년문학가협회(공산주의 문학작품 활동, 선전), 불교청년회(성균관대, 동국대 출신 중심), 동학회(서울대 출신 모체), 민족주의연구회(동국대 출신 모체), 경우회(이종태 주도, 서울대 상대 출신 중심), 기독청년경제복지회(서울대 상대 박성준 주도), 청맥회(서울대 문리대 신영복 주도, 이화여대 출신 모체) 등이 있었다. 안병직 서울대 경제학과 명예교수는 『한국민주주의의 기원과 미래』 책에서 통혁당 활동이 한국 대학교에 얼마나 영향을 미쳤는지를 알게 하는 증언을 했다. 그는 "통혁당의 하부운동은 사실상 제가 근무하던 서울대학교 상과대학에서 가장 활발했습니다. 상과대학에서는 4·19의거 이후 경우회라든지 후진국경제학회라든지 학생들의 학회 활동이 매우 활발하게 전개되었는데 이 학회 활동을 통하여 사상운동도 전개되었습니다. … 65년 전후로는 학생들 사이에서 자생적 공산주의 사상이 광범하게 전개되기 시작했습니다. 신영복씨가 박성준을 통해 경제복지회를 지도하기 시작하고 … 그래서 자연히 상과대학은 통혁당 학생운동의 본마당이 되어버렸습니다." 라고 증언했다.[105] 이를 통해 볼 때, 통혁당이 1968년 적발되어 해체되었지만 그들이 만들어 놓은 조직과 인물이 살아 있는 한 그 사상적 유전인자는 대한민국 대학가를 중심으로 지속 확산되었다고 보아야 할 것이다.

통혁당 관련자 158명이 적발되어 수사를 받았고, 이 중 30여 명이 유죄선고를 받았다. 핵심인사인 김종태, 김질락, 이문규 등 5명은 사형선고를 받았다. 신영복은 무기징역을 받았고, 박성준도 당소조책으로 징역 15년을 받았다.

북한은 김종태 등 통혁당 관련자들이 체포되자, 이들을 구출하기 위해 백방으로 노력하였다. 북한은 이문규로부터 긴급 비밀전문을 받고 공작선이 제주도 서귀포 해안으로 접근하기도 했고(1968.8.20), 김종태를 서울구치소에서 탈출시키려다 실패한 사건(김종태 탈주 미수사건, 1968.9.29.)도 있었다.[106]

북한은 김종태가 사형 집행이 되자, 김종태에게 공화국 영웅

---

105) 한기홍, 『진보의 그늘』(시대정신, 2012), pp201-222.
106) 한기홍, 『진보의 그늘』(시대정신, 2012), pp216-219.

칭호를 내리고 평양 대극장에서 김종태추도회를 개최하였다. 평양 전기기관차공장을 김종태전기기관차 공장으로, 해주사범대학을 김종태사범대학으로 이름을 바꾸고, 평양 시내에는 김종태의 이름을 딴 거리를 만들기도 하였다.

통혁당사건으로 조직원들이 대부분 검거되었으나, 잔존세력들이 1979년까지 통혁당재건운동을 지속적으로 추진하였다. 통혁당재건사건으로 적발된 것만도 9차례나 되었으며, 적발지역도 서울·경기에서 호남과 부산·경북지역까지 널리 퍼져 있었다.

북한은 통혁당이 재건되었다면서 1970년 6월 1일부터 대남흑색선전방송인 "통혁당 목소리방송"을 개시하였다. "통혁당 목소리방송"은 남한의 지하에서 활동하는 통혁당이 방송하는 것처럼 위장하였지만 실제는 황해도 해주에서 송출하는 것이었다. 이 방송은 1985년 8월 "구국의 소리방송"으로 개칭되었다. "구국의 소리방송"은 주체사상 강좌나 북한의 지령사항 하달 등으로 당시 대학가에서 주사파들이 폭증하는데 큰 역할을 하였다. 통혁당을 부활시키려는 북한의 집요한 대남 심리전 공작은 15년이 흐른 뒤 큰 결실을 거둔 것이다.

민청학련사건과 제2차 인혁당사건(인혁당재건위사건)(1974.4)

박정희 정부 때 있었던 공안사건 중에서 가장 논란이 되는 것이 제2차 인혁당사건이다. 인혁당재건위사건이라고도 한다. 제2차 인혁당사건은 1974년 4.3 발생한 민청학련 명의의 유인물 배포 시위를 수사하는 과정에서 드러났다. 제2차 인혁당사건을 알기 위해서는 민청학련사건을 살펴보아야 한다.

1972년 12월 유신체제가 시작된 후 숨죽이고 있던 운동권세력은 1973년 8.8 김대중 납치사건이 발생한 후 본격적인 활동을 개시하였다. 1974년 3월 신학기에 들어 대학생들의 유신 반대투쟁이 전국적으로 일어났다. 이런 가운데 민청학련사건이 발생하였다. 1974년 4.3 서울대, 이화여대, 성균관대 등 서울 시내 각 대학 등교시간에 "전국민주청년학생총연맹(약칭 민청학련)" 명의의 유인물이 배포되고 시위가 일어난 것이다. 정부는 민청학련사건으로 관련자 1,024명을 체포, 수사하여 이중 180여 명을 기소하였고, 최종 27명이 중형을 선고받았으나 실제로 여정남만 사형에 처해졌고, 나머지는 중형 선고와는 달리 곧 대부분 풀려났다. 1975년 2월 대통령특별조치에 의한 형집행 정지로 석방된 것이다.[107]

---

107) 한기홍, 『진보의 그늘』(시대정신, 2012), pp242-249.

민청학련 관련자 중 왜 하필 여정남만 사형을 당한 것일까? 바로 인혁당 관련자들과의 연계성 때문이었다. 중앙정보부는 이철, 유인태 등을 수사하면서 여정남이 간여하였음을 파악하였고, 여정남 수사를 통해 그 뒤에 과거 인혁당사건 관련자들이 조종하였음을 파악한 것이다.

1975년 4월 8일 대법원은 도예종(지도위원), 서도원(지도위원), 하재완(경북지도부 조직담당), 이수병(서울지도부 지도책), 우홍선(서울지도부 지도책), 여정남(전 경북대학생회장) 등 8명에게 사형을, 나머지 15명에게는 무기에서 15년 형을 선고했다.

제2차 인혁당사건은 아무 죄없는 사람을 잡아 고문하여 죄목을 만들어 사형시킨 것은 아니었다. 1974년 2차 인혁당사건 때 구명운동을 하다가 추방당한 시노트 신부도 2005년 4.3 방영된 MBC-TV의 「이제는 말할 수 있다」에서 "자신은 인혁당이 무고하다고 주장한 적은 없으며 다만 형이 무겁다고 말했을 뿐"이라고 말하였다.

인혁당사건의 단초를 제공했던 김정강씨는 『자유공론』 1995년 1월호에서 지금 사형수 가족들은 '인혁당사건은 조작된 사건이라고 주장하고 있지만 좌익의 지하 전위당은 가족들도 모르게 은밀히 결성되는 것이 당연하고 그들 특유의 부인투쟁의 연장선상에 있다.' '좌익들은 인혁당사건이 (조작된 사건으로) 여론화된 것만으로도 일단 대한민국은 부도덕한 집단임을 선전하는데 크게 소득을 올린 셈이다' 라고 주장하였다.

남민전사건(1979.11)

경찰은 1979년 8월 28일 서울 시내 청산학원과 중심가에 뿌려진 극렬한 반정부 불온전단을 적발하였다. 경찰은 이 전단의 내용과 수법을 분석한 결과, 용의자를 찾아냈다. 그것이 바로 남민전의 아지트였다. 여기서 북한의 인공기와 비슷한 기(남민전기)가 나오고 불온책자, 불온전단, 사제 폭탄, 카빈총과 실탄 150발, 김일성 교양강좌와 교시를 육성녹음한 테이프 등도 나왔다. 또한, 남민전의 조직망 도표와 명단까지도 나왔는데, 남민전 조직을 일망타진할 수 있는 결정적 증거물이었다.[108]

명칭을 남조선민족해방전선(약칭 남민전)이라고 정한 것도 남베트남을 적화시키는 데 결정적 역할을 하였던 베트공의 '민족해방전선' 전략을 모방한 때문이었다. 남민전은 "주체사상"을 지도이념으로 정하고 학습하였다. 이들은 북한의 대남방송인 통혁당목소리방송을 청취하고 김일성에게 피로써 충성을 맹세하는 서신을 발송하고 북한과 연대를 기도했다.

---

108) 한기홍, 『진보의 그늘』(시대정신, 2012), pp272-276.

남민전은 1976년 2월 이재문(인혁당 주동자)·신향식(통혁당 관련자) 등이 만든 지하당이었다. 1979년 10월, 경찰은 대규모 간첩단 남민전(남조선 민족해방전선)을 적발하여 84명을 검거하고 이 중 79명을 구속하였다. 남민전은 1960년대의 대표적 지하당인 인혁당, 통혁당 출신 등이 최고지도부를 구성하였고, 그 아래에는 1970년대 대학내 운동권세력인 민청학련 출신들이 포진하였다. 이렇듯 남민전은 남한 내 지하당 사건에서 인혁당-통혁당의 계보를 잇는 매우 중요한 사건이다.

남민전은 주체사상을 공식 표방하고 도시게릴라 방식의 무력투쟁과 민중봉기 등을 통해 대한민국체제를 무너뜨리고 공산혁명을 이루려 하였다. 남민전은 이 목적을 위해 총기를 탈취(예비군 무기고 절취)하고, 폭탄을 제조하였으며, 자금조달을 위해 강도 행각까지 벌였다. 특히 혜성대라는 행동대를 조직하여 종로1가에 있는 금은방을 털고, 동아그룹 회장 최원석 및 럭키그룹(현 LG그룹) 회장 구자영 자택을 무장 침입하여 사람에게 상해를 입히고 금품을 털어가는 등 강도행각을 벌였다. 이들은 이병철 삼성그룹 회장, 정주영 현대그룹 회장 등을 대상으로 한 강도행각을 모의했다고 한다.

07 1980년대, 체제전쟁 실상

(1) 1980년대, 북한의 대남공작

1979년 이후, 북한은 김정일세습체제를 구축하던 시기로서, 김정일의 존재감을 부각시키기 위해 강력한 도발행위를 자행했다. 대표적인 것이 아웅산폭파사건(1983), KAL기 폭파사건(1988) 등이다.

미얀마 아웅산묘소 폭파사건(83.10.9)

1983년 10월 8일 10시경, 전두환 대통령 일행이 미얀마(당시 국명은 '버마')에서 독립영웅 아웅산묘소 참배를 준비하던 중 인근에 대기중이던 북한공작원이 미리 묘소 실내 천정에 설치한 원격폭탄을 터트려 서석준 부총리, 이범석 외무장관 등 17명 사망, 14명을 부상케 한 대형 대남공작사건이다.

대한항공 858기 폭파사건(87.11.29)

1987년 11월 29일 14:05경, 이라크 바그다드에서 출발하는 서울행 대한항공 858기가 미얀마 상공에서 공중 폭발하였다. 이 사건으로 근로자 80여 명 등 탑승자 115명이 전원 사망하였다. 범인들은 북한의 대남공작조로, 일본인 '신이치'로 가장한 김승일과 '마유미'로 가장한 김현희였다.

이 사건은 88올림픽 개최를 무산시키기 위해 김정일이 직접 지령하여 이루어진 것이다. 김정일의 친필지령 내용은 다음과 같다.

> ① 당은 남조선측의 두 개 조선책동과 올림픽 단독 개최 책동을 막기 위해 대한항공기 1대를 폭파키로 결정하였다.
> ② 시기적으로 중요한 이번 사업은 세계 모든 국가들의 올림픽 참가의사에 찬물을 끼얹게 될 것이며 남조선 괴뢰정권은 치명적인 타격을 받게 될 것이다.
> ③ 반드시 성취시켜야 하며 절대 비밀이 보장되어야 한다.

(2) 1980년대, 좌익·좌경세력의 실태와 정부의 대응

1980년대 586운동권이 어떻게 만들어지고 세력확장을 했을까?

10·26사태와 전두환 신군부의 등장, 그리고 대학가

1979년 10.26 박정희 대통령이 중앙정보부장 김재규에 의해 시해되었다. 이 사태는 대한민국에 새로운 폭풍을 몰고 오는 분기점이었다. 10·26사태로 계엄이 내려진 가운데, 전두환

보안사령관겸 합동수사본부장 등은 10·26사태에 정승화 육참총장이 연루된 것으로 나타나자, 1979년 12월 12일 정승화 육참총장 겸 계엄사령관을 총격전 끝에 연행하는 12·12군부쿠데타(12·12사태)를 일으켜 군권을 장악하였다.

10.26사태 이후 대학생들은 "멀지 않아 자유민주주의시대가 올 수 있겠구나" 생각해 들떠 있었고, 김대중, 김영삼, 김종필 중심의 3김 민주화세력도 각기 세력을 모으며 장차 있을 대선을 대비했다. 그러나 전두환 보안사령관 주도 신군부세력은 '12·12사태' 라는 군사쿠데타를 시작으로 점차 정국의 주도권을 장악해 갔다. 1980년 3월 개학 이후, 대학생들도 정국을 관망하다가 전두환 장군이 정권을 잡을 것이라는 여론이 확산되면서 저항운동에 나섰다. 1980년 5월 들어 전국적인 학생시위가 일어났는데, 1980.5 서울역 학생시위, 5·18 광주민주화운동이 그 연장선상에서 일어난 것이다. 서울에서는 1980년 5.15 서울역광장에서 10만여 명이 참여하는 대규모 학생시위가 일어났다. 이에 대해 신군부는 1980년 5월 17일 비상계엄을 전국으로 확대하는 비상계엄전국확대조치를 취하였다. 그리고 김대중·김종필 구속, 김영삼 가택연금, 언론통제, 대학 휴교령, 직선제 헌법개정 중단 등의 조치도 취하였다. 이것은 대학생들의 더 큰 반발을 불러 일으켰다.

박정희 대통령 서거 이후 자유민주주의 시대가 열릴 줄 알았는데, 다시 군부가 정권을 잡은 데 대한 실망감과 분노감이 컸다. 이러한 대학가의 절망감과 분노감을 활용해 폭발하도록 공작한 것이 북한과 반체제 좌익세력이었다.

1980년대 좌익·좌경세력의 기폭제 5·18사건

1980년대는 좌익·좌경세력이 태동하고 폭발적으로 성장한 시기인데, 그 결정적 기폭제는 1980년 5월 발생한 5·18광주민주화운동이었다.

1980년 5월 18일 열린 전남대 앞 시위가 발단이었다. 대학생들은 전두환 퇴진, 계엄해제, 김대중 석방 등을 주장하며 공수부대 계엄군과 대결하였다. 공수부대의 진압에 분노한 시민들이 가세하고, 일부 유언비어들이 유포되면서, 시위는 광주 전역으로 급속히 확대되었다. 결국 계엄군은 사태가 심각해지자 진압작전에 돌입했고, 시위대들은 경찰무기고들을 탈취하여 무장투쟁에 나섰다. 이러한 5·18광주민주화운동은 165명의 민간인 사망자와 1,000여 명의 부상자를 낳고 5.27 종결되었다.

이 사건의 정치적 해석을 떠나 호남 지역민들이 피해의식과 반정부 정서를 가지는 계기가 되었으며, 대학생들도 전두환 정부에 대한 비판의식을 공유하는 계기가 되었다. 대학생들은 점차 자유민주화의 요구를 넘어 독재 타도의 방편으로 사회주의사상을 받아들이는 좌익운동권 활성화로 나아갔다. 5·18은 이후 운동권 선배들이 후배들을 끌어들이는 교보재로 활용되었다. 운동권 선배들은 후배들에게 먼저 광주민주화운동 당시 처참하게 죽은 시신들을 보여주며(죽은 시신 사진은 나중에 가짜로 밝혀졌다) 운동권에 발을 담그게 한 것이다.

전두환 정권의 사상적 이해 부족

1980년대 좌익학생운동권의 폭발적 성장은 5·18사건 등 계기도 있었지만, 전두환 군사정부세력이 사상에 대한 이해가 부족했다는 점도 하나의 요소로 작용했다. 즉, 전두환 대통령 등 신군부는 공산주의에 대한 이해가 이전 세대에 비해 부족했다. 전두환 대통령도 1951년 육사에 입학해 4년간 학교를 다녔고, 6·25전쟁에 직접 참전하지 않은 세대다.

이승만 대통령과 박정희 대통령은 신군부와는 공산주의에 대한 이해도 면에서 차이가 났다. 이승만 대통령은 러시아 공산혁명이 일어난 직후부터 공산주의 실체를 간파했던 세계적인 국제정치학자이고, 실제 6·25전쟁을 진두지휘했던 장본인이었다. 박정희 대통령 또한 공산주의 사상에 해박했다. 그는 실제 남로당 활동도 했었고, 육군정보학교에서 좌익사상을 가르치기도 했으며, 6 · 25전쟁에서 군 지휘관으로 참전해 공산주의 해악상을 직접 목격했었다. 그는 5 · 16군사혁명 공약으로 제일 먼저 반공을 내세웠고 실제로 18년 반 통치기간 동안 반공정책을 가장 우선시했다.

사상분야 전문가인 양동안 명예교수는 신군부세력 중 사상에 대한 이해를 제대로 한 인물은 몇 명에 불과했다고 증언할 정도다. "학생들이 호기심 때문에 공산주의 서적을 탐독하는 것 같다. 대량으로 서적을 출판해 널리 보도록 하면 호기심이 줄어들어 공산주의를 멀리할 것이다"는 이상한 논리로 이념서적을 해금조치한 사례가 단적인 예이다.

전두환 대통령과 신군부의 사상적 이해 부족은 정책으로 나타났다. 전두환 정부 때 신군부의 등장으로 반공정책을 추진했던 인물들이 대거 밀려났다. 특히 불행하게도 박정희 대통령을 시해한 인물이 대한민국 체제수호기관인 중앙정보부 수장인 김재규였다. 도저히 있을 수 없는 일로 인해, 중앙정보부는 5개월여간 모든 업무가 중단되었다.(이 공백기에 북한의 대남공작이 폭발적으로 일어났던 것으로 분석) 중앙정보부 국장(1급)들은 보안사에 의해 혹독한 수사를 받았고, 3급 이상 간부들은 모두 해임되었다. 이로 인해, 반공 베테랑들이 일거에 사라지고 오랫동안 축적된 경험이 유실되고 말았다. 이러한 요소들은 좌익운동권이 급증하게 된 한 요인으로 작용했다.

또한, 전두환 정부의 사상적 이해 부족은 좌익사범 처벌과 허술한 관리 실태에서도 드러났다. 처벌이 능사가 아닌 사상범의 특성을 잘 모른 채 처벌–관용조치 등을 반복해 해독성을 키우는 결과를 낳았다. 또한, 전국 사상범들을 같은 교도소에 대거 수감해 놓고 수감자 간 교류, 토론, 사상서적 학습 방치 등 관리부실이 많았는데, 이로써 교도소가 오히려 전국 네트워크 구축, 혁명가 양성학교 역할도 하게 했다.

82학번이 주사파의 주도 학번이 된 배경은?

『82들의 혁명놀음』이라는 책이 있다. 조선일보 우태영 기자가 주사파 선도그룹인 서울대 법대 82학번 김영환 등의 활동 양상을 추적 취재하여 1995년에 출판한 책이다. 이 책 제목처럼 주사파 등 1980년대 운동권의 주도세력은 82학번이었다. 82학번은 재수를 안 했다면 주로 1963년생이다. 82학번이 주사파의 주도세력이 된 배경은 무엇일까?

첫째, 졸업정원제이다. 81학번부터 졸업정원제가 실시되었다. 전두환 정부는 대학생들이 시위하지 않고 열심히 공부하게 하자는 목적으로 졸업정원제를 실시했다. 졸업 가능한 정원의 30%를 더 입학시킨 후 중도에 탈락시킨다는 취지의 제도였다.

공부하지 않으면 탈락되기 때문에 데모에 참여하지 못하도록 하려는 의도였다. 81학번, 82학번이 입학하자 학교는 학생들로 넘쳐났다. 1981년 입학생은 1980년 입학생보다 10만 5,000명 이나 더 늘어났다.[109] 학생들 간의 경쟁과 중도 탈락 우려는 학생들에게 불안감, 불만 의식을 높였고, 반정부, 반체제운동의 자양분 역할을 했다. 무엇보다도 그 엄청나게 늘어난 대학생 규모가 이후 학생운동의 밑바탕이 되었다.

둘째, 1982년에 취해진 이른바 '이념도서 해금 조치'를 들 수 있다. '이념도서'란 마르크스사상 등 반체제 혁명사상을 담은 책을 말한다. 그동안 이런 서적들에 대해 출판 배포를 금지하고 있었는데, 1982년 갑자기 해제한 것이다. 양동안 교수 등 사상전문가들이 정부의 이러한 조치에 반대하기도 했으나 무시되고 실행되었다. 반공의 둑 하나를 무너뜨린 조치였다.

실제로 이념서적 해금조치의 부작용은 매우 컸다. 사회주의, 공산주의 관련 서적들이 우후죽순처럼 출판되었고 서점을 통해 합법적으로 유통되었던 것이다. 이 책을 통해 대학가 이념 서클들은 신입생들을 끌어들여 출판된 책을 통해 대량으로 운동권 학생을 만들 수 있었다. 1985년 군 제대 후 복학한 민혁당

---

109) 동아닷컴[책갈피 속의 오늘], "1980년 대학졸업정원제 도입", 2008.9.5.

출신 한 인사는 '군대에 갔다 오니까 천지개벽이 된 것 같더라. 대학가 서점을 통해 책을 구입해 혁명운동을 할 수 있었다' 라고 증언할 정도였다.

셋째, 1983년 12월, 1984년 2월에 연이어 취한 학원자율화조치이다. 구속 학생들을 석방시키고 제적생 1,369명 중 복학을 희망한 727명을 재입학하는 관용조치를 내렸다. 이들은 대학가에 다시 돌아오자 우후죽순처럼 '이념서클'을 만들었고, 순진한 신입생들을 끌어들여 좌경화로 이끄는 인큐베이터 역할을 했다. 또한, 대학가에 상주하던 사복경찰을 철수시켰는데, 대학가는 '일종의 해방구'가 되었다.

전두환 정부는 왜 이런 학원자율화조치를 취했을까? 그 이유는 정권이 어느 정도 안정되었다는 자신감과 함께 86아시안게임을 앞두고 인권탄압 이미지를 개선하기 위한 목적도 있었다. 관용조치를 내리면 정부에 대한 비판을 중단하고 공부에 충실하지 않을까 하는 순진한 생각도 있었던 것 같다.

넷째, 전두환 정부가 1985년 3월 실시한 학도호국단 폐지와 학생회 부활 조치이다. 전두환 정부는 86아시안게임을 앞두고 정부 이미지를 개선하고, 대학 자치활동을 보장한다는 이유로, 1983년 3월 임명제의 학도호국단 제도를 폐지하고 학생들이 직접 학생회장을 선출하는 학생자치의 학생회를 부활했다. 이로써 학생운동권은 총학생회 조직을 완전히 장악했고, 단과대, 총학생회 자체가 좌익·좌경 서클화 되었다. 모든 교실 자체가 주사파 등 반체제 운동권 활동공간이었다. 모든 학생은 어쩔 수 없이 그 속에서 4년간 생활을 해야 했다.

586운동권은 '전두환 키즈(kids)' 라고?

현재 대한민국을 주도하는 세력은 586세대 중 좌익운동권 출신이다. 586세대란 '나이가 50대로, 1980년대에 대학을 입학하고 60년대에 태어난 세대'를 지칭하는 의미다. 586이란 말이 생기기 전 1996년 말 좌익운동권 내부에서 386이란 용어가 만들어져 점점 널리 사용되었다.[110] 386은 주사파 등 좌익운동권세력을 지칭하는 용어였는데, 나중에는 1980년대 대학을 다녔던 세대 전체를 의미하는 것으로 확장되었다. 이러한 386이란 용어가 2010년대 와서 80년대 입학했던 운동권세대가 50대에 접어든 점을 고려하여 586이라는 용어로 자연스럽게 교체된 것이다.

주사파 등 586운동권 출신을 일컬어 '전두환 키즈(kids)' 라고 말하는 사람들이 많다. '전두환의 아이들' 이라는 의미인데, 주

---

110) 경향신문, "문재인정부 실세 부상 '해방후 최초 진보세대' 386의 선택은", 2017.5.27. 일자.

사파 등 좌익·좌경운동권은 전두환 대통령에 반발, 분노하면서 대학가에서 생성된 좌익·좌경그룹이라는 의미이다.

『신동아』는 2020년 3월 "386세대, 전두환과 캉드쉬에 빚졌다"는 보도를 했다.

"사실 386세대는 전두환과 미셸 캉드쉬(전 IMF 총재)에게 큰 빚을 지고 있다. 폭발적으로 대학 정원이 늘어난 시기는 전두환 정권 때다. IMF가 강력히 요구한 구조조정과 노동유연화 정책은 1940~50년대생을 은퇴로 내몰았다. 1980~90년대생은 그 여파로 비정규직 세대가 됐다. 말하자면 전두환과 캉드쉬가 386세대의 경쟁자를 제거했다. 만약 민주화운동이 1990년대에 벌어졌고 IMF 위기가 2000년 이후에 도래했다면 지금 386세대가 누리는 권력의 상당 부분을 97세대가 앗아갔을 것이다."[111]

이 기사에 언급한 "말하자면 전두환과 캉드쉬가 386세대의 경쟁자를 제거했다."는 말이 설득력 있게 와 닿는다. "전두환 대통령이 경쟁자를 제거했다"는 말이 참으로 의미심장하다. 전두

---

111) 신동아, "386세대, 전두환과 캉드쉬에 빚졌다", 2020.3.3.자"

환 대통령은 5·18 사건 등을 통해 386운동권이 결집할 수 있는 계기를 마련해주었고, 더욱이 좌익·좌경운동권을 정확히 알고 제압할 수 있는 중앙정보부 대공요원들이나 박정희 시대의 반공세력을 대거 제거했다는 의미도 있는 듯하다. IMF 캉드쉬 총재는 외환위기 당시 우리나라에 강도 높은 구조조정을 요구하여 많은 대기업과 중소기업들이 해체되도록 하였고, 이로 인해 두터웠던 중산층과 산업화세력, 자본주의세력이 크게 약화되었다.

1980년대 주사파 등 운동권 확산 배경들

소양강댐의 물이 다양한 주변 강줄기로부터 유입된 것이듯, 대학가 운동권도 다양한 발원지로부터 좌익 유전인자가 흡수되어 형성된 것이다.

대한민국은 좌익 성향이 강했던 역사적 배경이 있다. 해방공간의 사건 관련자(대구10·1폭동사건, 제주4·3사건 등), 남로당 관련자들과 빨치산 출신들, 6·25전쟁의 다양한 관련자들(부역자, 보도연맹원, 월북자가족 등) 등으로부터 유전인자를 받은 경우도 많다. 특히 박정희 정부 시기에 일어난 북한 대남공작사건과 자생 지하당사건들이 있었는데, 인혁당사건(1964), 통혁당사건(1968), 민청학련사건(1974), 인혁당재건위사건(1974), 남민전사건(1979) 등이 대표적이다. 이러한 사건 관련자들이 대학가를 중심으로 활동했으며, 관련자들이 교수 직책에 남아 있으면서 제자들을 양성하거나 서클, 인맥 등을 통해 지속적으로 대학가에 영향을 미쳐왔다. 예를 들어 통혁당 관련자 중 신영복, 박성준 등이 처벌 후 교수직에 있으면서 영향을 미친 것에서 알 수 있다.

1980년대 대학가에서 일어난 586운동권도 그것이 주사파이든 비주사파든 기본적으로 이러한 역사적 유전인자의 영향을 받았다고 할 수 있다. 1980년대 중반부터 본격적으로 일어난 주사파는 자생적으로 발생했다는 주장도 있으나 통혁당, 남민전 등의 영향을 강하게 받았다는 주장들도 많다. 김정익, 이동호 등은 1980년대 운동권 학생들이 교도소나 노동계로 가서 남민전 관련자들을 접촉한 것이 주사파 등장 계기였다고 주장하기도 한다.

또 하나, 북한의 대남방송의 영향이다. 북한은 1985년 일반 대남방송인 「통혁당목소리방송」을 대학생들을 타켓으로 주체사상 강의 등을 하는 「구국의 소리방송」으로 개편했다. 이 방송이 주사파 그룹을 양산하는 데 큰 역할을 했다. '주사파 대부'로 불리는 서울대 법대 김영환도 '구국의 소리방송'과 서울대 도서관에 있는 주체사상 비판 서적들을 통해 주체사상을 공부했다고 한다.[112] 1986년 3월 개학 후 서울대에서 반제국주의 투쟁(반미운동)을 주도하던 반제그룹이 북한에서 송출하는 대남 심리전방송인 '구국의 소리방송'을 듣고 주체사상 등 혁명강좌를 녹취하여 전파했는데, 이는 주사파가 폭발적으로 확산된 시기와 일치한다. 1986년 이후 대학가에서는 매일 등교하면 북한 방송 내용을 가지고 토론을 할 정도로 생활화되었다.

1980년대 중반, 운동권이 주사파로 대세가 기운 이유는?

1980년대 중반 이후 대학가에서 주사파가 급증한 이유는 무엇일까?

첫째, 운동권 학생들이 노동자·농민자들을 결집해 사회주의혁명을 이루는 것이 강력한 공권력을 가진 전두환 정권 아래서 불가능하다는 것을 깊이 깨달았기 때문이다. 즉, '광주사태가 보여준 것처럼 시민군의 무력으로는 도저히 정규군에 맞서 싸울 수 없고, 더 나아가 미국의 군사력에 맞서는 것은 불가능하다. 북한의 인민해방군과 그 무력을 동원하지 않는 한 남조선 해방은 불가능하다는 논리였다. 이를 위해 북조선노동당과 긴밀한 협조하에 남조선 혁명전략전술을 만들어야 한다.' 이러한 논리가 운동권 대학생들에게 먹혀든 것이다.

둘째, 당시 운동권의 이론적 바탕이었던 마르크스-레닌이론 등은 너무 어려웠는데113) 김영환의 이론은 간명하고 쉬웠다는 점이다.114) 북한이 만든 대남적화전략인 NLPDR(NLPDR :

National Liberation People's Democracy Revolution, 민족해방 민중민
주주의)을 받아들이는 것이었는데, 핵심은 미군을 몰아내는 민
족해방에 포커스를 둔 것이었다. 그간 민중혁명의 주력군인 노
동자, 농민을 결집시키기 위해 공장이나 농촌으로 들어가야 했
다면, 이제는 미군을 몰아내는 데만 힘을 쏟으면 되는 것이었
다. 타도 대상을 자본가계급에서 미국(미제국주의와 그 추종세력인
독재정권)으로 옮긴 것이었다. 이제는 마르크스-레닌이론을 한
국 사정에 맞게 머리 싸매고 연구할 필요도 없었다. 그때부터
는 이론 연구보다는 주체사상을 신념화하고 행동하는 것이 더
중요한 상황으로 변했다. 그래서 운동권의 주류도 서울대에서
타 대학이나 지방대로 확산되었다.

주사파의 대세 장악과 좌익운동권의 분열

주사파는 1986년 개학 이후 기하급수적으로 늘어나 86년 말에
이르면 대학가 운동권의 대세를 장악하였다. 대학가는 "위수김
동"('위대한 수령 김일성 동지'), "친지김동"('친애하는 지도자 김정일 동
지')을 상용어로 사용했고, 수시로 인공기가 게양되었다. 대학

---

112) 한기홍, 『진보의 그늘』(시대정신, 2012), pp18.
113) 유물론, 유물변증법, 사적유물론, 계급투쟁론, 노동가치설, 착취설, 프롤레타리아독
재론, 전위당론, 혁명이론, 제국주의론, 전략전술 등 너무나 복잡한 이론이 많았다.
114) 우태영, 『82들의 혁명놀음』(도서출판 선, 2005), pp174-178.

정문 도로 바닥에는 미국 성조기를 그려 놓아 학생들이 밟고 지나가게 했다. 당시 대학생들은 이런 반미 친북 분위기 속에서 4년의 대학을 다녔다. 당시 대학을 다녔던 586세대는 비록 운동권이 아니었어도 그 시대적 영향으로 인해 자연스럽게 친북적, 반미적, 반대한민국적 성향을 갖게 되었다.

주체사상을 전파하기 시작한 지 불과 1달만인 1986년 4월, 좌익운동권세력은 두 그룹으로 양분되었다. 기존의 마르크스-레닌을 추종하는 급진좌익세력에서 새로이 북한의 주체사상을 추종하게 된 종북 좌익세력이 분리 독립한 것이다. 전자 그룹을 PD파(민중민주파), 후자 그룹을 NL파(민족해방파)라고 한다. 이 두 파는 서로 논쟁과 대정부 투쟁을 거듭하면서 사회주의세력을 확산시켰다.

주사파의 6·10항쟁 주도적 역할

주사파가 대학가를 장악해 가는 동안 일반 국민들은 물론 정부조차도 실체를 잘 몰랐다. 사상전문가나 극히 일부 공안관계자들만이 1986년에서 87년 사이 그들의 문건을 통해 대학가의 주도권을 장악한 세력이 북한을 추종하는 주사파라는 사실을 간파할 정도였다.

주사파 등 좌익·좌경학생운동이 정치, 사회의 주역으로 등장

한 계기는 바로 1987년 6월에 일어난 6·10항쟁이다. 주사파
는 자유민주주의체제를 부정하는 세력임에도 불구하고 자유민
주주의체제 내에서 대통령직선제를 요구하는 방향으로 투쟁노
선을 수정했다. 자신들의 주장을 한발 후퇴하여 야당과 연합전
선을 펴는 것이 유리하다는 전략적 판단에 따른 것이었다. 주
사파는 야당과 국민들로부터 폭발적인 호응과 동참을 이끌어
6·10항쟁을 성공시켰다. 이로써 주사파는 "민주화의 주역"이
라는 월계관을 쓰게 되었다.

그런데, 이 과정을 제대로 이해하기 위해서는 6·10항쟁의 배
경과 사건 전말을 개관해 보는 것이 필요하다. 1987년 1월 서
울대생 박종철이 경찰의 물고문으로 사망하는 사건이 발생했
다. 이 사건으로 대학가나 정치, 사회 분위기는 자못 불안한 긴
장감이 흘렀다. 그런 가운데 전두환 대통령은 1987년 4.13 대
통령직선제 개헌에 대한 여·야간 협상에 진전이 없다며 개헌
논의를 중단하고 현행 헌법(대통령간선제)을 유지하겠다는 호헌
선언을 하였다. 이를 '4·13호헌조치'라고 한다. 국민들은 직
접 자신의 손으로 대통령을 뽑는 직선제를 바랐다. 김영삼, 김
대중 등 야당정치인들 뿐 아니라 국민들의 여망이 컸다. 이러
한 가운데, 주사파 등 운동권 대학생들은 대통령직선제 개헌
움직임에 동참했다. 이로 인해 대통령직선제 개헌요구를 하는

시위가 6월 들어 더욱 거세게 일어났고 과격해졌다. 1987년 6월 9일 연세대생 이한열이 시위 중 경찰이 쏜 최루탄에 맞아 혼수상태에 빠졌다. 이 사실은 이튿날인 6.10 신문에 대서특필되었다. 국민들의 분노가 폭발하였다. 이것이 이른바 6 · 10항쟁이다. 이후 정부가 6 · 29선언을 발표할 때까지 20일간 학생 · 시민들이 동참하는 전국적인 초대형 반정부시위가 일어났다. 이것을 통칭 '6월항쟁'이라고도 한다. 정부는 사태의 심각성을 깨닫고 대통령직선제 헌법개정을 수용하겠다고 발표했다. 이것이 1987년 6.29 노태우 민정당 대통령 후보가 국민에게 밝힌 6 · 29선언이다.[115]

주사파 확산에 경종을 울린 양동안 교수

이때, 국민들은 주사파세력을 민주화세력으로 호칭하며 영웅시했다. 그들의 사상적 실체를 간파하고 비판한 사람이 있었는데, 양동안 당시 한국정신문화연구원(현 한국학중앙연구원) 교수였다. 그가 1988년 8월 현대공론에 쓴 "우익은 죽었는가?"라는 글은 30년이 지난 지금 읽어도 소름이 돋을 만큼 사태의 예견력이 뛰어나다.

---

[115] 이희천, 『교양분류한국사』(인영사, 2011), pp395.

그는 전남 순천 출신으로, 어린 시절 여순사건(여수14연대반란사건), 6·25전쟁을 경험하면서 자랐다. 그는 1960년대 서울대 정치학과를 다니면서 좌익·좌경 학생운동권을 관찰했다. 그는 1985-86년경 주사파 등 학생운동권의 자료를 탐구하면서 반체제세력의 실체를 정확히 파악했고, 이들에 의한 혁명운동이 이제는 정부의 힘만으로는 통제할 수 없는 상태에 이르렀다고 보았다. 그는 이러한 체제위기를 막을 수 있는 것은 우익 국민들이 각성하는 도리밖에 없다고 판단했다. 그래서 우익 국민들을 각성시켜 체제수호운동에 나서도록 하려고 "우익은 죽었는가?"라는 논설을 쓴 것이다. 그러나 그는 좌익세력으로부터 집중적 공격을 받아 큰 고통을 당했을 뿐 아니라 우익·우경 국민들로부터도 호응을 얻지 못했다. 국민들은 학생들을 반체제세력이라고 규정한 것에도 동의할 수 없었고, '정부에만 의존할 수 없으니 민간우익이 스스로 나서야 한다' 는 말이 더욱 이해하기 힘들었기 때문이다.

1987년 6·10항쟁 이후, 주사파 대중조직 전대협 결성

주사파 운동권 학생들은 6·10항쟁의 주역이라는 자부심을 가지고 더욱 조직화, 연대투쟁 활동에 박차를 가했다. 먼저, 8.19 충남대에서 전국 95개 대학 4,000여 명이 모인 가운데 전국대

학생대표자협의회(약칭 전대협)를 결성했다.[116] 전대협은 주사파
세력의 대중조직(MO)이었다. 이 전대협을 컨트롤하는 지하조
직도 있었는데, 반미청년회 등이 그것이다. 대중조직(MO)이 공
개활동을 한다면 지하에서 비공개리에 활동하며 대중조직(MO)
을 지휘하는 RO(혁명조직)가 있고, 그 배후에는 VO(전위조직)가
있다. 그 뒤에는 북한의 대남공작기관이 연결되어 있다.

6·10항쟁 이후 노조설립운동 폭발과 그 후유증

1987년 6·10항쟁 성공 이후 가장 큰 영향을 받은 곳이 노동분
야였다. 6·10항쟁 다음 달인 7월에서 9월까지 3개월간 '노동
자 대투쟁'이 일어났다. 대규모 노동쟁의와 대기업·공기업의
노조설립운동이 일어난 것인데, 울산 현대엔진(뒤 현대중공업)에
서 처음 일어나 울산의 다른 대기업과 공기업으로 확산되었다.
울산에서 시작된 이 운동은 부산과 마산, 창원, 거제 등 경남지
역으로 전파되고, 구미, 인천 등 전국으로 확산되었다. 두 달
사이에 발생한 노동쟁의는 총 3,241건에 달해 하루 평균 44건
을 기록할 정도로 대폭발이 일어났다. 과거 노조운동이란 근무
조건이 열악한 중소기업에서 여성 노동자들 중심으로 노조를

---

116) 전대협은 1992년 회원 6만명으로 급증했다.

만들고 노동투쟁하는 운동이었는데, 이때부터는 노조가 없었던 대기업과 공기업 노조가 만들어진 것인데, 거대한 골리앗 노조, 공룡 노조의 등장이다. 대한민국의 경제계를 좌지우지할 노동운동이 이때부터 시작된 것이다.

당시 현대그룹 정주영 회장은 "내 눈에 흙이 들어가기 전엔 노조는 허락될 수 없다"며, 대기업의 노조결성에 반대했으나, 노태우 정부는 노조운동세력의 손을 들어주고 말았다.

거대노조들의 과격노동운동은 전국적으로 일어났고, 사장들이 과격노조원들에 의해 감금, 테러를 당하는 일도 빈번하게 일어났다. 이러한 과격 노사분규로 인해 대기업, 중소기업들의 공장가동이 장기간 중단되는 일이 많았다. 임금도 가파르게 상승했다. 이로 인해 대기업들도 힘들어했지만, 치명타를 입은 것은 중소기업이었다. 중소기업들은 노사분규와 임금상승을 견디지 못하고 휴·폐업하거나 해외로 이전해갔다. 당시 반도체 부품 기업을 운영했던 한 인사는 "당시 평균 임금은 20% 정도 오른 것으로 알고 있지만, 자신의 경우 1987~90년 간 매년 100%씩 직원들의 월급을 올려 주었다"고 했다. 그래서 많은 중소기업들이 1992년 중국과 수교가 되자, 저임금을 찾아 준비도 없이 중국으로 공장을 이전해갔다가 기술과 공장을 탈취당하고 몰락하는 일이 수 없이 발생했다. 한창 고도성장을 하던 대한민국이 추락하는 전환점을 맞은 것이다.

안승천의 「한국노동자운동, 투쟁의 기록」

"1989년 외국인 기업의 자본 철수와 중소기업 휴폐업, 하청 계열화, 인원 감축 등이 큰 문제로 떠오른다. 마산수출자유지역은 1987년 말만 하더라도 총 75개 업체에 3만 6천명의 노동자가 취업해 있었으나, 다국적기업의 감원, 해고, 폐업 등으로 1989년 10월에 1만여 명의 노동자가 직장을 잃는다."[117]

"사양산업에 휴업과 폐업이 속출해 1990년 7월부터 1991년 7월까지 서노협 소속 제조업 노동자 중 절반가량인 4677명이 일자리를 잃는다. 부산에서는 1991년 한해에만 신발공장 463개가 부도나거나 폐업하여 1만 4천 명이 일자리를 잃었다. 그 다음 해는 이보다 더 많은 7만명이 실직한다."[118]

6 · 10항쟁 이후 북한의 주사파 대상 대남공작 개시

북한은 1980년대 중반부터 대학가를 휩쓸던 주사파운동을 지켜보고 있다가 1980년대 말부터 본격적으로 대남공작에 나섰

---

117) 안승천, 『한국노동자운동, 투쟁의 기록』(박종철출판사, 2002), pp112.
118) 안승천, 『한국노동자운동, 투쟁의 기록』(박종철출판사, 2002), pp131.

다. 6 · 10항쟁에 성공한 것을 목격하고 주사파 대학생들의 투쟁력과 활용가치를 인정한 것이다. 이들을 포섭해서 남한을 혼란에 빠트리고 적화통일의 도구로 활용할 수 있겠다는 판단을 하고, 본격적인 대남공작에 나선 것이다. 북한의 대남공작 기관은 1989년 간첩 윤택림을 통해 주사파 김영환을 관악산에서 접선, 포섭에 성공했다. 이어 상당수의 주사파 출신들을 포섭, 월북시켜 간첩교육을 받게 했고, 다시 남파하여 대남공작에 활용했다.[119]

08 1990년대, 체제전쟁 실상

(1) 1990년대, 북한의 대남공작

북한은 박정희, 전두환 정부를 거치면서 합법적 정당을 창당하여 선거를 통한 정권장악이 불가능하다고 보아 테러, 무장공비 침투 등 비합법적 방법인 대남공작을 주로 했다. 그러나 1990년 들어 주사파의 활용가치가 크다는 판단에 따라 이들을 활용한 합법적인 정당을 창당하고 선거를 통해 정권을 장악하는 방법을 다시 강구하게 된 것이다.

---

119) 한기홍, 『진보의 그늘』(시대정신, 2012), pp38-45.

북한의 대남공작 가속화

1997년 한국으로 탈북한 황장엽 선생은 북한의 대남적화전략에 대해 다음과 같이 언급하였다.

> "김정일의 대남전략은 당초 무력도발을 통한 한반도 공산화였으나 중국의 남침 불원 입장에 따라 통일전선전략으로 바뀌었다. 따라서 남한의 좌파정권을 수립한 후 연방제로 통일하는 방향으로 수정한 것이다."

황장엽 선생에 따르면, 북한이 1990년대 들어 적화통일 방법을 무력도발에서 남한의 '좌파정권'을 수립한 후 '연방제'로 통일하는 방향으로 수정했다는 것이다. 다시 설명하면 남한 종북·친북세력을 활용해 통일전선전략(진보대연합, 반보수대연합〈야권연대〉)으로 지지기반을 확장한 후, 선거에서 승리하여 종북·친북 정권을 수립하여 체제를 바꾼 후 북한에 흡수통일하는 '사회주의 연방제 통일'을 이루겠다는 것이다. 북한이 이러한 통일전략으로 변경한 것은 남한 사회에 586 주사파운동권이 널리 퍼져 있기 때문이다.

북한은 1990년대에 대학가에서 양성된 주사파들을 대상으로 지하당 구축을 위한 대남공작을 적극 추진했다. 중부지역당(남

한조선노동당중부지역당, 1992), **민혁당**(민족민주혁명당, 1999), **일심회**
(2006), **왕재산**(2011) 등 지하당들은 적발된 시점은 달라도 그 성
격은 비슷했다. 주동 인물은 1980년대 생성된 주사파 출신이었
고, 북한이 이들을 포섭하고 지령하여 지하당 구축에 착수하도
록 한 시기는 1990년대였다.

중부지역당은 1992년 8월에 적발되었지만 결성된 것은 1991년
7월이다. 주동자 황인오는 사북탄광 소요사태 주동자로서 주
사파 출신은 아니었지만, 1980년대 주사파인 친동생 황인욱(서
울대 재학, 구국학생연맹 핵심)과 그의 친구 최호경을 통해 주사파
들을 끌어들여 지하당을 구축할 수 있었다.

민혁당은 여수반잠수정 침몰(1998.12.17)과 인양(1999.3.17)을 계
기로 실체가 드러났지만, 결성된 것은 김영환이 간첩선을 타고
북한에 갔다 온 후인 1992년이다. 민혁당은 김영환, 하영옥, 이
석기 등 1980년대 주사파 핵심들이 결성한 지하당이다.

일심회는 2006년 10월에 적발되었지만, 그 뿌리는 1989년경
으로 거슬러 올라간다. 미국에 있던 장마이클(장민호)이 재미
북한간첩에게 포섭된 후 북한으로 가 간첩교육을 받은 때가
1989년 2월이었다. 장마이클은 1994년 국내로 들어와 운동
권 인물들을 순차적으로 포섭한 끝에 2002년 1월 일심회를
결성했다.

왕재산 조직은 2011년 8월에 적발되었지만, 그 뿌리는 1990
년대 초로 거슬러 올라간다. 간첩단 총책 김덕용이 북한 공
작원에게 포섭된 것은 1990년대 초이며, 북으로부터 지하당
조직 지령을 받은 것은 1993년이었다. 이후 김덕용은 순차
적으로 조직원들을 포섭한 후 2001년 3월 '왕재산'을 조직
하였다.

북한이 1990년대에 대대적으로 만든 지하당들은 2000년대에
큰 힘을 발휘했다. 2000년대 김대중정부의 햇볕정책으로 활발
한 대북교류가 이루어지면서 공개적인 종북·친북단체들을 배
후 조종하면서 각종 반미시위, 반정부시위, 통일운동 등을 주
도하였다.

그간 민혁당, 일심회, 왕재산 등 지하 간첩단들이 적발되어 해
체되었다고는 하나 하부조직들의 상당수는 드러나지 않은 채
수사가 종결되었다. 적발된 간첩단도 빙산의 일각일 뿐이다.
서독, 남베트남의 사례에서 비춰볼 때 다수의 지하 간첩망이
대한민국 곳곳에서 암약하고 있다고 보아야 한다.

민혁당 잔존세력의 활동

1990년대 가장 대표적인 지하당은 민혁당인데, 1999년 3월 여
수반잠수정 사태로 실체가 드러났다. 이런 연유로, 민혁당사건

관련자들 중 김영환, 조유식 등 일부가 전향의 방향으로 나아갔지만, 하영옥, 이석기를 중심으로 한 상당수는 전향을 거부한 채 반체제 활동을 계속했다. NL계 출신 한 인사에 따르면, "민혁당원 100명 중 25명 가량이 전향한 것으로 파악된다. 나머지 75명은 어디서 무엇을 하고 있는지 알 수가 없다"고 말했다.[120] [121]

잔존세력은 전국연합 등 재야단체에 숨어 활동하다가 2001년 9월 '군자산의 약속' 이후 대거 민노당으로 들어갔다. 민혁당의 주동 인물인 이석기가 주도하는 경기동부연합은 북한의 지원을 받아 2006년 초 드디어 민노당의 당권을 장악했고, 2011년 12월 창당된 통진당 당권도 장악했다.

---

120) "민혁당의 조직원은 여성 10여 명을 포함해 약 100여 명이었다. 이 중에는 교사, 약사 등도 있었고, 무도관이나 학원 등을 운영하는 사람도 있었다. 또한, 민혁당에서 직접 관리하는 지하 혁명조직만 17개에 400여명의 조직원이 있었는데, 웬만큼 오래 또 열심히 운동을 했던 사람이 아니면 정식 조직원으로 받지도 않았다. 민혁당의 규모가 굉장히 컸음을 알 수 있는 부분이다. 그래서 일부에서는 왕재산 간첩단보다 조직적으로 더 탄탄했던 민혁당의 잔존세력들, 즉 하영옥을 추종했던 소위 민혁당재건 세력이 더 위험할 수 있다고 지적한다. 이들은 하영옥이 구속되면서 지하로 숨어들어 갔는데, 민주노동당도 그 대상일 것으로 추측된다." – 류현수, "보이지 않은 위협, 종북주의"(살림, 2012), pp53-54.

121) "(민혁당) 당원은 1백여 명, 준당원은 400여 명에 외곽조직 성원들까지 합하면 4천여 명에 이르는 방대한 조직으로 발전하였다." – 홍진표 외 공저, 『친북주의 연구』(시대 정신, 2010), pp91.

(2) 1990년대, 대한민국 내 좌익·좌경세력은 어떻게 활동했나?

대학 졸업 후 각 분야로 먼 여행 떠나다

1980년대 말 주사파 등 대학 좌익·좌경운동권 인사들은 수시로 '이렇게 수많은 학생들이 아스팔트에서 화염병을 던지고 구속되면서까지 헌신적으로 혁명운동을 했는데도 아직 체제가 바뀌지 않는구나' 라며 낙담했다고 한다. 그러나 그들은 곧 그러한 현실을 받아들이고 체제를 변혁하기 위한 먼 여행을 시작했다. 먼 여행이란 이탈리아 공산주의혁명가 그람시가 제창한 진지론에 따라 진지를 구축하고 문화혁명을 통해 서서히 대한민국의 문화와 국민의식을 바꾸고 마침내 체제를 바꾸는 장기전략으로 전환한 것이다.

이들은 자기 전공별로 흩어졌다. 경영학과 출신은 대기업 직원으로, 사대 출신은 교사로, 법대 출신은 법조인으로, 언론방송학과 출신은 언론인으로, 대학원 졸업자는 교수로, 신학대생은 목사로, 미대 출신은 화가 등 각자의 직업 분야로 진출하여 진지를 구축하려 했던 것이다. 일부는 북한과 연계된 지하조직운동을 하는 직업적 혁명가의 길로 나아갔다.

이미 분야별로 활동을 하고 있던 좌익·좌경활동가들과 새로 진입한 세력이 함께 분야별 단체를 결성했다. 1988년 5월 민변(민주사회를위한변호사모임), 1989년 5월 전교조(전국교직원노동조합)

결성을 시작으로, **전노협**(전국노동조합협의회, 1990.1), **전농**(전국농민회총연맹, 1990.4), **범민련**(조국통일범민족연합 남측본부, 1991년 준비위, 1995년 본조직 결성) 등 활동단체들을 속속 결성하였다. 이들은 1991년 12월 종북·친북 좌익·좌경단체들의 전국적 연합체인 전국연합(민주주의민족통일전국연합)을 창립하는 등 분야별 좌익·좌경세력들을 연대하는 '종북·친북 네트워크'도 구축해 갔다. 전노협 등 기업별, 산별노조단체들이 만들어지다가 드디어 1995년 12월 전국적인 골리앗 좌익·좌경단체인 민노총이 결성되기에 이르렀다. 민노총을 만드는 데 가장 크게 기여한 것은 전교조 해직교사들이었다.

동구공산권 붕괴와 그 충격

1989년부터 1991년까지 동구공산권 국가들이 도미노처럼 무너졌다. 1988년 서울올림픽 때 참가한 소련과 폴란드, 헝가리 등 동구공산권 국가들이 한국의 발전상을 보고 큰 충격을 받았다. 그렇지 않아도 공산주의체제에 한계를 느끼고 있던 동구공산권 국가들이 드디어 소련에 반기를 들고, 공산주의를 버리기 시작했다. 1989년부터 폴란드, 헝가리, 동독, 체코슬로바키아 등 동구공산권 국가들에서 민주화 바람(탈소련, 탈공산)이 일어났고, 급기야는 1991.12 종주국 소련마저 무너졌다. 소련 공산주의체제를 추종하던 PD파의 충격은 실로 엄청났다. 자신들이 이상국가 모델로 생각했던 소련 등 공산국가들이 처참한 실패로 끝났기 때문이다. 이로 인해 상당수 PD파 운동권들은 전향을 하거나 유럽식 사회민주주의(사민주의)로 기울었고, 그 일부는 향후 네오막시즘, 젠더 이데올로기로 발전하게 되는 문화사회주의 운동으로 이동하였다. 일부는 NL 주사파들이 하는 종북·친북 노선으로 옮겨가기도 했다. 이로 인해 PD파는 더욱 위축되고, NL 주사파들이 좌익운동권을 평정하게 되었다.

이즈음부터 대학가 주변에서 대학생들을 대상으로 포섭, 교육, 조직활동을 전개하던 좌익활동가들이 철수했다. 대학가는 서서히 좌익활동가들의 손에서 풀려나기 시작했다.

소련 등 동구공산권의 붕괴에 대해, 주사파들은 어느 정도 충격을 받기는 했지만 "아직 수령님의 나라는 건재하다"는 말로 위안을 삼았다.

1990년대, 북한의 체제 붕괴위기와 일부 주사파의 이탈

1992년 강철환, 안혁 등 정치범수용소 경험이 있는 탈북자들이 들어와 북한의 정치범수용소, 경제적 궁핍 등 심각한 문제들을 증언하였다. 더욱이 북한에서 2004년부터 2007년까지 300만 명이나 굶어 죽는 '대량 아사사건'이 발생했다. '꽃제비'라 불리며 거리를 떠도는 북한 어린이들이 음식쓰레기를 주워 먹는 등 비참한 현실이 2006년경 국내에 본격적으로 알려졌다. 주사파들은 사실이 아니길 바라며, 사실 여부를 확인하기 위해 북·중 접경지역으로 가서 확인하기까지 했다. 그것은 사실이었고, 큰 충격을 받았다. 더욱이 2007년 주체사상 이론을 만든 황장엽 선생이 탈북해 북한체제의 실상을 적나라하게 고발했는데, 이것이 결정타였다. 이러한 일련의 사건들로 인해 김영환, 허현준 등 종북세력의 일부 핵심들이 민혁당을 해체하고 종북활동을 중단했다. 여타 주사파 출신들도 공식 전향선언을 하지는 않았지만, 현실에 적응하며 종북·친북 활동을 멈춘 경우도 상당했다. 더욱이 1996년 8월 한총련의 연세대 폭력방화사건을 계기로 주사파에 대해 국민 여론도 싸늘했고, 한총련 이적단체 판결 등이 당연하다는 분위기가 조성되었기 때문이다.

그러나 주사파 중에서도 혁명의식이 강하고 단결력과 동지의식이 강했던 이석기 그룹(경기동부연합) 등 일부는 어려운 가운데서도 사상적 정체성이 흔들리지 않고 꾸준히 세력을 확장하였다.

전교조 해직교사의 복직, 교실의 좌경화 시작

노태우 정부는 전교조(1989.5 출범)의 창립선언문, 강령, 규약 등을 볼 때 이적성이 있다 하여 1989년 7월 전교조 교사 1,527

명을 파면, 해임했다. 이 해직교사들이 대기업, 공기업 노조활동에 참여했고, 이들에 의해 1995년 12월 민노총이 결성될 수 있었다. 이들 해직교사가 아니었으면 오늘날 같은 민노총이 이루어지지 못했을 것이라고 한다. 해직교사들은 꾸준히 복직투쟁을 했고, 김영삼 정부는 이들을 다시 교단으로 불러들였다. 이때부터 전교조에 의한 교육의 좌경화가 본격화되었다. 전교조 자체를 합법화시켜 준 것은 김대중 정부 때인 1999년 7월이었다.

민노총의 결성과 대기업들의 해외로 이탈 러시

1995년 12월 골리앗 노조들의 전국 결사체인 민노총이 창립되었는데, 이로 인해 대기업들도 견디기 힘들어했다. 민노총의 등장 이후 현대자동차 등 대기업들조차도 강성노조의 극심한 투쟁으로 인해 견디지 못하고 공장을 해외로 옮기는 현상이 본격화되었다.[122] 중소기업에 이어 대기업마저 해외로 이전하게 된 것은 강성 민노총이 갖는 부작용이 그만큼 심각함을 반증한

---

122) 현대자동차의 예를 들면, 1997년 터키공장(20만대) 완공을 시작으로 1998년 인도공장, 2002년 중국 공장(베이징, 86만대 규모)을 신설한 데 이어, 2005년 미국 공장(앨라배마주몽고메리시, 36만대), 2008년 체코 공장(노소비체, 30만대), 2011년 러시아공장(상트페테르부르크, 22만대), 2012년 브라질공장 신설 등 해외이전을 가속화했다.

것이다. 이는 후배들에게 돌아올 양질의 일자리를 해외로 쫓아
낸 결과를 낳았다.

공룡노조 민노총의 투쟁으로 인해 해외투자자들도 국내 시장
에서 철수하는 일이 보다 광범하게 일어났다. 이에 김영삼 정
부는 경직된 노동법 개정을 추진하여 시장질서를 회복하려 했
으나, 민노총이 대규모 반정부 시위를 하자 놀라서 국회를 통
과했던 개정노동법을 없었던 일로 되돌리고 말았다. 이것에 대
해 실망한 외국인 투자자들이 대거 자금 회수를 했는데, 이것
이 1997년 말 외환위기를 당한 중요한 원인 중 하나였다고 평
가되고 있다.

김대중 정부 등장과 분야 별 좌익 · 좌경세력 급성장

좌익 · 좌경세력은 분야별로, 진지별로 자신들의 영향력, 세력
을 확대하기 위한 노력을 가속화했다. 특히 1998년 김대중 정
부 출범 후 유리한 상황을 이용하여 우익 · 우경 성향의 기존
고위층을 몰아내고 점차 상위 직책으로 약진했다. 예를 들어
KBS, MBC 등 언론사에서도 노조 출신, 노조 우호세력들이
우익 · 우경 성향의 간부들을 밀어내고 점점 상층부를 장악해
간 것이다. 영화계에서도 신진 좌익 · 좌경 영화인들이 외국영
화 스크린쿼터제 비판운동 등을 통해 세력화한 후 기존의 우

익·우경 성향의 영화인들을 몰아내고 영화계를 장악했다. 이후 이들에 의해 쉬리 등 좌편향 영화들이 본격적으로 양산되기 시작했다.

1990년대 들어 주사파 대상 대남공작 본격화

주사파의 대부로 평가된 김영환은 1989년 윤택림에 의해 포섭된 후, 1991년 윤택림의 안내로 강화도 서쪽 해안에서 대남공작선을 타고 북한 해주에 도착했다. 그는 북한에서 김일성을 2번 면담하고 김일성대학 교수들과 토론도 했다. 이 과정에서 김영환은 김일성이 주체사상에 대한 이해가 부족하고 1930년대에 머물러 있다는 점, 김일성대 교수조차도 토론이 불가능할 정도로 경직된 사회라는 점 등에 실망했다고 한다.

김영환은 북한을 의지하기보다는 자신이 주도하는 혁명을 이뤄야겠다는 야심을 가졌다고 한다. 김영환은 북한에서 돌아온 후인 1992년 3월 서울대 구내에서 민족민주혁명당(민혁당)을 정식으로 창당하였다. 민혁당은 지방조직으로는 경기남부위원회(이석기 중심), 영남위원회, 전북위원회 3그룹이 있었다. 핵심정수분자인 당원이 100여 명, 준당원이 400여 명에 이르고 외곽조직까지 합하면 4천여 명에 이르는 방대한 조직으로 발전하였다.123) 민혁당 당원들은 종적으로는 점조직으로 연결(단선연계 복선포치) 되어 있고, 그것도 직속 상부선 만 접촉할 뿐이어서, 당원들 간 서로를 잘 몰랐다.124) 이렇게 큰 지하당으로 발전했음에도 공안기관에 적발되지 않을 정도로 조직보안도 철저했다.

그러나 김영환은 1990년대 중반 대량 아사사건, 황장엽 탈북사태 등을 보면서 북한체제에 실망, 1997년 민혁당을 해체하고 1998년 5월 월간 말지에 "북의 수령론은 허구이자 거대한 사기극"이라는 글을 기고했다. 그러나 하영옥, 이석기 등 잔당세력은 민혁당 재건을 시도해 북한과의 새로운 접촉선을 구축했다. 그러나 1998년 12월 여수반잠수정사건으로 그 실체가 드러나고 말았다.125)

---

123) 홍진표 외, 『친북주의 연구』(시대정신, 2010), pp91. '민혁당의 조직원은 여성 10여명을 포함해 약 100여명이었다. 이 중에는 교사, 약사 등도 있었고, 무도관이나 학원 등을 운영한 사람도 있었다. 또한 민혁당에서 직접 관리하는 지하 혁명조직만 17개에 400여명의 조직원이 있었는데, 웬만큼 오래 또 열심히 운동을 했던 사람이 아니면 정식 조직원으로 받지도 않았다. 민혁당의 규모가 굉장히 컸음을 알 수 있는 부분이다.' 류현수, 『보이지 않는 위험, 종북주의』(살림, 2012), pp53-54.

124) 단선연계(單線連繫)란 공안기관으로부터 적발시 공작조직(간첩조직) 전체가 드러나지 않도록 보호하려는 방법인데, 한 공작원이 직속 상위조직원과 직속 하위조직원하고만 접촉하고 그 이상이나 그 이하의 조직원을 모르도록 접촉을 금지하는 원칙이다. 복선포치(複線布置)란 동일한 임무를 수행하는 공작조직을 복수로 운영하는 원칙인데, 한 공작조직이 무너지더라도 다른 공작조직이 임무를 수행할 수 있도록 하려는 의도다. 송홍근, 『김일성주의 신봉한 하영옥 그룹이 경기동부 핵심』(신동아, 2012.5), pp89.

125) 홍한기홍, 『진보의 그늘』(시대정신, 2012), pp54-66.

북한은 1990년대에는 민혁당 이외에도 여러 갈래로 지하당 구축공작을 했다. 이 지하당들은 한결같이 1980년대 폭발적으로 성장한 자생적 주사파 운동권을 기반으로 한 것이었다.

09 2000년 이후, 체제전쟁 실상

여기서는 2000년 이후 현재까지의 과정(김대중 정부–문재인 정부) 중 ▷먼저, 북한의 대남전략 중 대남공작 중심으로 설명하고, ▷다음은, 대한민국에서 일어난 반체제세력, 반대한민국세력의 활동 양상 중 중요한 사례를 중심으로 설명할 것이다.

(1) 2000년 이후, 북한의 대남공작
1) 2000년대, 북한의 대남공작

대한민국은 김대중→노무현→이명박→박근혜→문재인 정권에 이르기까지 다양한 노선의 대북정책을 추진했다. 그러나 북한은 적화통일이라는 대남전략 목표를 한 번도 바꾸지 않았다. 2000년 이후 중요한 대남전략으로는 ▷남북정상회담(2000년 6·15선언, 2007년 10·4선언, 2018년 6월 싱가폴회담, 2019년 1월 하노이회담 등), **남북대화, 남북교류**(이산가족상봉, 체육행사 등), **남북경제협력**(금강산관광, 개성공단 등)**사업,** ▷사이버테러(DDos

공격, 농협 전산망 해킹, GPS 교란)와 심리전 활동 등도 활발히 진행했다. 또한 ▷연평해전, 연평 포격 도발, 천안함 폭침 등 무력도발도 빈발했고, ▷일심회사건(2006), 왕재산사건(2011), 충북동지회사건(2021) 등 지하당사건도 있었다. 이렇듯 다양한 북한의 대남적화전략 중 가장 포커스를 둔 것은 합법적 정당을 활용하여 대통령선거, 총선 등을 통해 합법적으로 정권을 장악하는 방법이다.

여기서는 북한에서 전개한 다양한 전략전술 중 지하당 공작을 중심으로 설명할 것이다. 지하당 공작을 설명할 때, 반드시 염두에 두어야 할 것은 드러난 지하당은 빙산의 일각이라는 점이다.

〈1〉 합법적 정당 침투 방향으로 선회

북한은 1990년대에는 남한에 합법적인 NL계 정당을 만드는 것에 소극적이었고 야당에 대한 '비판적 지지' 입장을 가졌으나, 2000년대 들어 독자적인 제도권 정당의 필요성을 절감했다. 북한은 2000년 1월 PD파가 중심이 되어 창당한 민주노동당(약칭 민노당)을 장악하는 방향으로 방침을 정한 듯하다. 그래서 북한은 2001년 3월 "민노당을 통일전선적 정당으로 발전시킬 것"을 지령했다. 이런 영향 때문인지는 잘 모르겠지만 종북·친북세력의 통일전선체인 전국연합은 2001년 9월 충북 괴산군 소재 군자산에 있는 보람원수련원에서 700여 명이 모여 결의하고 「9월 테제」(일명 "군자산의 약속")를 발표하였다.

〈2〉 일심회간첩사건과 경기동부연합의 당권장악 성공

일심회사건과 민노당 당권 장악 기도

국정원(국가정보원)은 2006년 10월 북한의 대남공작기관인 대외연락부가 운영하던 간첩단 일심회를 적발, 발표했다. 북한 대외연락부는 민노당 이정훈 중앙위원, 최기영 사무부총장 등을 포섭해 이들로부터 민노당 당직자 300여 명의 신상정보와 100만 쪽 분량의 정치정세 자료를 보고받았다.

대외연락부는 이를 바탕으로 민노당 내부를 손바닥 보듯 파악하고 2005년 말 "정책위의장에 경기동부 이용대를 박아넣어라", "이용대를 대북 접촉창구로 하라" 등 공작지령을 하달했다. 이용대는 경기동부연합 이석기 그룹의 핵심인물이다. 북한이 일심회를 통한 공작의 핵심은 이석기가 주도하는 경기동부연합을 지원하여 민노당 핵심 당직을 차지하도록 하려는 것이었다. 결국, 북한의 지령대로 이석기의 경기동부연합이 2006년 초 민노당의 당권을 장악했다.126)

북한 대외연락부가 2005년 12월 6일 간첩단 일심회에 내린 지령	2006년 1 · 2월 민노당 당직 선거 결과
정책위원장으로는 경기동부의 이용대를 내세우고 그 밑에 우리의 영향 하에 있는 사람들을 박아 넣도록 하는 것이 좋을 것	이용대 후보가 정책위의장에 당선
현 (문성현) 비대위 집행위원장을 당 대표로 하고 강창현을 사무총장으로 밀고 나가도록 하여야 할 것... 우(위)와 같은 방향에서 진행하기 어려우면 문성현을 대표로 내세우고 강병기를 사무총장으로 하는 안을 실현시킬 수도...	당대표 선거에서 문성현 후보가 1위를 차지했으나 과반을 얻지 못해 2월 결선투표에서 조승수 후보와 맞대결해 승리

북한, 일심회 통해 경기동부연합이 지방당인 서울시당 침투 지령

북한은 "서울모임을 더욱 발전시켜 민노당 서울시당을 장악할 수 있는 조직으로 만들라"는 지령을 내렸는데, 이때 서울모임이란 경기동부연합이 주도하는 모임이다.[127] 이는 북한이 이석기의 경기동부연합으로 하여금 당 하부 조직인 서울시당을 장악하도록 한 조치였다.

---

126) 동아일보, "[통합진보, 종북─폭력의 그림자]2005년말 北 "경기동부 이용대 박아넣어라"··· 北 지령이 민노 당직 좌우했다."(2012.5.19)

127) 동아일보, "북지령문 속 '서울모임'은 경기동부연합", 2012.5.21.

이렇듯 북한은 경기동부연합을 민노당의 중앙당 뿐만 아니라 서울시당 등 곳곳에 침투시켜 확실히 민노당 당권을 장악하도록 지원한 것이다. 이는 북한이 민혁당 출신 이석기가 주도하는 경기동부연합을 그만큼 신뢰했다는 증거라 할 수 있다.

2) 2010년대, 북한의 대남공작
2010년 북한의 천안함 폭침과 6 · 2지방선거 개입공작

북한은 2010년 6 · 2지방선거 실시 약 2달 전인 3 · 26 천안함사태를 일으켰다. 해군 초계함 천안함이 북한군 잠수함의 기습 어뢰 공격을 받고 두 동강이 나 침몰한 것이다. 북한이 천안함 폭침을 일으킨 것은 다른 요인도 있겠지만 지방선거에 영향을 미치기 위해서였다는 주장이 설득력이 있다. 북한은 천안함 폭침을 둘러싸고 남남갈등을 유발하기 위한 다양한 선전선동을 기도했고(미군오폭설, 암초충돌설, 기뢰설, 피로파괴설 등), 선거에 영향을 미치기 위한 선전공세에 나섰다. '한나라당 후보를 찍으면 전쟁이 일어난다' 는 내용의 협박성 선전공세였다. 2010년 5월 29일 북한 중앙TV 방송은 다음과 같이 선동했다.

"조국통일 민주주의전선 중앙위원회에서 29일 남조선인민들에게 공개편지를 보냈습니다. 남조선에서 곧 진행되는 지방자치제 선거는 지방권력을 쟁탈하기 위한 여야 사이의 단순한 표싸움이 아니다. 평화냐 전쟁이냐 민주냐 파쇼냐 하는 심각한 정치적 대결이다. 이명박 패당에게 주는 표는 전쟁의 표이고 파쇼독재의 표이다. 전쟁과 파쇼독재냐 평화야 민주냐 하는 이중대 기로에서 당신들은 역사와 민족의 책임과 사명감을 자각하고 선택을 바로 해야 할 것이며 두 번 다시 속지 말고 역적패당을 단호히 심판하여야 한다. 그 길만이 전쟁을 방지하고 평화를 구원하며 파쇼를 몰아내고 민주를 되찾으며 경제와 민생을 회복하는 길이다."

각종 좌익·좌경세력은 북한의 이러한 전쟁 협박 선전 프레임을 국내에 확대 재생산했다. 민노당은 "평화를 원한다면 한나라당을 심판해야 한다"고 했고, 민주당도 "전쟁이냐, 평화냐?"라는 프레임을 선거전에 적극 활용했다. 한명숙 서울시장 후보는 5월 26일에 "5월 20일 선거 시작되는 날 천안함사건을 발표했다. 저는 이것이 얼마나 오래전부터 철저하게 기획된 선거 개입이고 선거방해 행위라는 것을 그 순간 느꼈다"고 말했고,

"이명박 정부가 … 전쟁 불사라는 전쟁 먹구름을 몰고 오고 있다"며 이번 사태의 선거악용 중단을 촉구했다.[128] 이는 천안함 폭침 이후 북한이 유발한 전쟁 위협을 마치 이명박 정부가 유발한 것처럼 덮어씌우는 것이었다.[129] 지방선거를 몇 일 앞둔 5월 26일 개최한 야당과 좌익·좌경단체들이 주도한 비상시국회의에서도 "평화가 두려운 사람들이 조성한 것이자, 전쟁이 날지도 모른다는 불안감이 국민들 사이에 팽배해지기를 바라는 사람들이 조성한 것"이라고 선전선동했다.[130]

당시 북한의 선거 관련 선전공세는 실제로 많은 국민들에게 심리적 불안을 야기했고, 선거에 상당한 영향을 미쳤다. 보도들에 따르면, 전방에 있는 군인들이 북한의 심리전 공포에 눌려 부모에게 전화해 '한나라당 찍지 마라. 한나라당 찍어 전쟁 나면 아들 죽는다'고 했다는 것이다. 그래서 한나라당 선거운동원조차도 한나라당을 찍지 않았다고 했다. 북한의 전쟁 협박 심리전 공세가 선거에 강력하게 영향을 미쳤다는 뜻이다. 그 결과, 민주당이 승리했고, 무명의 정당인 민노당은 더욱 큰 승리를 거두어 단체장, 지방의원을 142명이나 당선시키는 기적적인 결과를 낳았다.

---

128) 사람일보, "한나라당 찍으면 전쟁난다", 2010.5.27.
129) 국가정상화추진위원회, 『천안함 폭침의 진실과 망언들』(자유기업원, 2011), pp40-41.
130) 국가정상화추진위원회, 『천안함 폭침의 진실과 망언들』(자유기업원, 2011), pp25.

〈진보 · 개혁정당 역대 지방선거 성적표〉

선거	구분	기초 단체장	광역 의원	기초 의원	광역 비례	기초 비례	합계
2010년 제5회 전국 동시 지방 선거	민주노동당	3	18	90	6	25	142
	진보신당	0	3	22	0	0	25
	국민참여당	0	3	17	2	7	29
	사회당	0	0	0	0	0	0
	합계	3	24	129	8	32	196
2014년 제6회 전국 동시 지방 선거	통합진보당	0	0	31	3	3	37
	정의당	0	0	10	0	1	11
	노동당	0	1	6	0	0	7
	합계	0	1	47	3	4	55

자료정리 : 매일노동뉴스

**북한 공작기관(225국), 왕재산에 지령 "2014년까지 폭파 준
비 완료하라"**

국정원은 2011년 7월 북한 노동당 소속 대남공작기관인 225국
(현 문화교류국)의 지령을 받고 10여 년간 인천을 거점으로 암약해
온 왕재산간첩단사건을 발표했다. 주모자 김덕용은 1993년 김
일성으로부터 "남조선 혁명을 위한 지역지도부를 구축하라"라
는 교시를 받고, 조직원들을 순차적으로 포섭한 후 2001년 3월
지하당 왕재산을 조직했다. 김덕용의 USB 등에는 225국으로
부터 받은 지령이 고스란히 남아 있었다. 김덕용 등을 압수 수

색한 결과, 북한 문건 118건, 대북 보고문 175건 등 13만여 쪽이 드러났다. 왕재산 간첩단조직이 포섭하려고 한 대상 중 상당수는 민노당 관련자들이었다.[131] 지령문 내용에는 2012년 총선 및 대선과 관련된 다음과 같은 정치공작 내용도 들어있었다.

북한은 왕재산 간첩단에게 지령했는데, 전쟁 시 미군 증원군 도착지인 인천국제공항, 인천항 등 전략적 요충지를 장악하고, 인천 내 각종 중요기관, 방송국, 경찰서, 군부대, 저유소, 공단 등을 장악하거나 폭파할 수 있도록 준비하라는 것이었다.

북한의 인천 장악관련 지령(2006.1)의 일부를 살펴보자.

> "인천지역 주둔 군과 경찰, 향토예비군을 비롯한 소위 반혁명 집단에 근무하는 사람 가운데 성향이 좋은 대상자들을 찾아내어 포섭하거나 전쟁을 싫어하는 염전사상(厭戰思想)을 불어 넣기 위한 사업에 모든 수단을 다 동원하라."
>
> "남구는 인천지역 저유소, 주안공업단지, 보병사단, 공수특전단, 공병대대 등에 핵심 성원을 점 형태로 배치하거나, 경비원, 관리직원, 장교 등을 매수하여 2014년까지 폭파 준비를 완료하고…"

---

131) 조선일보, "민노당 또 간첩단 연루… 발표도 안했는데 펄쩍", 2011.7.30.

북한 225국이 왕재산에 내린 지령을 보면, 마치 2013년 8월 발생한 이석기의 RO사건에서 드러난 것과 유사하다. 이석기는 RO(Revolutionary Organization, 지하혁명조직) 조직원들(150여 명)에게 김정은 남침시 내응하기 위해 석유비축기지, 대도시 변전소, 혜화전신전화국, 평택 유류창고, 지하철, 송전탑 등을 폭파하는 등 도시게릴라전 형태의 테러전을 지시했다.

이러한 지령을 보다 보면, 김일성이 1974년 대남 공작원들과의 담화에서 한 교시가 생각이 난다.

> "결정적 시기가 포착되면 지체없이 총공격을 개시해야 합니다. 전국적인 총파업과 동시에 전략적 요충지대 곳곳에서 무장 봉기를 일으켜 전신전화국, 변전소, 방송국 등 중요 공공시설들을 점거하는 동시에 단전과 함께 통신 교통망을 마비시키고 임시 혁명정부의 이름으로 북에 지원을 요청하는 전파를 날려야 합니다. 그래야 남과 북의 전략적 배합으로 혁명적 대사변을 주동적으로 앞당길 수 있습니다."

왕재산은 2004년 국가보안법 폐지 촛불시위, 2005년 맥아더 동상철거 시위, 2007년 한미FTA 저지투쟁 등을 배후조종하였고, 각종 선거에도 깊이 관여하였다. 그들은 2010년 6·2지방선거에도 간여하여 민노당 후보를 지방의원에 당선시켰다. 그들은 용산·오산 미군기지 위성사진, 군사훈련용 시뮬레이션 게임 등을 수집하여 대용량 외장하드에 넣어 수시로 북한에 전달하였다.

북한, "진보대연합"과 "반보수대연합"으로 남한선거에 대비하라

북한은 남한선거에서 승리할 수 있는 전략으로 "진보대연합", "반보수대연합"을 제시해왔다. '진보대연합'과 '반보수대연합'은 자신의 세력을 확대하기 위한 통일전선전술의 하나다. '진보대연합'이란 이른바 '진보세력'(사회주의세력)을 대연합하여 더 큰 정당을 만들라는 것이었다. '반보수대연합'이란 '진보세력'(사회주의세력)이 '중도세력'과의 연대를 이루어, 보수세력을 고립시킴으로써 선거에서 승리할 수 있다는 전략이다.

김정일은 2006년 1월 1일 신년사설에서 "남한에서 반보수대연합... '진보의 대연합'으로 매국반역집단에 종국적 파멸을 안겨줄 것"을 강조했고, 2007년 1월 반제민전 신년사에서도 남한선거에서 "반보수대연합전선을 형성할 것"을 강조했다.

북한은 2011년 10월 서울시장 보궐선거(10.24)를 4일 앞두고 노동신문(10.20)을 통해 "한나라당의 반역통치를 반대하는 남조선의 각 정당·단체들과 민주인사들은 당파와 소속, 정견의 차이를 뛰어넘어 반보수대연합의 기치 밑에 굳게 뭉쳐야 한다."라며, 반보수대연합을 강조했다.

이처럼 북한이 '진보대연합', '반보수대연합'이라는 통일전선전술을 그렇게도 고집하는 이유는 뭘까? 우리나라는 진보-보수라는 잘못된 프레임이 널리 퍼져 있기 때문에 이 프레임을 적극 활용하면 승리할 수 있다는 것이다.

북한공작기관, '민노당을 진보대통합정당으로 확대 개편하고, 민주당과 연대하라'

북한의 대남공작기관인 225국은 간첩단 왕재산에 2012년 총선과 대선 관련 지령을 내렸다. ▷민노당을 '진보대통합정당'으로 확대 개편할 것, ▷진보대통합정당이 민주당과 야권연대 방안을 강구할 것 등이다.

첫째, '진보대연합전술' 부분이다.

① "민노당을 중심으로 진보대통합정당을 구성하라."–민노당은 국민참여당, 진보신당 탈당파 등을 통합하여 통합진보당을 결성하였다.

② "늦어도 (2011년) 10월 이내에 대통합진보당을 완성하라."–통합진보당이 창당된 것은 2011년 12월 13일이다.

③ "(국민참여당에 대해서) 비정규직법, 이라크 파병, 한미FTA 발

기 추진 등 노무현 정부시절 과오들을 공개 반성하면 진보대통합당에 참여시킬 수 있다."

둘째, 민주당과의 야권연대 부분이다.

"(민주당에) 국회 의석을 양보받아 내는 것, 정책적 담보를 받아내는 것 등 야권연대방안들을 연구, 토론하라."–통합진보당은 민주당과 야권연대 후 후보단일화로 총선에서 13석을 차지하였다.

셋째, "진보대통합정당 건설과정에서 민노당의 명칭을 견지하다가 양보하면서 … 이럴 경우엔 '본사(북 225국을 지칭하는 은어)'에 문의하라."–진보대통합정당 설립과정에 일일이 지시했다는 것이다.

김정은, "올해(2012년) 남한 총선, 대선에 적극 개입하라"

북한 김정은은 2012년 1월 통일전선부 산하 「반제민전」의 신년사설을 통해 "올해 남한 총선, 대선에 적극 개입하라", "진보세력의 대단합을 보다 높은 수준에서 이룩함으로써 올해 총선과 대선에서 역적패당에게 결정적 패배를 안겨야 한다."라고 지령을 내렸다. 이에 대해, 이명박 정부도 김정은의 이러한 남한 총선, 대선에 개입하라는 지령에 대해 우려하며 대응책을 논의했다.132)

김정은의 총선, 대선 개입 지령에서 밝힌 "진보세력의 대단합"

이란 통일전선전술을 의미하는 것인데, '진보정당' 통합을 넘어 더 높은 수준의 통일전선전술인 '반보수대연합'까지 이루어내 승리하라는 의미로 이해된다.

3) 2020년대, 북한의 대남공작
충북동지회 간첩단사건

2021년 9월 "자주통일 충북동지회(약칭 충북동지회)" 간첩단사건이 발생해 관련자들이 국가보안법 위반 혐의로 구속수사를 받았다. 충북동지회는 북한 조선노동당 통일전선부 산하 문화교류국(전 225국)의 지시를 받아 간첩 활동을 했다는 혐의다.

북한 공작기관이 충북동지회를 지하당으로 포섭한 것은 2017년 들어와서이며, 첫 지령을 내린 것은 문재인 정권 출범 다음 달인 2017년 6월이다. 이후 적발된 2021년 9월까지 약 4년여간 지령을 내렸고, 충북동지회는 북한의 지령을 수행했다.

북한 공작기관은 충북동지회에 2021년 5월까지 84차례에 걸쳐 암호화된 파일 형태로 지령문을 내리고 보고문을 올렸다. 지령 내용은 F-35A 도입 반대, 김정은 북한 국무위원장의 답방 분위기 조성, DMZ 평화인간띠 활동, '조국 사태'와 관련

---

132) 조선일보, "통일부 '북한 선거개입 차단' 업무보고", 2012.1.7.

된 중도층 '포섭' 선전 활동, 반미(反美) 감정 확산 등 정치, 외교 등 다양한 분야에 걸쳐 있는데, 특히 선거, 정당 관련 사항을 집중적으로 하달했다. 주요 내용은 ▷2019년 6월 22일 : '다음 총선(2020년 4·15 총선)에서 OO당을 참패로 몰아넣고 그 책임을 황OO에게 들씌워 정치적으로 매장해버리는 것을 기본전략으로 틀어쥐어야 한다', ▷2021년 4년 19일 : '보수 패당의 집권야망을 짓부수어버리는 것을 회사의 당면 투쟁과업으로 내세워야 한다'[133] ▷2020년 7월 18일 : 충북동지회가 문화교류국에 보낸 통신문 : "OOO가 민주진보개혁세력의 대선후보로 광범위한 대중조직이 결집될 수 있도록 본사에서 적극적인 조치를 취해달라"('본사'란 충북동지회가 북한을 지칭한 용어) 등이다.[134]

(2) 2000년대 이후, 대한민국 내 좌익·좌경세력의 폭발적 공세

1) 김대중 정부 시기(1998.2~2003.2)

2000년 6월 남북정상회담 이후, 종북·친북단체들 우후죽순 결성

김대중 대통령은 2000년 6월 북한에 가서 남북정상회담을 개최했는데, 이를 계기로 대북 햇볕정책을 추진했다. 이후 종

---

133) 조선일보, "북한 '反美·反보수' 총선·조국 등 현안마다 지령", 2021.8.9.
134) 데일리안, "'OOO에 대중 결집되도록 조치' 충북동지회 北통신문 충격", 2021.10.17

북·친북세력은 이러한 남북교류 분위기에 편승하여 조직과 세력을 확장했다. 새로운 종북·친북 성향 단체들도 속속 등장했다. 이를 테면, 2000년 7월 국보법폐지국민연대, 2000년 10월 공동선언실천연대(약칭 실천연대)와 통일뉴스(언론단체) 등이, 2001년 3월에는 통일연대, 불교평화연대, 민족21(언론단체) 등이 결성되었다. 연이어 6·15청학연대(2002.11), 민중연대(2003.5), 연방통추(우리민족연방제통일추진회의, 2004.10), 6·15공동위(2005.3) 등이 결성되었다. 또한 기존의 전국연합, 민노총, 전교조, 범민련, 한총련, 평통사, 전농 등 각종 좌익·좌경 단체들도 남북교류 및 통일관련 행사 등 활동을 크게 늘렸다.

연대단체로는 1991년 만들어진 전국연합에 이어 이적단체로 판결이 난 실천연대(6·15남북공동선언실천연대, 2000.11)를 비롯해 통일연대(2001.3), 민중연대(2003) 등도 결성되었다. 통일전선 단체들은 2007년 대선을 앞두고 진보연대라는 새로운 전선체 조직으로 통합되었다. 이러한 전선체를 통해 민노총, 전교조 등 다양한 분야별 조직들을 연계하는 연대 활동 역량을 강화해 갔다.

주사파, 2000년 들어 본격적인 굴기(실력 드러냄) 행보 본격화

주사파들은 1990년대에는 숨어서 힘을 기르는 도광양회(韜光養晦)의 시기였다면, 2000년 들어서는 숨기지 않고 투쟁역량을 드러내는 굴기(屈起 : 우뚝 일어선다)의 시대로 나아갔다. 2000년대 주사파의 굴기 방법은 두 가지 방향(two track)으로 나타났다. 계기가 있을 때마다 촛불시위 등 광장투쟁운동으로 나아가고, 다른 한편으로는 민노당 등 합법정당으로 들어가는 것이었다. 합법적 정당으로 들어가는 것은 선거를 통해 정권을 장악하려는 목적과 대중운동단체들의 투쟁역량을 정치적으로 강화하려는 목적도 있었다.

첫째, 촛불시위 등 광장투쟁운동이다. 2002년 효순 · 미선 촛불시위를 시작으로 한 광장투쟁이다. 1990년대를 통해 확보한 조직력과 연대력을 바탕으로 광장에 나와 힘을 과시하는 현장투쟁이다. 투쟁의 소재는 크게 보면, 반미, 반일, 친북, 친중, 반대한민국, 친사회주의 등이다.

반미 시위로는 2002년 미군장갑차에 의한 의정부 여중생 사망 사건 촛불시위(효순 · 미선사건 촛불시위), 2004-2007년 평택미군기지 이전반대시위, 2005년 맥아더동상 파괴기도 시위, 2007년 한미FTA 반대시위, 2008년 미쇠고기 수입반대 촛불시위(광우병 촛불시위) 등이 있다. 이외에도 정신대대책위의 반일집회(수

요집회, 소녀상 전시활동 등), 제주강정마을 해군기지 건설 반대시위, 국가보안법 폐지, 사드 반대시위 등도 있다.

둘째, 제도권 정당으로 들어가는 방향이다. 종북·친북세력은 선거를 통해 합법적으로 정권을 장악하기 위해 민노당 등 제도권 정당으로 들어가 당권을 장악하고 이를 중심으로 세력을 결집해 정권을 장악하는 방향으로 나아갔다. 이 계기가 전국연합이 개최한 이른바 '군자산의 약속'이다.

전국연합, '군자산의 약속'(2001.9)

종북·친북세력의 통일전선체인 전국연합은 2001년 9월 충북 괴산군 보람원수련원에서 700여명이 모여 이른바 「9월 테제」(일명 "군자산의 약속")를 발표하였다. "3년의 계획! 10년의 전망! 광범위한 민족민주전선, 정당 건설로 '자주적 민주정부' 수립하여 연방통일 조국 건설하자!"라고 했다. 핵심 논의 내용은 NL파가 3년 안에 민족민주정당('종북·친북 성향 정당')을 건설하고, 이 당을 발전시켜서 10년 안에 '자주적 민주정부 수립'('종북·친북 성향 정권')하여 북한과 연방제로 통일한다는 계획이었다. 구체적으로 표현하면 주사파가 민노당에 들어가 2004년까지 민노당의 당권을 장악하고, 2012년 대선에서 정권을 잡은 후, 북한과 연방제로 통일한다는 것이다.

NL파는 군자산의 약속에 따라, 대거 민노당에 들어가 속속 지구당을 장악했고, 2004년경 당권마저 장악했다. 그해 민노당은 국회의원 한 명도 없던 정당에서 노무현 대통령 탄핵사건을 활용하여 17대 총선(2004.4)에서 국회의원 10명을 당선시켜 어엿한 제도권 정당이 되었다. 2006년 초에는 NL파 중에서도 가장 급진적인 이석기의 경기동부연합이 민노당의 당권을 장악하기에 이르렀으며, 이후 한 번도 당권을 놓치지 않았다.

2) 노무현 정부 시기(2003.2~2008.2)

일심회 간첩사건

2006년 10월 일심회 간첩사건이 적발되었다. 일심회 간첩사건은 북한의 대남공작기관인 대외연락부가 민노당 이정훈 중앙위원과 최기영 사무부총장 등을 포섭하여 이들로부터 민노당 내부 정보를 확보한 후, 민노당 내에 경기동부연합 인맥을 심는 공작을 하다가 적발된 사건이다. 북한의 대외연락부는 2005년 말 일심회에 민노당 당권장악 지령을 내렸는데, 2006년 초까지 거의 그대로 이루어졌다. 즉 이석기그룹의 핵심인물인 이용대가 정책위의장 자리를 차지했고, 문성현 당시 비대위원장이 당대표 선거에 당선, 당권을 장악한 것이다.135)

또한 북한 대외연락부는 경기동부연합이 주도하는 "서울모임"으로 하여금 민노당 서울시당을 침투하도록 지령했는데, 이에 따라 경기동부연합은 줄줄이 서울시당으로 진입해 주도권을 장악했다.

결국, 일심회사건이란 북한 정권이 경기동부연합을 민노당 중앙당 및 서울시당 등 곳곳에 침투시켜 민노당의 상부와 하부를 완전히 장악하게 한 사건이다. 이를 통해 북한은 민노당을 리모트 컨트롤할 수 있도록 정치공작을 한 것이다. 이는 북한이 이석기 주도의 경기동부연합, 더 엄밀하게 말하면 잔존 민혁당 세력인 이석기를 얼마나 신뢰했는지를 알게 하는 증거이다.

노무현 청와대, 일심회사건 수사 방해

국정원은 2006년 10월 일심회 주동자 5명을 구속하여 수사를 시작하자, 청와대 등 곳곳으로부터 상당한 수사 방해 압박을 받았다. 실제 일심회 수사가 한창이던 10.27 김승규 원장이 전격적으로 경질되었다. 일심회사건 수사는 특이했다. 통상 공안사건의 경우, 구속 피의자 1명 당 참고인 등 관련자 조사가 20여명(구속피의자 5명 ×20명 = 100여명) 정도인 데 반해 이 사건

---

135) 동아일보, "[통합진보, 종북—폭력의 그림자]2005년말 北 "경기동부 이용대 박아넣어라"… 北 지령이 민노 당직 좌우했다."(2012.5.19)

은 6명에 불과했다. 수사를 확대하지 못하도록 내·외부의 상당한 압박이 있었다는 반증이다. 서울시당으로 들어간 간첩망을 수사할 수 없었다. 김승규 전 원장도 통합진보당 사태 발생 직후인 2012년 5월 30일 자 동아일보와의 인터뷰에서 청와대의 압력이 사실임을 분명히 했다. 당시 상황을 잘 아는 한 인사는 "민노당 내에 뿌리 내린 일심회사건 연루자들을 제대로 수사했으면 아마도 민노당이 공중분해 되었을 것인데, 참으로 안타깝다"고 말했다. 이로써 민노당에 뿌리내린 북한 간첩망의 그 일부만 처벌되고, 전모가 드러나지 않은 채 묻히고 말았다. 경기동부연합은 당시에도 청와대에 압력을 행사, 사건 수사를 중단시킬 만큼 정치적 영향력을 가지고 있었다.

3) 이명박 정부 시기(2008.2~2013.2)

민노당 분당사태 발생, PD파 탈당 진보신당 창당(2008.3)

일심회사건 이후 민노당 내 정파 간 내분이 일어났다. 이석기 중심의 당권파인 범경기동부연합에 대해 비당권파인 노회찬, 심상정 등 PD파 중심의 비당권파가 반발한 것이다. 이유는 일심회 간첩사건에 연루된 최기영 사무부총장과 이정훈 중앙위원 제명 문제를 둘러싼 갈등 때문이었다. PD파는 이들이 북한의 지하당 일심회에 포섭되어 민노당 내부 자료를 북한에 넘겨

주는 등 간첩행위를 했기 때문에 제명해야 한다는 입장이고, 당권파인 경기동부연합에서는 "동지를 어떻게 제명할 수 있느냐?"며 거부했다. 왜 당권파는 최기영 등을 제명할 수 없었을까? 최기영은 외대용인캠퍼스 85학번으로, 이석기(외대용인캠퍼스 82학번)의 직속 후배이자 용성총련부터 같이 활동해온 혁명 동지였기 때문이었다. 동지애를 중시하는 경기동부연합으로서는 최기영을 제명하는 것이 불가능했다.

민노당 내 정파 간 갈등은 2008년 총선을 1달 앞둔 3월 폭발했다. 노회찬, 심상정 등 PD파는 "종북세력과는 정치를 같이할 수 없다"며 자신들이 만든 민노당을 경기동부연합에게 빼앗기고 탈당해 진보신당을 만들어 외로운 길을 걸어갔다. 이와 관련, 민노당을 잘 아는 인사들은 경기동부연합의 민노당을 거칠게 비판했다. 전 민노당 당원인 진중권 교수는 2008년초 PD계열이 민노당을 탈당할 당시 이렇게 말했다. "그들은 남한의 민중을 위해 활동하는 게 아니라 본사(북한 공작기관)를 위해 일한다. 민노당을 자기 당으로 생각 안 하고 저쪽 당(북한 노동당)을 자기 당이라고 생각한다"136)

---

136) 중앙일보, "최기영 '북 핵실험 목표는 통일 이정표 세우는 것'", 2012.5.12일자 보도.

이명박 정부, 광우병사태와 중도실용론

좌익·좌경세력은 이명박 정부가 들어선 후 불과 2개월 만에 미 쇠고기 수입반대 촛불시위(2008.5-8)를 일으켜 3개월간 광화문광장을 뜨겁게 달구었다. '미국소는 광우병 걸린 소'라는 선동프레임으로, 정부의 통치권을 무력화시켰다.

2008년 광우병 사태는 3개월간 이른바 우경정부를 무력화시킬 만큼 좌익·좌경세력의 광장투쟁 역량이 더욱 커지고 있음을 드러낸 사건이었다. 언제 어떤 기회를 포착하여 우경정권을 허무느냐의 문제만 남았다. 이명박 정부는 광우병사태로 좌익·좌경세력의 위험성을 깨달았으나, 중도실용론을 펴 그들과의 투쟁을 회피했다.

2012년 총선과 대선, 그리고 경기동부연합

2012년 4월 총선과 12월 대선이 다가왔다. 민노당의 당권파 경기동부연합은 2012년 총선, 대선 승리를 위해 어떻게 할 것인가 전략을 짜고 실행했다. '진보대연합', '반보수대연합' 전술을 활용하여 민주당과 공동정권을 수립하는 방향으로 나아갔다.

민노당은 우선 몸집을 키우기 위해 국민참여당, 진보신당 탈당파 등을 끌어들였고, 2011년 12.13 통합진보당(약칭 통진당)을 창당했다. 민노당을 통합진보당으로 확장 개업한 경기동부연합은 총선 1달 전인 2012년 3월 민주당(민주통합당)과 야권연대를 성사시켰다.

통합진보당은 민주당과 야권연대(후보 단일화) 협상을 통해 민주당의 대폭적 양보를 받아내 2012년 4월 총선에서 13명의 국회의원을 당선시켰다. 통진당의 당권파의 핵심인 이석기 등 경기동부연합 소속이 대거 당선되었다. 통진당은 220여만 표를 득표하고 10.6%의 국민지지율을 얻었다. 통진당 입장에서는 놀라운 성공을 거둔 것이다.

그러나 총선 직후인 5월 통진당 내에서 내분사태가 발생했다. 총선 전 비례대표 선출과정에서 최초로 온라인투표가 실시되었는데, 이때 이석기 등 선출에 극심한 온라인 부정투표가 발생한 것이다. 이에 PD파가 부정투표에 대해 격렬히 저항했고, 5명이나 구속되는 사태가 일어났다. 2-3개월 간 지속된 내분사태로 통진당 내부에 있는 심각한 문제들이 언론을 통해 국민들에게 공개됐고, 10%에 이르던 국민지지율이 2-3%로 추락했다. 이에 민주당은 하는 수 없이 통진당과의 대선 야권연대를 깨고 단독으로 문재인 후보를 내세워 12월 대선에 임했는데, 박근혜 후보에게 당일 역전당해서 졌다는 이야기가 있을 정도로 박빙이었다.

만약 2012년 총선 후 통합진보당 내에서 비례대표 부정선거 문제가 불거지지 않았다면 야권연대는 그해 12월 대선에까지 이어졌을 것이고, 이변이 없는 한 12월 대선에서도 선거연대를 이루어 통진당(이석기)과 민주당(문재인)의 공동정권이 등장할 것이 분명해 보였다. 통진당의 당론은 주한미군 철수, 국가보안법 해체, 북한이 주장하는 연방제 통일 등이다. 2012년 대선에서 민주당과 통진당의 공동정부가 구성되었다면, 어떤 정당이 주도권을 가졌을까? 통진당이었을 것이다. 그 이유는 민노총, 전교조 등 좌익·좌경단체들을 컨트롤하는 정치적 중심점이 바로 통진당이었기 때문이다. 그 배후를 음으로 양으로 지원하는 북한이 있기 때문이기도 하다.

2012년 총선과 대선을 앞두고 야권연대 문제가 공론화되던 시기인 2011년 8월 경 한 민혁당 출신 인사는 "민주당이 민노당과 선거연대를 하는 것은 선거에 승리하기 위한 정치공학에 따른 것이다. 민주당은 민노당을 컨트롤할 수 있을 것으로 보는데, 대착각이다. 전혀 컨트롤할 수 없을 것이다. … 민주당은 민노당의 실체를 잘 모르는 것 같다."라고 말했다. [137]

---

137) 2011년 8월경 민노당이 '진보대통합정당을 구성하고 민주당과 야권연대를 한다'는 구상이 밝혀지자, 주사파의 대부 김영환도 2011년 8월 27일 중앙일보와의 인터뷰에서 이렇게 말했다. "현재 민주노동당 주변에 있는 남한 주사파의 핵심세력이 야권 통합 이후 정치권이나 정부의 핵심조직에 들어간다면 상상하기 힘들 정도로 치명적인 상황이 일어날 수 있다."

이렇듯, 대한민국은 절체절명의 위기 속에서 2012년 대선을 지나갔으나, 대부분의 국민들은 대한민국이 어떤 위기 속에 있는지 알지 못했다.

4) 박근혜 정부 시기(2013.2~2017.3.10)

박근혜 대통령 시기는 대한민국 현대사에서 급변기다. 30여 년간 조직력과 투쟁력을 키워온 좌익·좌경세력이 광장투쟁과 법적투쟁(대통령 탄핵)을 통해 대통령을 퇴진시키고, 그들이 정권을 장악한 것이다.

박근혜 정부 시기에 일어난 좌익·좌경세력의 양상을 살펴보기로 한다.

이석기의 RO사건 발생

박근혜 정부가 출범하고 6개월 뒤인 2013년 8월 수사당국에 의해 이석기 통진당 의원이 주도한 RO회합사건이 드러났다. 이 사건은 이석기 의원이 자신이 관리하는 RO조직원들(130~150여 명)을 불러모은 후, 북한군이 남침할 때 이에 내응(동조)하여 전신전화국, 유류창고, 변전소 등 국가의 기간시설 폭파 등을 모의한 내란선동사건이다. 이석기 의원은 재판 결과 내란선동 혐의로 9년 형을 선고받고 복역하다 2021년 12월 대통령 특별사면으로 풀려났다.

이석기의 RO 회합사건이 드러나기 직전, 주사파에서 전향한 이종철 전 고대총학생회장이 2013년 5월 조선TV에 출연하여 종북세력에 대해 이렇게 증언했다.

"많은 사람들이 종북세력, 주사파의 실체를 잘 모르시는 것 같아요. 종북세력이라고 하면 북한에 어느 정도 우호적이거나 김일성에 대해 어느 정도 좋게 평가하는 사람들 정도로 (생각하는 것 같아요). 그러나 종북세력, 주사파는 철저히 북한의 지령에 따라 대한민국을 전복하려고 하는 세력입니다. 대한민국을 혁명하겠다고 하는 세력이죠. 그리고 대한민국을 주체사상의 조국 북한과 같은 나라로 만드는 것입니다. 대한민국을 혁명하고 대한민국의 자유민주주의체제를 전복해서 북한의 사회주의체제를 만드는 것이고 궁극적으로 북한의 김정은을 통일대통령으로 만드는 것입니다.

... 저는 북한이 무너지기 전까지는 대한민국에서 주사파가 없어지지 않는다고 봅니다."

이석기 RO사건이 밝혀진 후, 정부는 이석기가 주도하는 통진당의 실체를 깨닫고 해산을 추진했다. 통진당은 2014년 12월 헌법재판소에 의해 정당 해산 결정이 내려졌고, 이석기, 김미연 등 국회의원 13명은 국회의원직을 상실했다. 그러나 통진당 소속 지방의원은 그 직을 유지했고, 통진당 소속원들에 대한 별도의 조치는 없었다. 통진당이라는 항아리만 깼을 뿐, 그 내용물은 없어지지 않고 각자 어디론가 다른 곳으로 흩어져 들어갔다.

제3장

대한민국을 위협하는
공산 · 사회주의

01 사회주의와 공산주의에 대한 이해

우리나라 국민들은 6 · 25전쟁을 겪은 탓으로 공산주의라고 하면 위험시하면서도 사회주의라고 하면 별로 위험시하지 않는 경향이 있다.

"사회주의! 괜찮지 않아요? 유럽이 사회주의를 하는데도 잘 살던데요?"

이들이 갖는 사회주의란 북한과 중국 같은 나라가 아니라 스웨덴, 네덜란드 같은 나라나 영국의 노동당, 독일의 사민당 등 유럽의 사회민주주의(약칭 사민주의) 정당을 염두에 둔 것이다. 영국 블레어 전 총리 등이 내세운 제3의 길 정도로 생각하고 있는 듯하다.

사회주의는 세분하면 복잡하고 다양하지만 크게 몇 가지로 나눌 수 있다. 혁명적 사회주의(공산주의), 민주적 사회주의, 사회민주주의(사민주의)가 그것이다. 그리고 네오막시즘, 중국형 변종공산주의 등 변형 사회주의도 있다.

첫째, 혁명적 사회주의인데, 공산주의라고도 한다. 폭력혁명을 통해 정권을 장악한 후 자유민주주의체제를 와해하고 인민민주주의→사회주의체제로 변혁하려는 것이다. 공산주의자들이 공산주의라고 하면 대중들이 혐오하기 때문에, 이를 감추고 그냥 사회주의로 말하거나 혁명적 사회주의자라고 부른다. 더욱 각색하여 진보적 민주주의, 민중민주주의, 인민민주주의라고 선전하는 것이다. 해방 직후 공산주의 소련이 북한을 공산화하기 위해 들어왔으면서도, 이를 숨기기 위해 공산주의, 사회주의라는 말을 일체 하지 않고 '진보적 민주주의', '인민민주주의'라고 포장했다.

"요즘 공산주의가 어디 있어?"라는 사람들도 있는데, 사실 그렇지 않다. 1980년대 좌익운동권이 추구했던 노선(PD파, NL파)은 혁명적 사회주의 즉 공산주의였다. 현재 북한 조선노동당도 2021년 초 당강령에 10여 년 전 삭제했던 '공산주의' 명칭을 부활시켰다.

혁명적 사회주의, 공산주의라고 하면 무조건 폭력혁명만으로 체제를 바꾸는 줄 아는 사람들이 많은데, 그렇지 않다. 폴란드, 헝가리, 동독 등 자유민주주의체제였던 국가들을 공산화할 때는 기존의 여·야 정당과 선거, 의회에 의한 헌법·법률 제·개정 등의 합법적 방법을 많이 활용했다. 다만 선거에서 승리하기 위해 정당통합, 야당 탄압과 부정선거, 학살 등 다양한 방법으로 불법적 방법도 혼합해서 활용했던 것이다.

둘째, 민주적 사회주의이다. 선거를 통해 정권을 잡고 의회에서 헌법, 법률 개정 등 합법적인 방법으로 자유민주주의체제를 사회주의체제로 변혁하는 노선이다. 민주적 사회주의는 체제변혁 절차가 의회적, 합법적일 뿐 이루고자 하는 사회주의 내용은 공산주의와 같다. 합법적 방법으로 자유민주주의체제를 허물 수 있다는 것은 그만큼 반체제세력이 그 사회 속에 장기간, 광범하게 확산되어 왔다는 의미이다. 미국의 샌더스 의원 등이나 문 정권 주도세력이 그런 범주에 속할 것이다. 아르헨티나의 페론 정부나 베네수엘라의 차베스-마두로 정권도 그런 범주에 속할 것이다. 그런데, 민주적 사회주의도 불법선거, 야당 탄압, 기독교 탄압 등 교묘한 방법으로 선거, 의회 절차, 언론, 기독교 탄압 등 자유민주주의 질서를 훼손하는 경우가 많아 '혁명적 사회주의'(공산주의)와 구별이 모호한 경우가 많다.

셋째, 사회민주주의(사민주의)인데, 전향한 사회주의이다. 영국 노동당, 독일의 사민당 등의 노선이다. 사회주의의 일종이기는 하나, 자유민주주의체제를 파괴하려 하지 않고 자유민주주의체제 내에서 노동계급이 주도권을 갖고 복지 등을 강화하겠다는 입장이다. 과거 공산주의식 폭력혁명을 통한 혁명적 사회주의를 추구하는 것을 포기하고 자유민주주의를 인정하는 방향으로 전환했다는 점에서 앞의 둘과 다르다.

우리나라에서 주도권을 가진 사회주의세력의 다수는 자유민주주의를 긍정하지 않는 사회주의세력으로서, 자유민주주의와 공존이 불가능하다. 우리나라에도 유럽식 사민주의를 추구하는 세력이 상당수 있기는 하지만 공개적으로 내세우는 사람들은 극소수(주대환 등)이고 대체로 그 노선을 숨기는 경향이 있다. 좌익세력이 사민주의자에 대해 변절자 등으로 매도하고 '왕따' 시키기 때문이다. 이제 사민주의세력(좌익)도 자신의 생각을 숨기지 말고 반대한민국세력(혁명적 사회주의, 민주적 사회주의)과 절연하고 독립선언을 해야한다.

02 북한과 반대세 좌익세력의 사상적 바탕은 마르크스 공산주의

(1) 대한민국세력이 공산주의 통찰해야 할 이유

대한민국은 북한의 위협 아래 놓여 있는데, 북한은 정권수립 후 지금까지 남한 공산화를 한 번도 포기한 적이 없다. 북한은

1948년 이후 꾸준히 '공산주의국가' 임을 내세웠는데, 2010년 노동당 규약에서 '공산주의' 용어를 삭제했다가 2021년 1월 다시 복원했다. 이는 북한이 남한 공산화를 포기하지 않았음을 의미한다.

현재 대한민국을 주도하는 반대세 좌익세력은 북한의 주체사상과 함께 마르크스-레닌주의를 학습했던 이들이다. 현재 대한민국은 중국공산당으로부터도 위협을 받고 있다. 그러므로 대한민국세력은 이들과의 체제전쟁에서 패하지 않기 위해서는 공산주의 사상을 반드시 알아야 한다.

특히, 우리나라 국민들은 생각보다 공산주의, 사회주의에 대해 낭만적이고 관용적으로 생각하는 경향이 있다. "젊어서 공산주의 아닌 사람은 가슴이 없다"거나 "한 때 젊어서 그럴 수도 있지", "공산주의는 이론은 좋으나 현실이 나쁘다" 등으로 말하는 것을 보면 알 수 있다.

과연 공산주의는 이론이 좋은가? 공산주의 역사에서 1억 명이나 무고한 인명을 학살했으니 현실이 나쁜 것은 알겠는데, 왜 이론은 좋다고 생각하나? 우리 국민들의 머릿속에 있는 공산주의에 대한 잘못된 이해는 바로 공산주의자들이 내세우는 포장용, 선전용 용어에 속은 탓이다. "가난한 자들이 주인이 되는 세상", "민중이 진짜 잘 사는 나라", "착취가 없는 나라", "모두가 다 같이 평등하게 잘사는 나라"… 그래서 사상에 대한 이해가 없는 일반인들이 듣기에는 "공산주의는 휴머니즘적인 이데올로기"라고 착각을 불러일으킨 것이다. 이들의 사탕발림 말에 속지 않기 위해서도 공산주의 사상의 실체를 제대로 공부해야 한다. "아름다운 가게"라고 간판을 했다고 아름다운 가게가 아니다. 이름은 선전용이니까 이름에 의미를 두지 말고 본질을 깊이 관찰해야 한다.

(2) 마르크스 공산주의이론 알아보기

공산주의이론을 만든 사람은 마르크스이다. 그는 1818년 독일 프로이센(프러시아) 라인주 유태인 가정에서 태어났다. 할아버지, 외할아버지 모두 유태교 랍비였다. 아버지는 당시 유태인도 직업을 가질 수 있게 됨에 따라 변호사가 되었다. 유럽에서 차별을 받던 유태인 출신에다 아버지의 영향(자유주의 성향, 반정부적 성향, 반기독교 성향), 고등학교(반정부적 성향) 교육 등의 영향을 받았다. 그는 아버지의 권유로 본대학 법학과에 입학했으나 법학보다는 문학과 철학에 관심이 많았고, 극단주의 사상가들이 많았던 시인동우회, 헤겔사상박사동우회 등 감시대상 서클에서 활동했다. 대학 졸업 후에는 1842년 10월 쾰른시 「라인신문」 편집주필을 역임했다. 그러나 반정부적 논설로 라인신문은 폐간되었는데, 반발로 모든 활자를 빨간색으로 인쇄하기도 했다. 그는 독일로부터 추방당해 프랑스로 갔고, 또 벨기에로 추방했다. 프랑스에 있을 때 평생의 동지 엥겔스를 만났고, 그와 함께 1848년 벨기에 브뤼셀에서 공산당선언을 만들었다. 그리고 1849년 영국으로 건너가 대영박물관 사서로 있으면서 경제를 연구하여 자본론을 만들었다(1876).

그는 공산당선언을 28살 때 25살의 엥겔스와 함께 만들었다 (1848). 공산당선언을 보면, 논문이 아니고 국제공산주의운동의 지도적 지침을 확립할 목적으로 발표한 혁명을 선동하는 연설 형식이다. 공산당선언은 "한 유령이 유럽을 배회하고 있다. 공산주의라는 유령이."라는 문구로 시작했다. 여기에는 "인간의 모든 역사는 계급투쟁의 역사다"라며 계급투쟁을 선언했다. 그리고 공산당선언의 끝에는 더욱 격렬한 감정을 실어 마무리했다. "공산주의자들은 이제까지의 모든 사회질서를 강제력으로 전복시킴으로써만 자신들의 목적을 달성할 수 있다는 것을 공공연하게 선언한다. 지배계급들로 하여금 공산주의 혁명 앞에 전율하게 하라. 프롤레타리아가 잃을 것은 쇠사슬뿐이고 얻을 것은 세계다. 전 세계 노동자여 단결하라!"

마르크스의 공산당선언은 문학가적 소질을 활용해 쓴 선동문장이며, 자본주의 경제학을 깊이 연구한 논문이 아니다. 공산당선언을 쓴 마르크스의 기본 정서는 판단컨대, 분노다. 국가, 기존질서, 사유재산, 기독교 등에 대한 분노. 분노의 기반 위에 자본주의체제 멸망이라는 가설을 설정하고 이를 합리화하기 위해 사후적으로 짜 맞춘 이론이 바로 마르스크의 공산주의이론인 것이다.

마르크스가 공산주의를 만든 이유나 마르크스이론이 유럽 사회로 전파된 이유는 무엇일까? 당시 영국, 프랑스, 독일 등 서구 국가들이 산업화하면서 시장경제체제(자본주의체제)로 변해 갔는데, 그 속에서 여러 가지 문제점이 발생했기 때문이다. 특히 마르크스가 활동했던 시기(18세기 중엽 이후)에는 기업 독점으로 인한 문제점들이 심했었다. 기업들은 근로조건에 대한 개념 이해가 없었으므로 더 많은 이익을 얻기 위해 노동자들을 혹사시키는 일이 빈번했다. 마르크스는 시장경제체제의 갈등구조를 간파하고 공산혁명이론을 만든 것이다.

공산주의이론은 크게 철학이론·정치이론·경제이론 등으로 구분할 수 있다.

1) 철학이론

마르크스의 철학이론에는 유물변증법과 이를 역사에 적용한 사적유물론(유물사관) 등이 있다.

첫째, 유물변증법은 마르크스가 헤겔의 철학이론인 변증법과 포이에르바하의 유물론을 결합하여 만든 것이다. 헤겔은 '역사는 正-反-合[138]의 끊임없는 과정을 통해 발전하는데, 이 변화를 이끄는 동력은 절대정신이다'라고 주장했다. 마르크스는 헤겔의 변증법에서 절대정신을 빼고 그 자리에 유물론을 넣어 유물변증법을 만들었다. 유물변증법이란 '정-반-합의 역사발전의 원동력은 물질이다'라는 이론이다. 물질이란 경제를 의미한다.

둘째, 역사철학인 사적유물론은 유물변증법의 정-반-합의 역사발전의 원리를 현실 역사에 적용한 것이다. 역사의 변천과정을 원시 공동사회-고대 노예제사회-중세 봉건사회-근대 자본주의사회-공산사회의 5단계 발전단계를 상정하고 있다. 고대 노예제사회(正)에서 점차 사회적 모순으로 계급투쟁(反)이 일어나 중세 봉건사회(合)로 변해가고, 중세 봉건사회(正)도 사회적 모순으로 계급투쟁(反)이 일어나 근대 자본주의사회(合)로 진보한다. 근대 자본주의사회(正)도 또 다른 사회적 모순으로 계급

---

138) '정-반-합'의 변증법을 쉽게 이해하려면, 어떤 주제를 가지고 논쟁을 벌이는 토론장을 생각해보면 된다. 어떤 사람이 특정문제를 풀기 위한 대안을 제시한다. 이에 대해 반대하는 사람이 원인과 처방이 잘못되었다며 비판하고 새로운 반대 대안을 제시한다. 이러한 두 안을 토론하다 보면, 두 안의 장점과 단점들이 드러난다. 따라서 처음의 안(正)과 새로운 반대안(反)을 아우르는 통합의 방안(合)이 도출된다는 것이다.

투쟁(反)이 일어나 공산사회(최종 合)로 진보한다는 것이다. 공산사회는 모두가 능력에 따라 일하고 필요에 따라 분배한다는 이상사회로, 이를 역사발전에서 최종적 귀착점으로 본다. 이러한 5단계로 사회를 진보하게 하는 원동력은 바로 경제력이라고 보았다. 사회를 구성하는 하부구조인 경제력이 변하면 정치·법률·예술 등 상부구조가 종속적으로 변하여 새로운 사회로 진보(변혁)해 간다는 것이다.

2) 정치이론

마르크스의 정치이론에는 계급투쟁론·폭력혁명론·프롤레타리아독재론 등이 있다. 계급투쟁론은 한 사회 내에 존재하는 두 계급이 대립·투쟁하여 폭력혁명이 일어난다는 이론이다. 한 사회를 구성하는 경제관계는 생산수단을 소유한 계급과 생산수단을 소유하지 못하고 착취당하는 계급에 의해 이루어진다는 것이다. 이를테면 고대의 노예주와 노예의 관계, 중세의 봉건영주와 농노와의 관계, 근대의 자본가와 노동자의 관계가 그것이다. 이런 경제체제를 둘러싼 두 계급 간의 갈등이 심해지면 결국 착취당하던 계급이 폭력혁명을 일으켜 이전의 체제를 무너뜨리고, 다음의 단계로 진보한다는 것이다. 자본주의의 경제관계를 부르주아계급이 프롤레타리아계급을 착취하는 구조로 본다. 두 계급의 대립이 한계점에 이르면, 노동자들이 폭력혁명을 일으키게 되고, 결국 자본가들을 타도하고 자본주의사회→사회주의, 공산주의사회로 변혁한다는 것이다.

그리고 프롤레타리아혁명이 성공해도 바로 사회주의, 공산주의사회로 가는 것이 아니다. 일정기간 프롤레타리아독재체제라는 과도기간을 거친다. 부르주아계급이 가진 생산수단을 빼앗아 프롤레타리아계급이 주도하는 국가의 수중에 집중시켜야하기 때문이라는 것이다. 프롤레타리아독재체제를 통해 자본주의체제의 잔재를 완전 소멸시킨 후 사회주의, 공산주의사회로 이행한다는 것이다.

3) 경제이론

마르크스는 자본주의 필멸론('반드시 멸망한다')을 먼저 선포해놓고, 사후적으로 자본주의경제학을 연구하여 '자본주의가 왜 착취구조이고 혁명이 일어날 수밖에 없는가?'에 대한 경제학적 근거를 만들었다. 이것이 마르크스가 저술한 자본론이다.

마르크스의 경제이론은 노동가치설·잉여가치설·착취설 등으로 구성되어 있다. 노동가치설이란 모든 생산품의 가치는 투입된 노동의 가치로만 결정된다는 것이다. 원래 생산품의 가치는 투입된 자연, 노동, 자본, 기술의 결합물이다. 자동차 등 어떤 상품의 가치는 경제활동이 이루어지는 자연생태계, 투입된 노동자의 노동력과 자본가의 자본력(공장, 기계, 자본, 경영자 능력 등), 그리고 기술혁신 등이 종합되고, 수요-공급 원리에 따라 시장에서 결정되는 것이다. 그런데, 노동가치설에서는 가격을 정하는 다른 요소들을 빼버리고 노동자의 기여도만 인정했다. 상품의 가치는 오로지 노동자들이 만든 것이라는 관념이다. 따라서, 기업가들이 가져가는 이익은 원래 노동자들이 가져야 할 몫을 착취하는 것으로 본다. 이는 기업경영 실상을 전혀 무시하고 "노동자 여러분! 분노하라. 당신이 가져야 할 돈을 자본가가 빼앗아 가고 있다. 자본가를 없애고 자본주의체제 자체를 없애고 우리가 주인이 되는 세상을 만듭시다"라며 선동하는 논리일 뿐이다.

마르크스 자본론의 핵심은 '노동자들이 폭력혁명을 일으킬 수밖에 없고, 자본주의가 몰락할 수밖에 없다'는 결론을 도출하는 데 있다. 마르크스의 철학·정치·경제이론도 모두 자본주의체제를 몰락하고 사회주의, 공산주의체제의 사회로 변혁하는 것이 역사의 필연이라는 결론을 도출하기 위해 복잡다단하게 짜깁기한 선동이론이라 할 것이다.

첫째, 부르주아계급을 없애면 어떤 문제가 발생할까?

과거 소련, 동유럽(폴란드, 헝가리, 체코슬로바키아, 동독 등), 중공, 북한 등은 공산주의국가를 만든 후 마르크스이론에 따라 자본가를 착취세력이라고 생각하고 숙청하였다. 자본가가 했던 역할을 정부가 맡았다. 경쟁체제는 없어지고, 정부가 독점적으로 기업을 운영하였다. 기업 간 경쟁이 없으니 기술진보가 어렵고, 기업이익이 자신에게 돌아오지 않으니 제대로 경영하지 않고, 전문가가 아닌 공무원이 운영하니 성과가 떨어질 수밖에 없다.

둘째, 성과를 평등하게 나누면 무슨 일이 일어날까? 기업 운영자들이나 노동자들도 능력과 노력에 따라 결과물이 돌아오지 않기 때문에 열심히 일하지 않는다. 이러한 이유로, 국가기업들은 경쟁이 치열한 국제사회 속에서 살아남을 수 없고, 도태될 수밖에 없다. 국가 내 모든 기업이 그렇게 되면 국가도 당연히 빈곤해져 갈 수밖에 없다. 사회주의국가들이 평등하게 잘 사는 것으로 포장했지만 결국 몰락할 수밖에 없었던 것은 바로 자본가의 역할과 시장경쟁체제의 장점, 그리고 인간의 이기심을 무시했기 때문이다.

인간의 이기심은 나쁜 속성 아니다. 마르크스가 멸망할 것으로 예언한 자본주의체제는 오히려 발전을 거듭하였다. 그 이유는 자본주의가 남보다 더 잘 살고자 하는 인간의 본성적 이기심을 나쁘게 보지 않고 긍정적으로 보며 이를 만족시켜 주는 체제이기 때문이다. 인간은 누구나 더 잘 살고 싶어 한다. 열심히 일하면 더 많은 대가를 받을 수 있어, 열심히 일할 유인이 생기는 것이다. 모두 열심히 일하기 때문에 사회·국가도 발전하는 것이다.

셋째, 마르크스는 프롤레타리아독재체제가 과도적으로 존재한다고 했는데, 이 체제가 영속되고 있다는 것이 문제다. 공산·사회주의체제는 폭력혁명을 통해 자본가들을 숙청한 후 만드는 체제다. 따라서 체제변혁과정에서 생긴 많은 저항세력을 제거해야 하고, 이 체제를 유지하려면 잘살고자 하는 인간의 본능을 지속적으로 억압해야 한다. 따라서, 지속적인 감시와 통제, 억압체제를 유지하지 않을 수 없다. 그것도 정치뿐 아니라 경제까지, 심지어 가정, 개인의 심리까지도 감시, 통제하는 전체주의체제로 운영해야 하는 것이다.

마르크스–레닌주의, 무엇이 문제인가?

마르크스이론은 증명된 이론이 아니고 하나의 가설이었다. 마르크스의 가설이 틀렸다는 것을 안 것은 레닌이었다. 레닌은

"마르크스주의는 무슨 완결되고 완성된 불변의 학설이 아니다"라고 인정할 정도였다.[139] 레닌은 제1차 세계대전 때 각국의 노동자들이 단결하여 혁명을 일으키지 않는 모습을 보면서, 마르크스의 예언이 틀렸다고 판단하고 대안을 마련했다.

첫째, 그는 혁명을 기다리지 않고 전위당을 앞세워 혁명을 일으켜야 한다고 보았다. 레닌은 마르크스가 예언한 것처럼 혁명은 어느 단계에 가면 필연적으로 일어나는 것이 아니라는 것을 깨달았다. 그는 전위당(혁명의식으로 충만한 혁명가들의 정당인 공산당)이 혁명을 일으키고 성공시켜야 한다고 보았다. 결국 레닌의 러시아혁명도 겉으로는 프롤레타리아(노동자)계급 혁명이라고 포장하지만, 사실은 엘리트공산주의자 볼셰비키들에 의한 혁명이었다. 모든 공산혁명 정권도 선전과 달리 사실은 소수의 엘리트가 지배하는 체제이다. 프롤레타리아계급은 그들이 정권을 장악하는 과정에서 이용당하는 대상일 뿐이다.

둘째, 그는 혁명을 성공하기 위해 다양한 전략전술론을 개발해 활용했다. 용어혼란전술, 통일전선전술, 사법투쟁전술, 폭로전술 등이 그것이다. 결국, 공산주의란 공산엘리트들이 다양한 전략전술을 활용하여 정권을 쟁취하려는 사악한 이데올로기일

---

139) 윤원구, 『민주복지사회로 가는 길』(집문당, 1995), pp56~66.

뿐이다. 공산주의를 아는 핵심은 그들이 정권을 잡기 위해 사용하는 다양한 전략전술론을 이해하는 것이다. 이것을 학습하지 않고 그들의 말을 액면 그대로 믿는다든가 그들이 제안하는 연대·연합하거나 그들과 협상하고 양보하는 것은 항복으로 가는 계단일 뿐이다.

셋째, 레닌은 정치권력을 장악하기 위해 무슨 짓이든 할 수 있다고 했다. 레닌은 "프롤레타리아정권 장악에 도움이 되는 것은 모두 '가치 있다. 선이다. 진리다'", "아무리 사실이라도 자신들의 정권장악에 도움이 되지 않으면, '거짓이다'"라고 말했다. 이러한 마르크스-레닌주의를 주입받기 때문에, 공산주의자들은 도덕과 양심에 어긋나는 일을 아무런 죄책감 없이 할 수 있는 것이다. 레닌은 "공산주의자는 법률 위반, 거짓말, 속임수, 사실 은폐 따위를 예사로 해치우지 않으면 안된다"고 말했고, "공산주의자 신조" 제10항에는 "어떠한 행위도-예컨대 살인이나 양친에 대한 밀고라도-공산주의의 목적에 도움이 된다면 정당화된다"고 규정하고 있다.[140]

넷째, 레닌이론의 핵심은 공산주의 본질을 숨기고, 달콤한 공약으로 대중을 선동하라는 것이다. 공산주의자들은 프롤레타

---

140) 윤원구, 『공산주의의 본질』(전국이념보급회 출판부, 2014), pp101-105.

리아계급의 이익을 내세우나 이는 속임수일 뿐이다. 어느 나라도 공산주의의 실체를 그대로 이야기한다면 모두가 싫어한다. 그래서 레닌은 항상 그 본심을 감추고 보다 인기있는 슬로건이나 정책을 앞세울 것을 강조했다. 레닌은 러시아혁명 때 노동자에게는 '빵을 주겠다', 농민에게는 '토지를 공짜로 주겠다', 군인에게는 '평화를 주겠다'(전쟁 중단 공약)는 달콤한 공약을 내세웠다. 공산주의자들이 "노동자가 주인이 되는 세상", "주민이 주인이 되는 세상", "마을민주주의" 등 달콤한 공약을 내세우지만 모두 노동자, 농민 등 민중을 선동하기 위한 사기이론인 것이다.

루카치와 그람시, '마르크스-레닌주의' 대체 이론을 만들다

1917년 러시아혁명에 영향을 받아 마르크스주의자로 변신한 게오르그 루카치(Georg Lukacs)는 1918년 헝가리혁명에 참가하여 잠시 정권을 잡은 벨라 쿤 공산정권의 교육부 차관직을 맡았었다. 그러나 공산혁명정권은 곧 실패했고, 밀려났다. 이후 루카치는 제1차 대전에서 서구 노동자들의 계급투쟁을 하지 않은 이유와 헝가리혁명이 실패한 이유 등을 분석하여 대안을 모색했는데, 그 결과물이 『역사와 계급의식(History and Class Consciousness)』(1921)이라는 저술이다. 서구에서 혁명이 실패한 이유는 서구의 노동자들이 계급의식을 깨닫지 못하기 때문이라며, 이들의 계급의식을 변화시키는 것이 혁명의 열쇠라고 보았다. 노동자계급의 눈을 가리는 것은 기독교문화라고 보고 이를 파괴하는 서구 인간의 의식혁명, 정신혁명을 이루어야 서구의 정치혁명이 가능하다고 본 것이다. 그의 주장은 정치적, 경제적 계급의식을 통해 혁명을 시도한 마르크스의 노선과 다른 것이었다. 루카치는 혁명의 수단으로 개인의 의식혁명, 정신혁명, 문화혁명을 해야 한다고 주장한 최초의 사람으로서, 최초의 마르크스주의 비판자로 평가된다.

그는 이미 헝가리 혁명정권 당시 교육부 차관에 있으면서 "누가 우리를 서구 문명으로부터 구원해줄 것인가?"라는 질문을 가슴에 품고 서구 문명을 파괴하기 위해 급진적 성교육 프로그램을 실행해 헝가리 사회의 도덕적 가치관을 파괴하는데 착수했었다. 루카치가 아동들에게 급진적 성교육 프로그램(성관계 강의, 성행위 묘사 안내책자 배포 등)을 실시하고 학생들에게 기독교의 도덕윤리관과 일부일처제와 부모와 교회의 권위를 거부하고 조롱하도록 부추겼다.[141] 루카치의 이러한 문화혁명 이론은 이후 등장한 다양한 문화적 투쟁을 주장하는 사람들에

---

141) 홍지수, 『트럼프를 당선시킨 PC의 정체』(북앤피플, 2019), pp24-25.

게 큰 영향을 미쳤고, 그람시는 그의 영향을 받은 사람 중 하나였다. 루카치는 독일의 프랑크푸르트학파 성립에도 지대한 영향을 미쳤다.

루카치의 영향을 받아 마르크스의 가설이 틀렸다고 주장하는 대표적인 사람은 이탈리아 공산주의자 안토니오 그람시였다. 그람시도 제1차 세계대전에서 각국의 노동자들이 연합하여 폭력혁명을 일으키지 않은 이유가 서구의 기독교 정신과 문화에 있다면서 이를 파괴해야 한다고 주장했다.

그람시는 먼저 노동자의 개념을 다시 규정했다. 마르크스는 노동자(프롤레타리아)를 육체노동자를 상정했는데, 그람시는 지식인도 노동자에 포함시켰다. 문화혁명의 주체는 이들이 있어야 했기 때문이다. 그람시는 '긴 행진' 즉 장기적인 문화혁명을 전개해야 마침내 혁명이 성취된다고 본 것이다. 그는 혁명을 성공하기 위해 타도해야할 대상은 부르주아계급이 아니라 공산혁명을 가로막는 가장 큰 장애물인 기독교정신과 문화에 기초한 가정, 교회 등이라고 보았다. 이 토대를 파괴해야만 공산혁명이 가능하다고 보는 헤게모니론을 설파하였다. 이를 위해 언론, 교육, 문화, 종교(특히 신학교육) 등 제도권 진지를 장악하고 오랜 기간에 걸쳐 반기독교 문화를 지속 전파하도록 했다.

마르크스 사상에 입각한 국가가 최초로 수립된 것은 공산당선언(1848)이 발표된 지 70년이 지난 뒤였다. 레닌에 의한 볼셰비키혁명으로 1917년 러시아 → 1922년 소련이라는 공산국가가 세계 최초로 수립된 것이다. 1922년 소련 하나로 출발한 공산국가가 어떤 과정을 거쳐 1970년대 말 전 세계의 1/3이 공산국가가 되는 상태에 이르게 되었을까?

레닌의 공산주의 수출 노력, 외형은 실패했지만...

레닌은 1917년 10월 볼셰비키혁명을 성공한 후 자신감을 얻어 러시아-소련을 거점으로 한 세계 공산화 공작에 박차를 가했다. 레닌은 '공산혁명수출 제1기'(1917-1924) 동안 열심히 공산혁명 수출에 주력했다. 레닌은 우선 1919년 국제공산당조직인 코민테른을 창설했다. 또한, 그는 유럽과 동아시아 등에 공산주의 혁명을 전파하기 위해 공작금 지원, 선전선동, 조직화 등 다각도로 노력했으나, 그루지아와 외몽고를 제외하고는 모든 공산화 공작을 실패했다. 유럽의 독일(1918), 헝가리(1919), 오스트리아(1919), 슬로바키아(1919), 폴란드(1920), 이란(1921), 에스토니아(1924) 등에서 추진했던 공산화 공작들이 모두 실패

했다.[142]

레닌은 동아시아지역으로 공산화 수출 공작도 추진했는데, 최초의 공산혁명 수출공작 대상은 바로 한인이었다. 한인은 동아시아에서 공산주의에 가장 먼저 가장 적극적인 관심을 보였기 때문이다. 레닌의 한인에 대한 공산혁명 수출은 처음에는 성공하는 듯했다. 블라디브스톡에 있는 이동휘를 포섭, 동아시아 최초의 사회주의정당인 한인사회당(1918)을 창당하게 했고, 나아가 상해 통합임시정부 수립시 이동휘를 국무총리 자리에 앉히는 데 성공했기 때문이다. 그러나 1921년 이동휘의 레닌 공작금 유용 사실이 드러나 이승만에 의해 모두 축출되고 말았다.

이렇듯, 레닌이 전 세계에 공산혁명의 씨앗을 뿌리는 공작이 겉으로는 실패한 것 같았으나 결코 헛된 것이 아니었다. 유럽과 미국은 물론 조선(한인), 중국, 동아시아 곳곳에서 그가 뿌린 공산·사회주의 사상과 조직이 뿌리를 내리고 있었기 때문이다.

공산·사회주의 확산에 대한 반공세력의 무기력

1920년대 들어 빠른 속도로 공산·사회주의 사상과 조직이 동아시아는 물론 유럽 전역으로 확산되어 갔다. 러시아·소련과

---

142) 지영·안종석, 『세계공산화운동사』(한국사회사상아카데미, 1989), pp138-144.

국제공산조직인 코민테른의 선전선동('모두가 평등하게 사는 세상')
이 대중들의 마음을 사로잡았기 때문이다. 미국, 영국은 물론
유럽 각국은 처음에는 공산·사회주의의 본질과 위험성을 잘
몰랐다. 그런 사상적 무방비 상태에서 공산주의 사상이 빠른
속도로 전파된 것이다. 1920년대 공산·사회주의 확산에 대해
점차 경계심을 가진 우익세력들이 형성되기는 했으나 소련과
코민테른의 체계적인 선전 공세에 효과적으로 대응하지 못하
고 우왕좌왕했다. ('공산주의를 비판하면 극우라고 매도')

그런 가운데, 1930년 전후에 반공적 전체주의체제가 등장했는
데, 이탈리아 무솔리니, 독일의 히틀러, 일본 군국주의체제였
다. 독일의 예를 들면, 힌덴부르크 대통령이 1당인 "국가사회
주의 독일 노동자당"(나치당)의 당수 히틀러를 1933년 1월 총리
로 임명한 이유는 공산당과 사회민주당이 세력이 커지자 공산
당을 견제하기 위해서였다. 총리가 된 히틀러는 국회를 해산하
고 1933년 2.27 국회의사당 방화사건(범인은 네덜란드 공산주의자)
을 계기로 하루 만에 공산당원을 4,000여 명을 체포하고 총선
(3.5) 후 81명의 공산당원 당선자를 무효화하는 등 탄압하여 전
권위임법을 통과시켜 독재체제를 구축했던 것이다.

일본의 경우는 1920년대 초 일본 본토와 조선(한반도)에 공산·
사회주의세력과 조직들이 기하급수적으로 늘어나면서 위기감

을 가졌다. 일본은 천황을 신으로 섬기는 '국가신도'의 나라로 공산주의에 대해 일본체제를 위협하는 요소로 판단해 1925년 치안유지법이라는 반공법을 만들었고, 공산·사회주의 조직과 사상을 철저히 뿌리 뽑으려 했다. 한인 출신 공산주의자들은 일본의 강력한 반공정책 때문에 한반도에서의 활동이 거의 불가능했으므로, 만주, 중국, 러시아 등지로 가서 활동했다. 이에 일본은 만주, 중국, 러시아 지역까지 진출하여 반일 공산세력을 색출, 무력화하는 반공활동을 전개했다. 이러한 가운데, 일본은 군국주의화가 진행되고 1931년 만주사변, 1937년 중일전쟁을 일으키며 전쟁 속으로 빠져들었다.

유럽 각국들은 1920년대 들어 공산·사회주의가 대중 속으로 빠른 속도로 확산되었으나, 마르크스·레닌주의의 사상적 실체나 허점을 간파하지 못하고 효과적인 대응법도 개발하지 못했다. 자본주의를 비판하면 뭔가 아는 지식인, 공산주의를 비판하면 극우라는 프레임에 속수무책 당했다. 유럽을 휩쓰는 공산주의 쓰나미에 대해 정상적인 방법으로는 이 쓰나미를 막을 수 없다는 위기감을 가진 반작용으로 나타난 것이 이탈리아 무솔리니의 파시스트당, 독일 히틀러의 나찌당에 의한 국가전체주의체제였다.

우리는 여기서 반드시 짚어야 할 점이 있다. 북한이나 대한민국 내 좌익세력은 우익세력을 향해 '파쇼'(파시스트)라고 부르고, 반공을 거론만 하면 극우라고 매도한다. 1930년대로부터 지금까지 전 세계 좌익들은 그런 프레임으로 반공 우익정권(자유민주주의정권)과 반공 우익세력(자유민주주의세력)을 비난해 왔다. 그런데, 이탈리아의 무솔리니와 독일의 히틀러도 좌익진영(사회주의진영)에서 출발한 사람이고 우익적(자유민주주의) 사상을 가진 사람이 아니었다. 전향을 했다는 고백도 없었고, 계기도 없었다. 다만 공산주의에 두려워하는 대중들의 지지를 얻어 반공을 내세웠을 뿐이다. 무솔리니와 히틀러는 국가사회주의를 기반으로 소련 중심 계급사회주의(공산주의)에 대항한 것이다. 무솔리니, 히틀러도 대중의 분노, 선전선동(괴벨스 등), 무신론, 반기독교, 진화론, 혁명론 등을 강조하고 활용했다. 그러므로 이탈리아 무솔리니, 독일의 히틀러의 통치는 극우전체주의가 아니라 반공 국가전체주의라 할 것이다. 둘 다 분노에 기반한 세력이며, 파괴를 추구하는 세력이며, 결코 자유민주주의세력이 극단화한 것이 아니라고 할 것이다.

루즈벨트 대통령, '세계 공산화의 길' 물꼬 터주다

레닌이 1917년 10월 볼셰비키혁명에 성공하고 반자본주의 노선을 밝히자 독실한 장로교신자인 미국 대통령 우드로 윌슨

(1913 – 1921, 민주당)은 어떻게 하면 레닌정권을 고립시키고 붕괴시킬 것인가를 고민했다. 윌슨 대통령은 1919년 파리강화회의에서 레닌정권을 어떻게 고립화할 건지를 주요 의제로 삼았고, 영국 등 서방연합군과 함께 시베리아에 미군을 출병시켰고 끝까지 레닌 정부의 승인을 거부하였다.[143] 이후 1929년까지 집권한 공화당 정부도 유럽국가들의 소련체제에 대한 계속적인 승인에도 불구하고 윌슨의 불승인정책을 유지했는데, 소련 측이 미국 내의 공산주의자들을 후원하여 미국의 체제전복을 선동하는 것 때문이었다.[144]

그러나 1929년 세계대공황으로 경제위기에 직면한 미국 국민들은 민주당 루즈벨트 후보를 대통령으로 당선시켰다. 1933년 대통령직에 취임한 루즈벨트는 공산주의 사상에 대해 무지한 듯하면서도 소련과 스탈린에 대해 우호적인 태도를 죽을 때까지 버리지 않았으며, 속마음을 드러내지 않는 묘하고 복잡한 인물이었다. 그는 대통령에 취임하자 말자 천주교, 기독교인들의 반대에도 불구하고 공산주의 소련과 수교를 하고 문호를 열었다. 루즈벨트 정부가 소련과 문호를 열자 소련에 대한 우호적 인식이 미국 전체로 퍼졌다. 조나 골드버그가 쓴 『리버럴 파

---

143) 이주천, 『루즈벨트의 친소정책』(도서출판 신서원, 1998), pp31.
144) 이주천, 『루즈벨트의 친소정책』(도서출판 신서원, 1998), pp35.

시즘』에도 썼지만 프랭크린 루즈벨트 대통령의 신임을 받던 "두뇌위원회(Brain Trust) 맴버들을 포함해 미국 리버럴진영의 엘리트들은 마치 성지 순례하듯 모스크바를 방문해 소련이 진행하고 있는 사회적 실험을 경탄 가득 찬 눈빛으로 지켜보곤 했다." 그들은 모스크바가 세계의 변화를 주도하고 있다고 믿었다.[145] 루즈벨트의 친소정책에 대해 보수파는 물론 전 뉴욕지사를 역임했던 민주당원 스미스는 1936년 대통령 선거기간 동안에 "루즈벨트가 미국인들을 사회주의로 몰고 있다"고 비난했다. 심지어 소련과 수교정책을 가장 앞장서 추진했고 초대 소련대사를 역임했던 뷸리트 조차도 소련 스탈린정권의 실체를 간파한 후 강경한 반소 노선으로 돌아서 "독일과 동맹하여 소련의 공산주의를 견제해야 한다"고 주장할 정도였다. 그는 루즈벨트 대통령에게 소련의 위험성을 지속 건의했지만, 루즈벨트는 친소정책을 죽을 때까지 유지했다.[146]

루즈벨트 정부가 주도한 친소정책으로 인해 미국 내 공산주의 사상과 세력이 급속하게 확산되었다. 1930년대 초 약 7,500여 명에 불과하던 미국 공산당원의 수는 1930년대 말에는 약 5만 5,000명으로 급증했고, 1930년대 초반부터 1952년까지 민주

---

145) 벤 샤피로 저, 노태정 역, 『역사의 오른편 옳은 편』(기파랑, 2020), pp270.
146) 이주천, 『루즈벨트의 친소정책』(도서출판 신서원, 1998), pp49, pp55.

당이 장기집권하는 동안, 특히 루즈벨트 대통령 재임기간 동안 많은 수의 공산당원을 비롯한 좌익분자들이 미국의 연방정부 및 주정부와 공공기관에 임명되었다.[147]

루즈벨트가 친소정책을 펴는 동안 미 국무부 등 정부 내 친소 공직자들이 대거 요직을 차지했다. 대표적인 인물이 소련간첩 엘저 히스이다. 그는 국무부 요직을 차지해 얄타회담의 전략정보를 소련에 유출했다. 이는 구공산권 문서인 "베노나문서" 공개로 소련간첩 임이 확인되었다.

나아가 루즈벨트 대통령은 소련 스탈린을 신뢰하고 유럽전선에서 독일과 싸우는 소련을 지원했고, 태평양전선에서 소련군을 끌어들였다. 제2차 세계대전은 미국, 영국, 소련 연합군의 승리로 끝났고, 소련은 승전국의 위치를 차지했다. 이로써 전후 소련 중심의 세계 공산화의 대문이 활짝 열리고 말았다. 소련군은 미국 루즈벨트 대통령의 양해 아래 전승국이라는 고지를 이용하여 동유럽과 북한지역으로 진군해 들어가 공산화에 성공했다. 제2차 대전의 최대의 수혜자는 바로 스탈린이었다. 엄청난 영역을 소련 영토로 차지하거나 위성국가로 만드는 전리품을 획득했기 때문이다. 그 영향으로 동아시아의 광대한 중

---

147) 양동안, 『한국에서 혼란스럽게 사용되는 정치·사상 용어 바로알기』(도서출판 대추나무, 2020), pp229.

국까지 공산화되는 결과를 낳았다.

미국과 소련의 승리는 또 다른 후유증을 남겼는데, 세계인 머릿속에 '반공주의는 곧 극우이고 파시즘'이라는 코민테른의 선전선동 프레임을 깊이 각인시킨 것이다. 반공주의가 나쁜 게 아니라 독일의 히틀러와 이탈리아 무솔리니의 국가전체주의가 나쁜 것인데, 마치 "반공주의=극우, 파시즘"이라는 잘못된 프레임이 세뇌된 것이다. 그러다 1950년 6·25전쟁을 통해 공산주의의 실체를 겪고서야 비로소 공산주의가 나쁘고 반공주의는 정당하다는 것을 깨닫게 되었다.

> **2차 세계대전 말기 스탈린이 유럽 일부 지역을 지배할 수 있다는 경고에 대한 루즈벨트의 발언**
> "나는 스탈린이 그런 사람이 아니라고 생각하였다. ··· 나는 만약 내가 그에게 모든 것을 준다면, 나는 아마 그에게 아무것도 돌려달라고 청할 수 없을 것이다. 노블레스 오블리주에 따라, 그는 아무것도 빼앗지 않고 나와 함께 세계의 자유민주주의와 평화를 위해 일할 것이다."

소련의 스탈린은 교활하고 영리한 인물로, 미국의 루즈벨트, 영국의 처칠 등을 적절히 활용하여 제2차 대전 연합군으로 참전 기회를 통해 반공 의식을 무력화시키고 나아가 소련군 진군을 통해 소련 영토로 강제 편입하거나 소련 위성국가화하는 기회로 활용했다. 즉, 소련은 전쟁 와중에 소련군을 이용하여 폴란드로부터 서부 베로러시아와 서부 우크라이나를 빼앗았고 루마니아로부터 베사라비아와 북부코비나 등을 빼앗았으며, 독립국인 에스토니아, 라트비아, 리투아니아 및 핀란드 일부 지역까지도 소련 영토로 합병했다. 소련은 연합군이 대독 전쟁에서 승리한 기회를 활용하여 폴란드, 동독, 체코슬로바키아, 헝가리, 유고슬라비아, 루마니아, 불가리아, 알바니아 등 8개국에 진군하여 공산주의 체제를 수립했다. 게다가 소련은 동아시아로 눈을 돌려, 미국이 일본 히로시마(8.6)에 원자폭탄을 투하하자 곧 일본항복을 예감하고 전광석화처럼 대일 선전포고(8.8)를 하고 바로 만주와 한반도에 진군(8.9)하여 북한지역을 점령했다. 이로써 북한지역마저 공산화한 것이다.

닉슨 대통령의 공산권 포용정책과 동아시아의 도미노 공산화

루즈벨트 대통령 다음으로 동아시아에서 공산주의세력 확장에 영향을 미친 이는 닉슨 대통령이었던 것으로 평가된다.

닉슨 대통령은 공화당 소속으로 반공, 반중 노선의 인물이었다. 그러나 닉슨이 대통령선거에 출마한 1968년은 미국은 물론 유럽, 일본 등 서구 대학가에서 베트남전 반대운동 즉 반전 · 반미운동(68혁명)이 격렬하게 일어나고 있었다. 이러한 상황에서 닉슨은 데탕트(긴장완화)정책을 정하고 대선에 임하여 겨우 승리하였다. 닉슨 대통령은 1969년 1월 취임 후 중국에 먼저 접촉을 시도하는 등 중국공산권에 우호적 정책을 추진했고, 그 결과로 닉슨독트린을 발표(1969.7)한 것이다. 닉슨 정부는 닉슨 독트린 노선에 8월부터 남베트남 주둔 미군을 철수하기 시작해 1968년 54만 8천명에 이르던 미군이 1972년말까지 2만 9천명으로 줄였다.148) 그 역할을 베트남군이 대신하도록 했다. 닉슨 정부는 드디어 1973년 북베트남과 평화협정을 맺고 (1973.1) 미군을 베트남전에서 전면 철수했다(1973.3). 결과, 미군이 철수한 지 불과 2년만인 1975년 3월 북베트남군의 남침으로 남베트남이 공산화되었다(1975.4). 남베트남 공산화 직전 옆 나라 캄보디아에서도 마오쩌둥(모택동)의 문화혁명을 추종한 폴포트가 공산정권을 수립했고, 수년에 걸쳐 국민 800만명 중 200-300만 명을 학살했다. 1975년 8월 인근 라오스에서도 공산정권이 들어섰다.

---

148) 국방부 군사편찬연구소, 『통계로 본 베트남전쟁과 한국군』(국방부 군사편찬연구소, 2007), pp6-8.

베트남 공산화에서 얻는 교훈

미국이 아프가니스탄의 탈레반과 평화협정을 맺고 미군 철수를 채 끝내기도 전인 2021년 8월, 아프가니스탄 전역이 탈레반에 의해 장악당했다. 카불공항에서는 탈출을 하려고 사람들이 몰려들어 출발하는 비행기를 따라 공항활주로를 뛰어갔고, 몇몇 사람은 출발하는 비행기 동체에 매달렸다가 하늘에서 떨어져 죽는 모습도 영상으로 찍혀 세계인들을 경악하게 했다. 이와 같은 카불공항의 모습이 1975년 4월 말 남베트남이 북베트남군에 의해 점령, 공산화될 때 베트남을 탈출하려는 비행기 탑승 행렬이 떠오른다.

1975년 남베트남은 북베트남의 공격을 받고 전투다운 전투도 해보지 못하고 58일 만에 사이공시(현 하노이시) 대통령궁이 점령당하면서 멸망하고 말았다. 사실 베트남과 우리와는 유사한 점이 너무 많다. 베트남은 우리와 같이 외국(프랑스)의 식민지 경험을 하였고, 그 연장선상에서 남북으로 분단되었다. 그리고 남베트남은 자유민주주의, 자본주의체제였고, 북베트남은 공산주의체제였다. 남베트남과 북베트남은 오랫동안 동족상잔의 전쟁도 치렀다. 북베트남은 대남공작을 강화하여 남베트남 내에 많은 간첩들을 심었다. 남베트남 내에는 종북세력들도 많았다. 이들은 북베트남과의 '평화', '통일'을 외치며 '미군철수', '평화협정체결'을 외치며 반미, 반정부 투쟁을 일삼았다. 일반 국민들도 서서히 종북세력들의 주장에 동조해 '미군철수'를 외쳤다. 결국, 미군은 1973년 북베트남과 평화협정 체결 후 철수했다. 북베트남은 미국과의 평화협정을 깨고 2년 만에 전격적으로 남침을 하여 공산화하고 말았다.(1975.4)

공산화된 후, 남베트남에서는 정치인·공무원·군인·종교인·부유층·지식인(학자·교사·언론인·변호사·의사 등) 등 수백만 명을 적대계층으로 분류하여 재교육수용소에 수감하여 자본주의형 인간을 사회주의형 인간으로 바꾸기 위해 수년간 사상개조를 위한 세뇌교육을 실시했다. 말라리아 등 전염병, 뱀·전갈의 독, 영양실조, 가혹한 체형 등이 만연하고 의료혜택이 전무한 수용소에서 장기간 구속되어 있으면서 많은 이들이 생명을 잃었다. 이렇게 하여 생명을 잃은 사람들과 즉결처분으로 살해된 사람들을 포함하여 남베트남이 공산화된 후 희생된 사망자는 최소 30만에서 200만명으로 추정되고 있다.

공산화된 후 북베트남 정권은 남베트남을 자본주의체제에서 공산주의체제로 바꾸는 과정에서 남베트남 마을 주민들을 활용했다. 이들은 남베트남 마을을 점령한 후 '반동분자들을 보복, 숙청해야 한다'며 동네 주민들이 앞장서 동네의 반체제분자들을 색출, 체포하도록 한 것이다.[149]

남베트남 사람들은 공산 치하의 실상을 경험하고는 해외로 작은 배를 타고 탈출을 시도하였다. 110여만 명의 보트피플 중 10여만 명이 배의 침몰이나 난파 등으로 바다에서 죽음을 맞았다. 이 중에는 남베트남민족해방전선(NLF)[150] 및 베트콩(남베트남해방전선 소속 군대 : 남베트남 인민해방군) 간부들도 상당수가 포함되어 있었다. 그토록 공산 통일을 염원했고 이를 위해 노력했지만 막상 공산정권이 들어서자, '한 번 배신한 인간들은 공산정권에도 배신할 수 있다'는 이유 등으로 처형의 위협을 당했기 때문이다.

미군철수(1973) 직후 남베트남의 국력은 북베트남과는 비교가 되지 않을 정도로 좋았다. 군사력은 미군의 최신무기 양도로 공군력이 세계 4위, 해군력 세계 5위였으며, 경제력과 인구에서도 북베트남에 비해 절대적 우위에 있었다.

남베트남은 이러한 월등한 군사력을 보유했음에도 그렇게 무

---

149) 배정호 편저, 『사이공 패망과 내부의 적』(비봉출판사, 2018), pp134-135.
150) 남베트남 수도 사이공시〈현 하노이시〉 서북방 캄보디아 국경 인근 정글지역 해방구에 근거지를 둔 통일전선단체, 1960년 결성

력하게 붕괴된 이유는 무엇일까? 크게 보면 남베트남 정부가 부패한 독재정권이었다는 점과 남베트남 내에서 활동한 간첩들과 종북 좌익세력(인민혁명당원)의 역할이었다.

첫째, 남베트남 정권은 군사쿠데타가 빈발하고 부패한 독재정권이었다는 점이다. 부패와 독재는 좌익세력이 대중들을 선동하기 좋은 제1 조건인 것이다. 북베트남 간첩들과 남베트남 좌익세력이 대학생, 종교단체 등 반정부운동에 침투하여 폭발시키고 반체제운동의 동력으로 만들어간 것이다.

둘째, 남베트남 내에서 활동한 간첩들과 종북 좌익세력(인민혁명당원)의 역할이 매우 컸다는 점이다. 즉 북베트남에서 침투한 간첩과 그들에 의해 포섭된 남베트남 종북 좌익세력은 대통령 측근을 비롯하여 남베트남의 정계·관계(정부기관·군·경찰등)·종교·학계·언론·예술계 등 사회 곳곳에 침투하여 거미줄 같은 종북정보망을 구축했다.[151] 대통령 비서실장, 일부 성장(省長, 도지사) 등 유력 정치인이나 관료들도 북베트남의 간첩

---

151) "베트남민주공화국(북베트남)에서 파견되었거나 남베트남에서 베트남민주공화국의 공작원에 포섭된 대표적 스파이들로서는 베트남전쟁의 전설적 스파이 대통령 정치고문 "부 응옥 냐"를 비롯해 대통령 정치보좌관 "후잉 반 쫑", 야당의 대통령 후보 "쫑딘쥬", 총참모부의 "응웬 휴 하잉" 장군, 대통령궁 폭격한 공군조종사 "응웬 타잉 쫑", 사이공 마지막 경찰청장 "찌에우 꾸억 마잉" 등이 있다." 배정호 편저, 『사이공 패망과 내부의 적』(비봉출판사, 2018), pp33.

으로 활동하여 남베트남 정부의 극비회의 내용도 단 하루 만에 국경선 부근 지하땅굴의 베트콩(「민족해방전선」, 북베트남 군사조직) 청사에 상세히 보고될 정도였다. 이들 종북 좌익세력은 수십 개의 언론사를 만들어 티우 정권을 원색적으로 비난하고 남베트남의 정통성을 부정하고 북베트남의 정통성을 주장하는 등 남베트남 국민들을 좌경화시켰다.

원래 남베트남 국민들의 안보의식은 나쁘지 않았는데, 결정적으로 좌경화시킨 계기는 남북전쟁이 한창 중일 때 실시된 1967년 대선이었다. 당시 야당 후보로 출마한 I.딘쥬 변호사는 '외세 배척', '우리 민족끼리'를 내세우며 '동족살상' 및 '월맹에 대한 폭격 중지', '미군 철수', '조속한 평화회담 개최' 등을 주장했다. 이 같은 발언은 미국과 월남 국민들의 반전 여론을 자극했다. 선거 결과, I.딘쥬 후보는 17%의 지지율을 얻었다. 당시 월남공사로 있으면서 I.딘쥬 변호사를 직접 만나봤던 이대용 공사의 이야기를 들어보자. 그는 교민들을 탈출시키다가 정작 자신은 탈출에 실패하여 재교육수용소에 갇혀 있다가 5년 후에 겨우 한국에 돌아올 수 있었다. 그는 베트남 공산화과정과 그 이유를 가장 잘 아는 인사이다.

"(쫑딘쥬 대통령 후보는 대선 연설에서) '우리끼리 싸움을 해서, 더구나 외국군까지 불러와서 피바다가 되었으니 (선열들이) 얼마나 슬퍼하시겠는가? 안 된다. 내가 대통령이 되면 평화협정을 맺어서 평화적으로 남북통일을 해나가겠다. 우리는 한민족이다.' 이렇게 주장을 하는데, (쫑딘쥬가) 공산당원이야. (월남 국민들은 이것을) 몰랐죠.

공산당 측에서 평화협상을 제의하지 않았습니까? 결국은 미국을 내쫓기 위해서 한거거든요. 미국만 내쫓으면 공산화시킬 수 있다. 평화협상을 하기 전에도, 할 때도, 한 다음에도 무력남침 공산화전략은 변하지 않았거든요. 겉으로는 변한 거죠. 그래서 (월남은) 속았죠. 그래서 월남은 망한 거죠."

남베트남 내 종북 좌익세력(인민혁명당원)은 정부에 대한 원색적인 비난을 하고 우익인사들을 무식한 전쟁광으로 몰아갔다. 많은 남베트남 지식인과 중산층은 소수의 종북 좌익세력들의 공격에 침묵을 선택함으로써 조직화된 소수의 종북 좌익세력들에 의해 속수무책 당할 수밖에 없었다.

박정희 대통령은 남베트남이 멸망하던 1975년 4월 30일, 일기를 썼다.

> **"월남공화국이 공산군에게 항복한 날"**
>
> 1974년 4월 30일
>
> "월남공화국이 공산군에게 무조건 항복함으로 비통함을 금할 수 없다. ... 참으로 비통하기 짝이 없다.
>
> 자기 나라를 자기들의 힘으로 지키겠다는 결의와 힘이 없는 나라는 생존하지 못한다는 엄연하고도 냉혹한 현실과 진리를 우리는 보았다. ... 이 강산은 길이길이 후손들에게 물려주어서 지켜가도록 해야 할 소중한 땅이다. 영원히 영원히 이 세상이 끝나는 그 날까지 지켜가야 한다. 저 무지막지한 붉은 오랑캐들에게 더럽혀서는 결코 안 된다. 지키지 못하는 날에는 다 죽어야 한다. 죽음을 각오한다면 결코 못 지킬 리 없으리라."[152]

그러나 문재인 대통령은 자신의 자서전 '운명'에서 1975년 남베트남 공산화에 대해 "희열을 느꼈다"고 언급한 바 있다.

> "리영희 선생은 ... 누구도 미국의 승리를 의심하지 않을 시기에 미국의 패배와 월남의 패망을 예고했다. ... 그 예고가 그대로 실현된 것을 현실 속에서 확인하면서 결산하는 것이었다.

> 적어도 글 속에서나마 진실의 승리를 확인하면서, 읽은 나 자
> 신도 희열을 느꼈던 기억이 생생하다."[153]

박정희 대통령과 문재인 대통령의 발언의 차이는 바로 사상의
차이에서 나온 것이다. 박정희 대통령은 공산·사회주의를 반
드시 막아야 한다는 반공정신에 투철했기 때문에 베트남의 공
산화를 비통하게 생각했다. 그는 공산·사회주의를 막기 위해
경제발전을 해야 한다며 경부고속도로, 포항제철, 중화학공업
발전을 추진해 오늘날 세계 10대 경제대국의 초석을 만들었다.
문재인 대통령은 사회주의체제를 선호하는 사상을 가진 것으
로 보이는데, 신영복과 리영희를 존경하고 자유 남베트남이 공
산 북베트남에 의해 멸망 당한 것에 대해 "진실의 승리"라면서
"희열을 느꼈다"고 표현한 것이나 자서전 "운명"에 노무현 정
부 때 국가보안법을 폐지하지 못한 것을 가장 "뼈 아팠다"고 표
현한 것, 그리고 제주 4·3사건 추념식에서 '먼저 꿈을 꾸었다
는 이유로 죽음과 마주하게 되었다'는 표현 등을 통해서 판단
할 수 있다.

---

152) 박정희, 『남편 두고 혼자 먼저 가는 버릇 어디서 배웠노』(기파랑, 2017), pp111.
153) 문재인, 『운명』(가교출판, 2017), pp132.

캄보디아 공산화(크메르루즈정권)의 교훈

'폴 포트'가 이끄는 크메르루즈(캄보디아 공산당)는 1975년 정권을 장악한 후 모택동(마오쩌둥) 사상('문화혁명')에 입각해 공산주의 이상사회를 건설하려 했다. 크메르루즈정권의 이러한 문화혁명에는 중국공산당이 적극 지원했다. 크메르루즈 정권은 한 번도 경험하지 못한 공산·사회주의 이상사회 건설에 노력했는데, 계급 간 차별이 없고 도농(도시와 농촌) 간 차별이 없고, 화폐가 없고 상품교역이 없는 '인간 세상의 천당'을 건설하려 했다.[154] 이러한 사회를 만들려면 단순히 정치혁명, 경제혁명만으로는 안되고, 문화혁명을 통해 전통문화, 가정, 개인의식까지 공산주의 문화로 완전히 개조해야 한다고 보았다.

캄보디아 공산정권은 중국식 문화혁명의 방식에 따라 책이란 책은 다 불을 지르고 공무원·교수·교사·의사·엔지니어 등 지식인들을 모두 학살하였다. 안경을 썼다고, 영어가 써진 옷을 입었다고, 손에 굳은살이 없다고, 피아노를 배웠다고, 얼굴이 희다고, 키가 크다고, 통통하다고, 학생이 있는 가족이라는 등 별별 희한한 사유를 들어 학살했다. 그 결과, 1975년-1978년 사이 800만 명 전인구 중 200-300만 명을 학살하였다.

---

154) 9평 편집부, 『공산당에 대한 9가지 평론』(에포크미디어코리아, 2021), pp115.

1979년 1월 베트남이 진격하자, 폴 포트는 태국으로 도망쳐 그의 공포정치는 막을 내렸다. 폴 포트는 1997년 체포되어 재판에 회부, 반역죄를 선고받고 복역하다가 이듬해 사망했다. 그는 한 인터뷰에서 "그렇게 많은 사람들을 죽음으로 몰고 간 데 대해 후회하고 있느냐?"는 질문에 침묵했고, 단지 "정책에 실수가 있었다"고만 말했다고 한다.

이러한 폴 포트의 학살현장을 소재로 한 영화 "킬링필드"는 세계적인 센세이션을 일으켰다. 캄보디아의 킬링필드 현장은 공산주의가 얼마나 잔인한 이데올로기인지를 똑똑히 가르쳐 주고 있다.

공산주의국가들, 70여 년간 학살한 민간인 수는 최소 1억명 이상

러시아에서 1917년 10월혁명이 일어난 때로부터 소련이 무너진 1991년까지 약 70여 년 동안 지구상에 있었던 수많은 공산국가들에서 민간인 학살이라는 피 흘리는 현상이 일어나지 않은 나라는 단 하나도 없었다.

프랑스 국립학술연구센터 연구부장 쿠르뚜아 등 11명의 학자들이 1997년 『공산주의 흑서』라는 책을 발간했는데, 전 세계 공산주의 국가들이 자행한 학살 규모를 1억 명으로 산정했다. 구소련 2,000만 명, 마오쩌둥(모택동) 6,500만 명, 베트남 100

만 명, 북한 200만 명(아사자 제외), 캄보디아의 폴 포트정권 200만 명, 아프리카 1,500만 명 등이라는 것이다. 이 책은 베스트셀러가 되어 2년 만에 20만 부나 판매되었으며, 16개국으로 번역 출간되었다.

실제로 공산주의국가들에서 학살당한 숫자가 이 책에서 말한 1억 명보다 많을 것이라는 주장도 상당하다. 예를 들어 구소련 내무인민위원회 위원 에조프는 공산당서기장 스탈린에게 사형자명단(283권)을 바쳤는데, 4,500만 명이 넘는다고 한다. 그러니까 스탈린이 학살한 인원만도 4,500만 명이 넘는다는 이야기다.

공산주의는 사람을 대규모로 학살했다는 사실도 중요하지만 학살하는 방법도 매우 잔인했다는 점을 빼놓을 수 없다. 특히 기독교에 대한 박해가 유달리 심했다. 러시아와 소련은 공산화 과정에서 기독교에 대한 박해를 가장 많이 했다. 종탑과 십자가를 꺾어버리는 등 모든 교회를 파괴했고, 기독교인 2,700만 명을 학살했다는 주장도 있다. 러시아, 소련은 기독교인들을 온갖 잔인한 방법으로 학살했는데, 얼어붙은 모스크바의 강 얼음구멍 안으로 벌거벗긴 채로 처넣어 죽이기도 하고, 시베리아로 끌고 가 집단으로 학살하기도 했다.

왜, 공산주의세력은 잔인한가?

도대체 왜 공산주의세력은 양심의 가책도 없이 사람들을 쉽게 학살하는가?

공산주의세력의 집단학살극은 마르크스이론 때문이다. 마르크스이론의 계급투쟁론에 따르면, 자본주의사회는 부르주아계급이 프롤레타리아계급을 착취하는 사회이기 때문에, 프롤레타리아혁명을 통해 부르주아계급을 없애야 평등사회가 실현된다는 것이다. 그래서 부자들에 대해 증오감을 가지고 죄책감 없이 죽이는 것이다. 노동자들에게 "부자들이 당신들을 착취하고 있다. 분노하라"며 죽이는 것을 부추기는 것이다.

세계적인 구소련 작가 솔제니친은 하버드대학 연설에서 "공산주의는 치료할 수 없는 미치광이 병(mad disease)"라고 규정했다. 이 정도로 공산주의는 실로 인류문명과 인간 자체를 파괴하는 반문명, 인간파괴 사상이라고 할 수 있다.

6·25전쟁 때 인천상륙작전(9.15) 이후 전세가 역전되었고, 10월 들어 국군과 유엔군이 북한지역으로 진군했다. 북한 전 지역에서 집단학살된 시신들이 발견되었다. 북한군은 북한지역 내 후방으로 후퇴를 하면서 장차 유엔군과 국군이 진입했을 때, 협조할 가능성이 있는 사람들을 체포, 동네별로 처형장을 만들어 놓고 집단학살했다. 이때 처형할 반동분자들을 선택할

때 도운 사람이 바로 그 동네 좌익분자들이었다. 이것은 당시를 경험했던 사람들이 증언하는 바이다.

특히 황해도와 함흥, 평양 등 전국 곳곳에서 집단시신이 많이 발견되었다. 함흥에 도달한 국군과 유엔군은 함흥교화소(교도소)나 인근 동굴 속에서 2만 명 이상의 집단시신을 발견했다. 당시 시신발굴단에 참여했던 김인호 씨는 그 끔찍한 시신들을 접하면서 "'이 모든 일이 꿈속에서 일어난 일이 아닌가?' 혼동되었고, 자기 뺨을 꼬집어 보고서야 비로소 현실인 줄 알 정도로 정신이 혼동되었다"며 자서전에 다음과 같이 기록하고 있다.

"왜 공산당 빨갱이들은 이런 끔찍한 학살을 한 것일까?
무슨 이유로 천인공노할 잔인한 짓들을 한 것인가?
이게 모두 전쟁 탓이란 말인가?
아니다. 분명 전쟁 탓만은 아니다. …
신이시여. 당신이 정녕 계시다면 이렇게 참혹한 살육을 보고만 계셨나요? 억울하게 죽어간 생명들의 원한은 누가 갚아줘야 하나요?"155)

155) 김인호, 『한미 첩보전 산실, 룽라도여관』(경지출판사, 2016), pp185-195.

그렇다. 공산주의자들 즉 좌익세력들은 사람을 끔찍하게 학살하는 이유가 있다. 그게 무엇인가? 공산주의는 바로 부자들을 증오하고 죽이려는 분노의 속성 때문이다.

김남주 시인은 1979년 남민전사건에 연루되어 10여 년간 구속되었던 사람이다. 그는 교도소에 있으면서 애인에게 쓴 편지들을 모아두었다가 『김남주 옥중연서』라는 책으로 출판했다. 거기에 이런 구절이 있다.

> "나는 부자들(현대의 부자들은 자본가들 외 아무것도 아님)을 증오하고 저주하고 골려주고 눕혀 시궁창에 쑤셔 박아 넣기 위해 존재하오. 내가 이 땅에 존재할 다른 이유는 없소. 자본가들은 "머리끝에서 발가락 끝까지 모든 땀구멍으로부터 피와 눈물, 오물을 흘리면서" 태어났습니다. ...
>
> 놈들은 타협이나 화해의 대상이 아니라 오직 타도의 대상일 뿐입니다. 놈들은 가난에 있어서 우리 민중의 불구대천의 원수입니다. ...
>
> 이 장애물이 거대한 뱀이라면 우리 모두 식칼을 가지고 나와서 천 토막 만 토막으로 동강내버려야 합니다. 이 장애물이 거대한 짐승이라면 우리 모두 낫을 들고 나와 천 갈래 만 갈래로 갈기갈기 찢어놔야 합니다. 이 장애물이 어디서 굴러온 바위라면 우리 모두 망치며 곡괭이를 들고 나와 천 조각 만 조각으로 조삼조삼 쪼아놔야 합니

다. 이 장애물이 거대한 벌레라면 우리 모두 나와 발로 천 번 만 번 지근지근 밟아버려야 합니다.

나는 확신합니다. 언젠가는 이놈들이 머리끝에서 발가락 끝까지 구멍이란 구멍에서는 피를 토하고 뻗으리라는 것을."

김정익 씨는 좌익사범으로 7년간 복역한 후 전향하고 1989년 『어느 좌익사상범의 고백, 수인(囚人)번호 3179』라는 책을 썼다. 그 책에 보면, 김남주에 대한 이야기가 나온다. 그는 교도소에 있을 때 김남주로부터 공산주의 이론을 배우면서 이런 이야기를 들었다고 적었다.

"남조선에서 민중혁명이 일어나면 최우선적으로 해야 될 일은 이 사회의 민족반동세력을 철저히 죽여 없애는 것이다. 그 숫자는 200만 정도는 될 것이다. 그래야만 혁명을 완전하게 완수할 수 있기 때문이다. … 200만이라는 숫자가 엄청날 것 같지만 인류역사적인 관점에서 본다면 그렇게 중요한 것이 아니다. 우리 민족 전체를 놓고 볼 때에 그것은 소수에 불과하다. … 우리에게 적은 수의 반동의 피는 필수 불가결하다."

200만 명 정도는 죽여야 한다는 관념이 얼마나 소름이 돋는가? 김남주의 부자에 대한 증오감과 살기는 어디서 온 것일까? 개인의 성격 때문일까, 아니면 사상 때문일까? 그렇다. 사상 때문이다. 김정은의 아버지 김정일도 남한을 공산화할 때 2,000만 명을 숙청한다고 공언했다. 그는 "나는 남한 점령군사령관으로 가겠다. 1,000만 명은 이민 갈 것이고 2,000만 명은 숙청될 것이며, 남은 2,000만과 북한 2,000만으로 공산주의 국가를 건설하면 될 것이다."라고 말했던 것이다.

공산주의자들은 정권을 잡으면, 먼저 저항세력을 이민 등 이탈케 하거나 학살 등 숙청하고, 순화가 가능한 사람에게는 사상개조작업을 전개했다. 북한이 공산화할 때도 토지나 기업을 몰수해 지주들과 자본가들을 남한으로 대량 월남(남하, 100만 명 이상)하게 했고, 6·25전쟁 등 계기 때마다 대량으로 반동분자, 친일파 등의 명분을 달아 학살했다. 그래서 체제 안정화를 확립해 간 것이다.

공산주의 사상은 깊이 세뇌되면 원상회복 사실상 불가능[156]

과거 "젊을 때 마르크스주의자가 아닌 사람은 가슴이 없고, 나

---

156) 이희천, 『공산주의, 왜 위험한가』(도서출판 대추나무, 2001), 47-57.

이 들어서도 마르크스주의자인 사람은 머리가 없다"는 말이 널리 유행했었다. 이 말 속에는 젊은 사람이 공산주의에 빠지는 것은 좋다. 빠졌더라도 어른이 되면 쉽게 빠져나온다는 관념이 들어 있다. 젊은이들이 공산주의에 빠지는 것은 좋은 것, 괜찮은 것인가? 젊어서 공산주의에 빠졌다가도 쉽게 빠져나올 수 있을까?

어릴 때 작은 습관 하나도 바꾸기 어려운데 어릴 때 심어진 공산주의 사상을 바꾸는 것은 더욱 어렵다.

베즈메노프는 과거 소련 KGB에서 대서방 심리전공작을 했던 요원이었다. 1970년대 서방으로 망명하여 소련의 미국 등 서방을 대상으로 자행한 사상심리전 공작 내용을 폭로(1984)했다. KGB는 미국의 어린 학생들을 대상으로 공산주의 세뇌 공작을 수행했는데, 완결 기간은 15-20년이라고 했다. 이 세뇌과정이 완결되고 나면 다시는 원래대로 돌아가지 못한다고 한다. 이 말은 사실에 입각한 증언이라고 판단된다. 전향한 사람들의 고백을 들어보면, 공통적으로 세뇌된 것을 어느 정도 바로잡는데 약 10년은 걸렸다고 했다. 그래도 '원래 없었던 상태로는 되돌릴 수 없었다'고 고백하고 있다.

왜 원래대로 되돌릴 수 없는가? 세뇌의 무서움 때문이다. 세뇌는 인간이 원래 갖는 도덕성, 이성, 감성, 분석능력, 판단능력 등 일체를 마비시키고 그 빈터 위에 혁명을 위한 공산주의적 인간형으로 재건축하기 때문이다. 이렇게 인간의식을 개조하기 때문에 세뇌가 없었던 상태로 되돌아가기가 힘든 것이다. 세뇌가 완결되고 나면 아무리 진실된 정보를 보여주어도 믿을 수가 없다는 것이다.

어떤 이가 댓글에서 이렇게 썼다. "문통이 설령 우리 부친을 칼로 찔렀다 할지라도 나는 그분에 대한 지지를 철회하지 않겠다. 그것은 비난받아 마땅한 패륜이지만 부모 잃은 슬픔보다 더한 슬픔 속에 살고 싶지 않기 때문이다"라고 썼다. 무엇이 이 사람을 이렇게 만들었을까?

1980년대 좌익운동권 학생들이 작성한 자료에는 부모를 죽일 수도 있다는 글이 나온다. 실제 중국 문화혁명 때나 캄보디아의 킬링필드 때, 우리나라 여수14연대반란사건 때, 6·25전쟁 때도 10대 자녀들이 부모를 죽인 사례들이 나온다. 공산주의 사상에 매몰되면, 인륜이나 도덕은 혁명을 저해하는 장애물로 보인다. 세뇌가 그만큼 무서운 것이다.

이승만은 공산주의 사상의 해독성을 세계에서 가장 철저히 이해하고 있는 인사였다. 이승만은 1945년 12월 중앙방송국(KBS 전신)을 통해 "공산당에 대한 나의 입장"이라는 연설을 했는데, "그 사람들을 회유해서 사실을 알려주어 돌아서면 함께 갈 것이다. 그러나 설득이 안 통하는 사람들은 친부형(親父兄 : 친아버지와 친형)이라도, 조카라도 원수로 대우해야 한다"라고 단호하게 말했다. 그만큼 전향하지 않는 공산주의 사상이 얼마나 무서운 것인지를 말해주는 것이다.

좌익사상에서 벗어날 수 있는 유효한 전향방법은 없는가? 있다. ▷좌익사상에서 벗어나야 한다는 필요성 절감과 굳은 각오, ▷이승만 · 박정희 대통령 등 대한민국 건국 · 발전사에 대한 올바른 공부, ▷자유민주주의 사상 공부, ▷좌익사상에 대한 비판 강의 및 책자 공부, ▷기독교 등 대체 사상관 확립, ▷좌익 활동 인맥 청산, 새로운 인맥 형성 등의 노력이 필요하다. 더하여 심리상담과 함께 사상가, 역사학자 등 자유민주주의체제 전문가들의 지원을 받으면 더욱 좋을 것이다.

이러한 방법론은 앞으로 통일이 되었을 때를 대비해서도 필요하다. 주체사상, 공산주의 사상이 내재화된 2,300만 북한 주민들에게 심어진 왜곡된 사상을 어떻게 교정할 것이냐가 중요한 국가적 과제가 될 것이기 때문이다. 이러한 사상교정작업을 하지 않은 채 통일이 되면 멀지않아 반드시 심각한 문제가 발생할 것이다.

제4장

변형공산주의 알면, 세계가 보인다

01 서구형 네오막시즘의 도전과 응전

네오막시즘, 새로운 혁명방식으로 자유세계 점령하다

많은 사람들은 반공(反共, 공산주의 반대)이라고 하면 마치 "공산주의가 사라졌는데 지금 무슨 반공타령이냐?"라고 말하고, 그런 말을 하는 사람들에게 "극우"라는 딱지를 붙여주곤 한다. 이는 잘못된 관념이다. 공산주의 사상은 결코 사라지지 않았다. 1990년 전후 소련 등 동유럽 공산주의국가들이 무너진 것을 보고 공산주의 사상 자체가 사라진 것으로 착각했을 뿐이다. 이로 인해 지금의 세계는 훨씬 더 공산주의 사상으로부터의 위협에 직면해 있다.

냉전체제에는 공산권은 공산주의 국가들끼리, 자유민주진영은 자유민주주의 국가들끼리 교류했고, 두 진영은 서로 교류하지 않았다. 그래서 자유민주주의진영 국가들은 공산주의 사상의 위험에 직접 노출되지 않았다. 그러나 1990년 전후 공산권이 무너지면서 모든 세계인들이 "이데올로기의 종언", "이념의 시대는 갔다"며 공산주의에 대한 경계심을 풀어버렸다. 한편 서구의 사회주의자들은 소련의 붕괴를 거울삼아 인권, 환경, 복지 등 새로운 모습으로 재포장하여 세계인을 끌어들이고 있다. 이 변종상품이 네오막시즘이다. 네오막시즘에 의해 사상적 무방비 상태에 있던 미국은 물론 유럽이 속절없이 무너지고 대한민국까지 그 쓰나미 앞에 놓여 있다.

루카치, '마르크스−레닌주의' 대체 이론을 제시

1917년 러시아혁명에 영향을 받아 마르크스주의자로 변신한 게오르그 루카치(Georg Lukacs)는 1918년 헝가리혁명에 참가하여 잠시 정권을 잡은 벨라 쿤 공산정권의 교육부 차관직을 맡았었다. 그러나 공산혁명정권은 곧 실패했고, 밀려났다. 이후 루카치는 제1차 대전에서 서구 노동자들의 계급투쟁을 하지 않은 이유와 헝가리혁명이 실패한 이유 등을 분석하여 대안을 모색했는데, 그 결과물이 『역사와 계급의식(History and Class Consciousness)』(1921)이라는 저술이다. 그는 서구에서 공산혁명이 실패한 것은 서구의 노동자들이 계급의식을 깨닫지 못하기 때문인데, 노동자계급의 눈을 가리는 것은 기독교 문화라고 보고 이를 파괴하는 의식혁명, 정신혁명을 이루어야 서구의 정치혁명이 가능하다고 보았다. 이것이 정치적, 경제적 계급의식을 통해 혁명을 시도한 마르크스의 노선과 다른 것이었다. 그는 혁명의 수단으로 개인의 의식혁명, 정신혁명, 문화혁명을 해야 한다고 주장한 최초의 사람이었다.

네오막시즘의 배아세포는 루카치와 그람시

오늘날 세계가 열병을 앓고 있는 네오막시즘은 미국의 마르쿠제에 의해 만들어진 미국형 변형공산주의이다. 마르쿠제는 독일 프랑크푸르트대학의 프랑크푸르트학파라는 모태에서 태동했다. 프랑크푸르트학파를 탄생시킨 이론적 뿌리는 헝가리 출신 루카치와 이탈리아 출신 그람시였다.

루카치는 제1차 세계대전에서 유럽의 노동자들이 혁명을 일으키지 않은 것은 기독교문화 때문이라고 보고, 이를 파괴해야만 서구의 정치혁명이 가능하다고 보았다. 이러한 서구의 정신혁명, 문화혁명을 통해 노동자의 계급의식을 변화시켜야 사회주의혁명이 가능하다고 본 것이다. 이것이 네오막시즘을 탄생시킨 출발점이었다.

루카치의 영향을 받은 인사 중 대표적인 사람이 이탈리아 공산주의자 안토니오 그람시이다. 그가 교도소에서 쓴 『옥중수고』(獄中手稿, 1929-35)가 프랑크푸르트학파의 이론에 영향을 주었기 때문이다. 안토니오 그람시는 제1차 세계대전을 겪은 후 '자본주의국가에서 사회주의혁명이 쉽게 일어나지 않고, 쉽게 무너지지 않는 이유가 2000년간 뿌리내린 기독교 문화 때문' 이라고 보았다. 서구 자본주의체제를 사회주의체제로 바꾸려면 사람들이 갖는 기독교적 가치관이나 사고방식을 바꾸어 놓아야 한다고 했다. 이를 위해, 마르크스주의자들은 우선 문화, 선전기관들(신학교, 교회, 학교, 언론, 예능계〈헐리우드〉 등)을 장악해 기독교적 문화를 바꾸는 긴 행진을 해야 한다고 했다.[157] 이러한 긴 행진이 끝나게 되면 막시즘을 가로막는 모든 장애물은 조용히 그리고 조직적으로 제거되고, 사회주의체제로 혁명이 가능하게 된다는 것이다.[158] [159]

네오막시즘 모태는 독일 프랑크푸르트학파

독일 마르크스주의자들은 프랑크푸르트대학 연계 사회조사연구소(1923)를 만들어 마르크스이론 등을 토론, 연구했는데, 이들을 프랑크푸르트학파라 했다. 여기에 속했던 주요 인물은 막스 호르크하이머, 데오도어 아도르노, 에리히 프롬, 위르겐 하버마스, 허버트 마르쿠제 등이다. 이들은 헝가리 출신 루카치, 이탈리아 그람시의 이론을 수용하여 소련과 같이 총으로 혁명하지 않고 세대에서 세대로 이어가며 교육기관, 공공조직에 침투해 마르크스주의자로 만들어 혁명을 성공해야 한다고 했다. 이를 위해 '비판이론'이라는 것을 만들었다. 비판이란 서구 문명의 토대가 되는 모든 제도 즉 기독교, 가족제도, 가부장제, 자본주의, 권위, 도덕, 애국심, 관습 등을 무자비하게 비판해 붕괴시키는 것을 목적으로 하는 이론이다.[160] 이들은 세계 프롤레타리아계급이 기독교적인 성적(性的) 가치관 등 기독교 문화에 젖어 있는 한 결코 사회주의혁명이 일어나지 않을 것이라며, 기독교 문화(특히 성적윤리)를 파괴, 전복하는 것을 목표로 삼아야 한다고 보았다. 마르쿠제 등 프랑크푸르트학파는 1933년 히틀러가 권력을 장악하자, 탄압을 피해 1934년 미국으로 옮겨 갔다. 미국으로 옮겨간 마르쿠제가 제2차 대전이 끝난 후에도 미국에 남아 미국발 네오막시즘을 탄생시킨 것이다.

---

157) 정일권, "혁명은 안탄테로! 기독교 문화에 대한 문화전쟁(Kulturkampf)으로서의 문화 막시즘"(한국기독교문화연구소, 2001.1, 3권)

158) 론 폴 외 45인 저, 김승규·오태용 역, 『문화막시즘 미국의 타락』(도서출판 이든북스, 2020), pp30-33.

159) 데이빗 A. 노오벨, 『충돌하는 세계관』(꿈을이루는사람들, 2019), pp47.

160) 홍지수, 『트럼프를 당선시킨 PC의 정체』(북앤피플, 2019), pp25-28.

미국발 네오막시즘, 미국을 넘어 세계로

미국발 네오막시즘은 베트남전이 한창이던 1960년대에서 1973년까지 전 세계 대학가를 강타한 뉴레프트운동(68혁명 등)을 타고 활성화되었다. 당시 네오막시즘은 여러 형태로 분화되었는데, 히피, 파괴운동, 탈권위, 반기독교, 인권운동, 월남전 반대운동(반미, 반전운동), 환경운동, 동성애 등 다양한 형태로 나타났다. 영화, 노래, 언론 등을 통해 프리섹스를 조장하고 기독교 문화를 파괴하기 위한 친 좌익운동이었다. 그래서 이 사태를 목격한 빌레그레이엄 목사는 엘비스 플레슬리의 노래에 빠진 미국 청년들의 모습을 보면서 나라를 걱정하며 기도했다고 한다.

이 운동을 주도한 세력은 미국 역사상 가장 황금기, 풍요로운 시기에 태어난 베이비붐 세대였다. 이 시기에 뉴레프트운동을 했던 운동권 학생들은 네오막시즘을 장착한 후 사회로 진출하여 10년, 20년, 30년 뒤 미국의 정치, 경제, 사회, 문화, 교육, 신학 등을 주도하며 지금의 네오막시즘 폭발기의 토대를 만들었다.

1960-70년대초 학생운동권(뉴레프트운동)을 만들어 네오막시즘 운동의 씨를 뿌린 사람은 허버트 마르쿠제였다. 프랑크푸르트 학파의 일원인 마르쿠제는 1934년 나치 독일을 피해 미국으로

망명해 뉴욕 콜롬비아대학에 안착해, 미국에 맞는 변형된 공산주의 즉 네오막시즘을 창안해 퍼트렸다.

마르쿠제는 미국의 사회주의 문화혁명을 일으킬 주체를 새로 발굴했다. 과거 마르크스-레닌은 프롤레타리아계급을 상정했는데, 마르쿠제는 프롤레타리아계급을 대체할 혁명 주동할 세력을 찾아 나섰다. 새로운 혁명세력이란 미국 사회에서 분노감을 폭발시킬 수 있는 그룹이어야 했다. 그렇게 해서 찾은 것이 학생, 여성, 흑인, 성소수자 등이었다. 마르쿠제는 분노를 폭발할 대상으로는 부르주아계급을 상정한 마르크스-레닌과 달리 기독교인, 백인, 남성, 이성애자 등으로 삼았다. 이들이 약자를 괴롭히는 강자, 기득권세력이라는 프레임에 가둔 것이다.

마르쿠제가 이런 프레임을 짠 것은 미국의 기독교, 가정, 교회 등을 파괴하지 않고서는 공산·사회주의혁명을 완성할 수 없다고 보았기 때문이다. 그는 '억압'과 '소외' 개념을 활용하여 "PC(Political correctness : 정치적 올바름)" 프레임을 만들었다. 그는 PC 즉 정치적 올바름이란 소수자(동성애자, 흑인, 이슬람 등)를 차별하는 미국의 주도세력(기독교인, 백인 등)을 공격하는 자신들이 옳고 정당하다는 것이다. 반대로 미국의 주류세력은 소수세력을 차별하는 나쁜 세력이라는 프레임이다. 이 PC프레임은 자신들의 공격력을 극대화하고 상대세력을 무력화시키는 고도

의 심리전 전술이다. 신좌익(뉴레프트)이 노리는 목적은 가정해
체, 인간해체, 도덕성 해체, 문명해체이며, 반미, 반기독교, 반
백인, 반가정, 반권위주의, 반문명, 반자본주의이다.

네오막시즘 세력은 오랜 기간 이러한 'PC프레임'을 미국 사회
로 지속 전파했는데, 언론(라디오, TV, 신문방송 등), 영화, 음악,
연극 등 문화, 기독교계(신학교, 교회, 기독교단체 등), 학교, 정부기
관, 자치단체, 좌경시민단체 등을 장악해 확산했다. 나아가 유
엔, 국제인권기구 등 국제기구를 장악해 세계 전체로 영향력을
미치는 방법도 활용했다.

이러한 신좌익세력의 새로운 공격법에 대해 백인, 기독교인들
은 속수무책 당해 무력화되어 있다. 자신들에게 유리한 프레임
을 만들어 역공세를 취하지도 못하고 신좌익세력의 실체를 연
구하거나 조직화 노력도 부족하고 아직도 그들이 쳐놓은 그물
에 갇혀 허우적거리고 있다. 사상전, 프레임전에 대한 이해 부
족이 낳은 산물이다.

68혁명(뉴레프트운동), 미국사회를 좌경화로 이끈 기폭제

미국은 1950년 한국전쟁(6 · 25전쟁) 참전으로 공산주의의 위험
성을 깨달아 잠시 반공 열풍이 불었는데, 매카시즘은 그 열풍
의 단면이다. 그러나 1960년대 말부터 매카시즘 등 반공정책에

대한 역풍이 강력하게 불었다. 1968년 미국 대학가에서 베트남전 반대운동(반전운동, 반미운동)을 명분으로 한 뉴레프트운동이 강하게 일어났기 때문이다. 이 운동은 독일, 프랑스 등 유럽은 물론 일본 등에서도 동시다발적으로 일어났다.

이에 따라, 미국에서는 1960년대 말 이후 언론매체들과 영화, TV드라마 등에서 반전운동을 미화하고, 반공활동을 비하하는 내용이 봇물을 이루었다. 당시 미국 대학교에서는 교수연구실마다 마르크스, 마오쩌둥(모택동), 체 게바라, 트로츠키 등 유명 공산주의자들의 초상화를 붙이는 열풍이 불었다.

당시 미국이나 유럽 등에서 일어난 뉴레프트운동은 자연스럽게 일어난 것이 아니라 소련 KGB 등 공산주의진영의 심리전 공작의 결과였다는 것이 드러났다. 소련 KGB의 심리전 공작 담당관 '유리 베즈메노프'가 1970년대 캐나다로 망명하여 1984년 증언함으로써 밝혀진 사실이다. KGB는 장기간(15년~20년간) 미국의 학생들을 대상으로 집요하게 심리전 공작을 폈다고 증언했다. 그는 1960년대 미국 대학을 다녔던 사람들은 사상적으로 '오염된 사람들'이라고 규정했다. 세뇌된 이들에게는 아무리 참된 정보를 보여주어도 혹은 흑이고 백은 백이라고 증명을 해 보여도 생각이 바뀌지 않는다며 세뇌의 부작용을 강조했다. 그는 소련 KGB의 심리공작 목표를 "첫째, 미국인들에게 공산주의 환상 지속 주입, 둘째, 자유민주주의체제에 대한 올바른 인식 마비, 셋째, 국가수호 의지 자체를 마비시키는 것"이라고 밝혔다.

1960년대에서 1970년대 초 뉴레프트운동에 참여했던 좌익·좌경 운동권 학생들은 대학을 졸업한 후 정치, 경제, 사회, 문화 등 각 분야로 진출했다. 이들은 이후 미국의 정치, 경제, 언론, 사회, 문화, 교육 등을 좌경으로 이끌었으며, 미국은 물론 전 세계 자유민주주의국가들에 많은 영향을 미쳤으며, 유엔 등 국제기구들의 좌경화에도 큰 영향을 미쳤다.

데이빗A. 노오벨이 쓴 『충돌하는 세계관』에 따르면, 1960년대 뉴레프트운동이 일어난 이후 마르크스-레닌주의자들이 대학가에서 얼마나 빠른 속도로 확산되었는지 소개하고 있다.[161] 소련 등 동유럽 공산권을 붕괴시킨 레이건 대통령 때도 마르크스-레닌주의자들이 폭발적으로 증가하고 있었다.

소련이 무너진 후 미국사회에 더욱 퍼진 변형 공산·사회주의

레이건 대통령은 1980년대 소련(고르바초프 서기장)과의 군사적, 경제적 대결에서 승리했고, 1990년 전후 동유럽과 소련이 무너졌다. 미국민은 물론 전 세계인들도 이를 두고 자유민주주의체제가 공산주의 체제와의 전쟁에서 승리했다고 자축했다. 이는 오판이었다. 소련, 동유럽 공산주의국가들이 무너진 것이지, 공산주의 사상이 사라진 것이 아닌 데, 너무 일찍 샴페인을 터트린 것이다.

『충돌하는 세계관』의 저자 제임스 C. 돕슨 박사, 게리바우어는 마르크스-레닌주의에 대해 "마르크스주의가 1989년 베를린장벽과 함께 무너져 내렸다"고 믿는 사람들이 많지만, "불행하게도 마르크스주의는 무너지지 않았다. 정치적, 제도적 마르크스주의의 형태는 아니지만, 여전히 마르크스주의는 학문 분야에서 또한 다양한 정치적, 경제적 이데올로기에 큰 영향력을 발휘한다."라고 분석했다. 그리고 마르크스주의의 주요 구성 성

---

161) 미국 남부 노스캐롤라이나주 명문사립대인 듀크대학교의 '말콤 길리스' 전 부학장은 몇백 명이나 되는 마르크스주의 교수들, 졸업생들, 그리고 행동가들이 모인 자리에서 과거를 회상하며 "제가 이십년 전 이 캠퍼스를 떠났을 때에 이곳의 마르크스주의자들의 수는 미미한 것이었습니다. 1984년에 내가 돌아왔을 때에는 사회과학 교수들 사이에 많은 마르크스주의자를 보았습니다."라고 말했다. 1960년대 말부터 1980년대에 이르기까지 미 대학가에서 마르크스주의 확산이 매우 활발했음을 알 수 있다. 미국 동부의 뉴욕주에 있는 뉴욕대학교 허버트 런던(Herbert London) 교수도 1960년대 말부터 1980년대에 이르는 마르크스주의 확산에 놀라움을 이렇게 표현했다. 그는 1987년 "지난 20년간 미국대학에서 마르크스주의의 행보는 경이로울 정도다. 모든 학문 분야가 마르크스주의에 영향을 받았으며, 거의 모든 교직원 집단이 마르크스주의 전임학자를 포함한다."라고 말할 정도였다. '조지 앤 가이어' The DenberPost지 기자는 1989년 미국 중서부 대학의 마르크스주의 확산 실태와 관련, "마르크스-레닌주의자 교직원의 비율은 몇몇 중서부 대학들에 있어 90%에 육박할 가능성이 있다고 추산된다"고 보도했다. 1989년은 바로 유럽에서 공산주의국가가 무너지기 시작한 때이다. - 데이빗 A. 노오벨, "충돌하는 세계관"(꿈을이루는사람들, 2019), pp46.

분들(무신론, 유물론, 진화론, 정신과 영혼의 부정, 자유연애, 성적 자유화, 사회주의 등등)이 동서 유럽, 러시아, 중국, 쿠바, 그리고 라틴 아메리카 일부뿐만 아니라 미국 대학들 내에서도 살아 번창하고 있다는 것이 가혹한 현실이다."라고 분석했다.[162]

미국 내에 마르크스주의, 사회주의, 네오막시즘 등 이름의 좌익·좌경 이데올로기들이 수십 년간 지속적으로 확산된 결과, 오늘날 미국은 어떤 모습일까?

케이토연구소에서 2019년 미국인들의 사상 관련 여론조사를 했다.[163]

"자본주의와 사회주의에 대해 어떻게 생각하십니까?"

자본주의에 호감이 59%, 비호감이 39%, 사회주의에 대한 호감이 39%, 비호감이 59%로 나타났다. 이는 미국민 중에 사회주의에 대한 호감도가 39%로 커졌다는 것인데 이는 미국인들이 상당히 좌경화되었음을 수치로 드러낸 것이다. 특히 공화당 지지자들은 자본주의에 호감이 77%, 사회주의에 호감이 13%인데 반해, 민주당 지지자들은 자본주의에 호감 45%, 사회주의에 호감이 64%로 나타났다. 이것은 공화당과 민주당 간의 사상적 상이성이 이전보다 더 뚜렷해졌음을 의미한다. 공화당

---

162) 데이빗 A. 노오벨, 『충돌하는 세계관』(꿈을이루는사람들, 2019), pp29-30, pp34.
163) 김정호교수 운영 김정호TV.

과 민주당 간 양보 없는 사상투쟁, 체제전쟁을 예고하는 대목이다. "21세기에 사회주의가 부활하고 있다. 미국에서 사회주의는 그동안 약했으나 지금은 버니 샌더스와 AOC(알렉산드리아 오카시오코르테스 연방하원의원 지칭, 샌더스계)와 같은 이들뿐만 아니라 민주당의 주축세력 역시 사회주의 이념을 수용하고 있다."라는 주장이 사실로 드러나고 있다.

미국인들, 변형공산주의의 도전 자각과 응전 준비

그간 주류 미국인들은 대체로 체제전쟁, 사상전에 대해 무지하거나 별 관심이 없었는데, 2020년 대선전을 겪으면서 미국이 심각한 사상전, 체제전쟁 상태에 있음을 깨닫기 시작했다.

유명 영화배우 존 보이트는 2020년 말 이렇게 말했다. "피부색과 종교가 다른 모든 미국민은 지금이 남북전쟁 이후 최대의 싸움이라는 것을 알아야 한다. 지금은 정의의 세력과 사탄의 결전이다. 사악하고 부패한 좌익세력이 미국을 파괴하려 하고 있는데 절대 용납해서는 안 된다. … 우리는 이 싸움이 지구상에서 마지막이란 각오로 물러서지 말고 용감하게 싸워야 한다"

미국에서 유럽 넘어 한국 덮친 네오막시즘

미국을 허물고 유럽과 호주 등을 초토화시킨 네오막시즘이 드디어 대한민국을 덮치고 있다. 대한민국세력은 기독교인이 아니더라도 네오막시즘을 공부하고 결전을 준비해야 한다. 네오막시즘은 과거 소련식, 북한식 공산주의와는 다른 선진 자유민주주의체제의 국가사회를 무너뜨리도록 해놓은 맞춤형 변종공산주의이기 때문이다. 이들의 궁극적 목적은 자유민주주의체제를 허물고 사회주의체제로 체제혁명을 성공시키는 데 있다. 대한민국세력은 이들의 위장술과 변칙복싱을 알아야 대한민국의 자유민주주의체제를 방어할 수 있다.

문재인 정권이 등장한 후 군 인권법과 각종 인권조례 등이 수없이 제정되었고, 차별금지법안, 건강가정기본법안, 주민자치법안 등 네오막시즘에 입각한 악법들이 제정되거나 발의된 상태에 있다. 이 법안들은 인권이라는 명분으로 성별, 사상, 인종, 종교 등에 대한 차별금지를 규정하고 있다. 예를 들어 동성애자, 사회주의자, 외국인, 이슬람교 등에 대한 비판적 언행을 하는 사람에게 법적 처벌을 하겠다는 것인데, 정상적인 다수 국민들과 기독교인들이 이들을 비판할 수 없도록 입에 재갈을 물리는 법, 이른바 '표현의 자유' 박해법이라 할만하다. 미국 좌익·좌경세력이 활용하는 PC(Political correctness : 정치적 올바름)의 한국판 법이다. 이러한 법이 만들어지면 잘못을 잘못이라고 비판할 수 없는 사회, 억압된 사회, 이른바 '좌익 전체주의

사회'로 치달을 수밖에 없다.

이미 초등학교에서도 교과서, 강의 등을 통해 그릇된 성문화를 가르치고 있다. 기독교계에서는 이러한 법과 교육 등으로 인해 젠더 관념이 보편화하게 되면, 우리 사회의 성적 문란에 그치지 않고 가정 파괴, 기독교 파괴, 교회 파괴, 대한민국 자유민주주의 해체, 나아가 인류문명 파괴로 이어질 것으로 보고 있다.

한국사회에 문제가 되고 있는 동성애, 젠더, 페미니즘, 성 해방, 다문화주의 등의 운동은 김대중 정부 때인 2000년경 여성부를 설치하고(2001) 국가인권위원회법에 동성애를 지칭하는 '성적 지향'이라는 말이 인권이라는 말로 포장되어 등장했다. 이것이 불과 20여 년 만에 미국과 유럽처럼 심각한 상태로 치달고 있다.[164]

네오막시즘은 60-70년대 폭발적으로 일어났다가 2000년대 재폭발이 일어나고 있다. 2000년대 재폭발이 일어난 것은 공산주의, 사회주의세력이 1990년 전후 동구 공산권 붕괴로 인해 과거 전통공산주의 방식으로는 한계가 있음을 깨닫고 새로운 형태의 문화혁명으로 포장해 대중을 기만할 필요가 있었기 때

---

164) 론 폴 외 45인 저, 김승규·오태용 역, 『문화막시즘 미국의 타락』(도서출판 이든북스, 2020), pp15.

문이다. 이것은 마르크스의 혁명이론을 변형하여 만든 신개념 공산주의 혁명이론인데, 문화막시즘, 신막시즘이라고 하며, 변종공산주의, 문화공산주의라고 할 만하다.

02 중국 변형공산주의의 도전과 응전

중국은 덩샤오핑(등소평) 정권장악 후, 1978년 개혁개방을 선언하고 미국과의 수교(1979.1)를 시작으로 세계 시장경제체제 안으로 들어왔다. 미국이 중공(중국공산당)을 개방체제의 파트너로 받아들인 것은 중국이 시장경제체제를 도입하면 세계 자유민주주의체제에 더 이상 위협이 되지 않거나 자연스럽게 공산·사회주의체제가 바뀔 것으로 기대했기 때문이다. 그래서 미국은 물론 유럽 등도 중국제품을 구매해주고 자국 기업들이 중국에 진출하는 것을 허용했고, 심지어 2001년 WTO(Tho World Trade Organization, 세계무역기구) 가입까지 허용해 경제대국으로 성장하도록 해주었다.

그러나 중국공산당은 경제 대국으로 올라서자, 그간 도움을 준 국제사회의 기대를 저버리고 세계패권 장악 야심까지 드러냈다. 2013년 시진핑이 주석직에 선출된 이후 일대일로(一帶一路, One belt, One road : 해양·육상 길을 하나로 묶는 실크로드)정책으로 세계패권 장악을 노골화했으며, 미국 패권에 도전하기 시작했다. 중국은 2020년 홍콩 자유화 탄압사태를 통해 공산주의 본성을 드러냈고, 코로나19사태를 통해 자유 세계를 위협하는 존재라는 사실을 만천하에 드러냈다. 이에 미국을 중심으로 유럽, 일본, 호주 등 자유 세계국가들은 연합하여 중국의 위협에 공동대응하고 있다.

최근 미국, 유럽 등 자유 세계는 "중국은 역시 공산주의체제였구나. 중국은 변하지 않았다."는 점을 확인한 것이다. 그렇다면 중국이 그간 취한 시장경제체제는 무엇인가? 중국 공산주의체제를 어떻게 봐야 하나? 이를 이해하기 위해서는 중국 개혁·개방과정을 살펴볼 필요가 있다.

(1) 중국 공산당을 손잡은 닉슨 대통령

중공은 1949년 중국 대륙을 공산화한 후 1950년 6·25전쟁에도 참전해 미국과 치열한 전쟁을 벌였으며, 한반도 자유 통일을 막았던 적군이었다. 이러한 공산주의 중국에 손을 내밀어 면죄부를 주고 국제사회로 끌어낸 것은 미국 대통령 닉슨이었다. 미국 공화당 소속 닉슨은 원래 반공의식이 강한 정치인이었는데, 어떻게 마오쩌둥(모택동) 중국공산당에게 손을 내민 것일까? 그것도 문화혁명(1966.5-1976.12)을 일으켜 중국문화를 파

괴하고 공산주의 문화를 심고 많은 건전한 중국인들을 학살하
던 때에 말이다.

닉슨 대통령, 68혁명 영향으로 반공 노선에서 유턴

닉슨의 행동을 이해하려면 1968년 일어난 현상을 이해해야 한
다. 1968년은 미국 대통령선거가 있었던 해이다. 그 해는 미국,
독일, 프랑스, 일본 등 자유 세계의 대학가에서 미국의 베트남
전 참전 반대, 반미운동이 거세게 일어났다. 이를 68혁명, 뉴레
프트운동이라고도 한다. 서방세계 대학가에서 일어난 신좌익
에 의한 68혁명은 소련(정보공작기관 KGB)과 북베트남, 공산주의
국제기구인 코민테른 등이 베트남전쟁의 참혹한 사진, 동영상
등을 미국 등 서방세계에 퍼트리며 선전선동한 결과였다. 이
신좌익운동은 1973년 1월 미국이 북베트남과 평화협정을 맺을
때까지 이어졌다.

이러한 상황이었던 1968년 대통령선거(11월)에 출마한 닉슨 공
화당 후보는 베트남전 철수 의사, 소련 방문 의사를 나타내는
등 기존 반공 노선에서 유턴할 것을 시사했다. 닉슨은 대통령
에 취임(1969.1)하자 본격적으로 공산진영과의 화해 노선으로
나아갔다. 이를 데이탕트라고 표현하는데, 공산권 포용정책이
라 할만하다. 특히 닉슨은 키신저 안보특별보좌관을 통해 중국

에 화해 가능성을 타진한 후 1969년 7월 괌에서 닉슨독트린을 발표했다. 이후 닉슨은 집요하게 중국에 화해의 제스처를 보낸 끝에 1970년 7월 키신저 안보특별보좌관의 중공 방문과 저우언라이(주은래) 총리와 회담을 할 수 있었다. 이런 노력 끝에 1971년 2월 닉슨의 중공 방문이 이루어진 것이다. 닉슨은 1970년 10월, 타임지와 인터뷰에서 "내가 죽기 전에 하고 싶은 일이 있다면 그것은 중국에 가는 것이다. 만약 안 된다면 우리 아이들이라도 갈 수 있기를 바란다."고 말할 정도로 집착을 했었다.[165]

따라서 닉슨 대통령이 닉슨독트린에서 "내란이나 침략에 대하여 아시아 각국이 스스로 협력하여 그에 대처하여야 할 것"이라고 주장한 것은 단순히 베트남 철수만을 의미한 것이 아니라 주한미군 철수, 중국과의 화해정책 등 기존 반공 노선에서 유턴을 의미하는 것으로 이해된다.

닉슨 독트린으로 가장 먼저 직격탄을 맞은 박정희 대통령

닉슨 대통령이 1969년 7월 발표한 닉슨독트린으로 가장 먼저 타격을 받은 것은 박정희 대통령이었다. 당시 북한의 대남도발

---

165) 나무위키, "키신저-저우언라이 회담".

로 안보 불안이 극심했던 때였다. 1968년 1월 김신조 무장공비 31명이 청와대 앞까지 기습한 사건이 발생했고, 3일 뒤 미군정 보함 메이플라워호가 납치당한 바 있고, 그해 11월에는 울진·삼척 무장공비 120명이 침투하여 민간인들을 학살하는 등 사회를 불안케 한 사건도 일어났다.

더욱이 1970년 6월 22일 새벽 3시 50분경 특수훈련을 받은 북한 무장특공대 3명이 서울 동작동 국립묘지에 잠입해 분향소로 들어가는 현충문의 지붕에 올라가 전자식 폭탄을 설치하려 했다. 그러나 실수로 폭탄이 터져 1명은 사망하고 2명은 도주한 사건이 발생했다. 만약 원격 조정 폭탄이 제대로 설치되었다면 1970년 6월 25일 6·25전쟁기념식에 참석하려던 박정희 대통령과 3부 요인들이 함께 사망하는 사태가 발생했을 것이다.

이 사건이 발생한 지 약 2주일 뒤인 1970년 7월 상순, 미국은 주한미군 2개 사단 중 1개 사단 철수 방침을 통고했다. 박정희 대통령의 충격은 컸다. 곧이어 8월 25일 한국을 방문했던 애그뉴 미 부통령은 박정희 대통령을 만나고 돌아가는 비행기 안에서 기자들에게 "앞으로 5년 이내에 주한미군은 완전철수할 것"이라고 발표까지 했다. 박정희 대통령은 이러한 보고를 받고 충격을 받아 한동안 말없이 듣다가 "자주국방 만이 살길이다"라고 단호히 말했다. 그러면서 무기를 국산화하고 자주국방을 하기 위해서는 막대한 자금이 필요하므로 경제가 잘돼야 한다는 점을 강조했다. 이것이 100억 달러 수출정책을 시작한 배경이다.

닉슨 대통령은 약속한 대로 1971년 3월 미군 제7사단 등 1만 8,000여 명을 한국에서 철수시켰다. 주한미군의 철수는 닉슨 대통령이 중공을 방문하여 마오쩌둥과 정상회담(1971.2)을 한 다음 달이었다. 박정희 대통령은 미국 대통령이 6·25전쟁 때 적군의 수장(모택동)과 손을 맞잡은 직후, 주한미군을 대량 철수한 사실에 더 큰 충격을 받았다.

박정희 대통령, 자주국방정책과 중화학공업 정책 추진

미군 7사단의 철수로 인해 휴전 후 처음으로 155마일 휴전선 전체를 한국군이 담당하게 되었다. 당시 북한은 탱크를 자체 생산할 만큼 무기생산 능력이 뛰어났고 남침 징후도 뚜렷했는데, 우리는 제대로 된 소총 하나 만들지 못하는 상태였다(미국에 협조를 구해 1973년에 가서 M16 소총생산) 게다가 닉슨 대통령이 박정희 대통령을 냉대했고, 주한미군 완전 철수까지 밝힌 상태였다.

박정희 대통령은 자주국방을 위한 방위산업육성 대책회의를 개최했으나 좋은 방안을 찾지 못하고 노심초사하고 있을 때였다. 1971년 11월 어느 날 상공부 오원철 차관보가 방위산업 육성에 관한 좋은 아이디어를 가지고 있다고 해서 면담했다. 오원철 차관보는 "어떤 병기도 분해하면 부품이다"라면서 부품 공장과 조립공장을 별도로 만들 것을 제안했다. 탱크, 장갑차, 불도저, 포크레인 등 중장비의 부품들을 규격화해 다량으로 만든 후 각기 조립공장에서 조립만 하면 된다는 것이었다. 불도저, 포크레인 등 민수품을 70% 만들고, 탱크 등 군수품을 30% 만들면 기업들의 수지타산도 맞출 수 있다는 것이었다. 뛰어난 탁견이었다. 박정희 대통령은 이 아이디어를 낸 오원철을 경제비서관으로 발탁해 "방위산업 국산화, 양산화 정책"을 담당케 했다. 또한, 박정희 대통령은 1972년 중반 오원철 비서관에게 100억 달러 수출을 달성할 방안이 뭐냐고 물었고, 오원철은 일본의 예를 들면서 중화학공업뿐이라고 답했다.166) 박정희 대통령은 자주국방 정책을 추진하는 과정에서 미사일, 탱크, 장갑차 등을 개발하는 데 초정밀기계공업, 화학공업 등 중화학공업이 발달하지 않고서는 불가능하다는 것도 깨달았다.167) 이에 박 대통령은 이러한 다목적 목적을 위해 오원철에게 중화학공업화정책을 총괄토록 했고, 자주국방과 중화학공업 두 마리 토끼를 다 잡을 수 있었다. 이렇게 볼 때, 우리나라의 중화학공업

---

166) 김광모, 『중화학공업에 박정희의 혼이 살아 있다』(기파랑, 2015), pp160-161
167) 김광모, 『중화학공업에 박정희의 혼이 살아 있다』(기파랑, 2015), pp150.

화정책은 박정희 대통령이 북한의 위협과 미군 철수 위기를 돌파하는 가운데 등장한 반공정책의 산물이었다. 박정희 대통령이 중화학 공업화를 추진하겠다고 발표한 것은 1973년 1.12 신년사에서였고, 그 후 5년 만에 100억 달러 수출 목표를 달성했다.(1964년 1억 달러 달성, 1970년 10억 달러 달성)

박정희 대통령은 주한미군 철수 우려 가운데 자주국방에 박차를 가해 1977년 지상군 기본 병기168) 양산체제 성공했고, 50MD 다목적 헬리콥터, 산악전용 경장갑차, 스마트탄 등 각종 실탄·포탄 양산에 성공했다. 1978년에는 전차의 국산화, 양산체제에 성공했으며(4월), 한국형 지대지 중거리 유도탄 시험 발사에 성공했다.(9월) 박정희 대통령의 자주국방 노력이 결실을 거둔 것이었다.

박정희 대통령의 자주국방 정책은 아이러니하게도 닉슨에 이어 카터 대통령의 주한미군 철수정책을 무산시킨 주역이 되었다. 1977-1979년 사이에 미국의 브라운 장관을 비롯한 많은 미국 국방부 관리들이 들어와 한국의 방산(방위산업) 공장을 시찰했다. 1979년 초에는 미 상원 국방위원들이 한국방위산업의 본거지인 창원 기계공업 기지를 둘러보고 그 발전상황이 경이

---

168) 155mm 곡사포, 20mm 대공 발칸포, 105mm 곡사포, 81mm·60mm·4.2인치 박격포, 3.5인치 포켓포, M79 유탄발사기, 90mm·106mm 무반동총 등 각종 화기

적이라고들 했다. 이 시찰로 한국이 공산국가의 수중에 들어가면 자유 세계에 큰 위협을 줄 것이므로, 미국은 철군을 중지해야 한다는 결론을 얻었다.[169] 닉슨 대통령 때 주한미군 완전 철수를 발표했던 당시 부통령 애그뉴도 그 뒤에 주한미군 철수를 중단한 것이 한국의 군수공업 발전 때문이라고 증언한 바 있다. 이렇게 볼 때, 닉슨의 친공정책과 미군 철수정책으로 인한 안보위기가 역설적으로 대한민국을 스스로 자주국방, 고도 경제성장, 주한미군 철수를 막은 원인으로 작용했다.

닉슨 대통령의 반공 노선 철수와 동아시아 공산 도미노

닉슨 대통령은 닉슨독트린 노선에 따라 1973년 북베트남과 평화협정을 맺고 미군을 남베트남에서 완전철수했다. 그 결과, 아시아에서 공산 도미노 현상이 일어났다. 닉슨 정부가 북베트남과 평화협정을 맺은 후 2년 뒤 1975년 3월 북베트남이 남침하여 남베트남이 공산화되고 말았다(4.30). 남베트남이 공산화될 무렵 이웃 캄보디아에서도 공산정권(폴 포트)이 등장했다. 1975년 8월 인근 라오스에서도 공산정권이 들어섰다.

중국 마오쩌둥은 1970년대 미국과의 우호적 관계 속에 동아시

---

169) 김광모, 『중화학공업에 박정희의 혼이 살아 있다』(기파랑, 2015), pp96.

아로 공산세력을 넓히는 활동을 적극 전개했다. 중국 공산당은 동아시아 공산당 건설과 투쟁 활동에도 직·간접적으로 지원했다. 즉, 베트남 공산당, 캄보디아 공산당(크메르루즈)은 물론 인도네시아 공산당, 필리핀 공산당, 말레이시아 공산당, 미얀마 공산당, 라오스 공산당, 네팔 공산당 등을 건설, 활동하는 데도 지원했다. 그 공산당의 지도부도 대부분 중국인이었다. 1960년대 이후 동남아시아 내 공산주의 쓰나미는 중국발이라고 할 수 있다.[170] 과거 소련이 제2차 대전 때 루즈벨트와의 우호적 관계를 최대한 활용하여 공산세력을 확장했듯이, 중국도 닉슨과의 우호적 관계를 최대한 활용하여 동아시아에 공산세력을 확장했던 것이다.

(2) 덩샤오핑(등소평), 시장경제체제의 일부 도입

덩샤오핑(등소평)은 1978년 본격적으로 개혁·개방정책을 발표하고 추진하기 시작했다. 먼저 공산당 간부들에게 서유럽 5개국의 자본주의 시장경제를 시찰하게 했고, 자신도 일본을 방문해 닛산자동차 공장 등을 탐방했다. 이어 1979년 1월 미국을 방문해 미국과 수교했다. 미국을 방문하고 온 후 흑묘백묘론을

---

170) 김광모, 『중화학공업에 박정희의 혼이 살아 있다』(기파랑, 2015), pp96.

거론했는데, '검은 고양이든 흰 고양이든 쥐만 잘 잡으면 된다'
는 뜻이다. 이후 중국은 개혁개방정책을 본격화했다. 덩샤오핑
(등소평)은 1985년 선부론(先富論)도 주장했다. "부자가 될 능력
이 있는 자들이 먼저 부자가 되어라, 그 후에 낙오된 자들을 도
우라"는 뜻이다. 이 두 가지는 마치 중국이 자본주의체제를 받
아들인 것으로 이해되어 왔다.

덩샤오핑은 신자유주의학자 하이에크를 불러 자문했다. 덩샤
오핑이 식량부족 문제를 고민하자, 하이에크는 "나라가 인민들
먹는 문제까지 고민하실 필요가 없습니다. '시장'만 활성화시
키면 됩니다. ... 지금처럼 집단농장에서 똑같이 생산하고, 정
부가 모두 거둔 후 똑같이 나누면, 사람들이 열심히 일하지 않
습니다. 정부는 일정 비율만 가져오고 나머지는 얼마를 생산하
든 일한 사람이 가져가게 해 '시장'에서 서로 사고팔도록 하면
됩니다."라고 말했다. 덩샤오핑은 하이에크와의 만남 이후 농
지를 임대제도로 바꿨고, 놀랍게도 식량 생산량이 2년 후 26%
가 증가했다.[171]

실례로, 1978년 11.24 안후이성 평양현 샤오강촌의 농민 18명
이 죽음을 각오하고 몰래 농지를 분배하여 각자 생산 후 이익
을 가지도록 했는데, 놀랍게도 이듬해 가을 수확은 평년의 5배
에 달했다. 이것이 결국 등소평에게 보고되었는데, "참 잘했다.

남는 것은 시장에 팔아도 좋다"고 했다.[172] 이익을 공유케 하는 사회주의 방식에서 이익을 사유케 하는 자본주의 방식을 도입하자 획기적인 결과가 나타난 것이다.

덩샤오핑의 개혁개방정책은 이렇듯 농업 분야에서 시작해 공업 분야로 확대되었다. 당시 최고의 사치품에 해당하는 6가지 제품(냉장고, 세탁기, 자전거, 재봉틀, 전화기, 다리미)에 대해 이윤상납제를 폐지하고 이윤을 가지되 조세를 받는 자본주의방식으로 전환했다. 이를 통해 생산성 향상 효과가 확실히 나타나자, 100가지 제품에서 점점 확대하여 3,800여 개 제품으로 확대했다.[173] 이렇게 하여 중국은 중앙계획경제 시스템에서 시장경제 시스템의 상당 부분을 도입하게 되었다.

그러나 부동산의 경우, 개인에게 사용권만 인정되고 소유권은 인정되지 않고 있다. 개인기업의 허용과 상품의 시장거래, 무역 등 시장경제체제를 이용하기는 하나, 중국공산당(정부, 군)은 금융, 기업 전반을 실질적으로 장악하고 있으며, 민간기업들의 자율권은 보장되지 않는다. 시진핑 시대에 와서 기업통제가 훨씬 더 심해지고 있다.

---

171) 뉴데일리, "등소평의 '시장경제'.. 문재인 대통령의 하이에크는 없나?", 2017.6.19.
172) 정병용, "민법과 세법",(조세통람, 2020), pp29.
173) 정병용, "민법과 세법",(조세통람, 2020), pp30.

(3) 중국 환대한 미국과 자유세계, 드디어 중국공산주의 본질 깨닫다

미국 등 자유 서방세계는 중국의 개혁개방정책에 대해 호의적으로 생각했다. 중국이 개혁개방정책을 추진하여 세계와 교류하면 자연스럽게 공산주의체제에서 자유민주주의체제로 변할 것으로 판단했기 때문이다. 이는 오판이었다.

중국은 결코 자본주의, 글로벌 세계시장을 활용하여 이익을 취하는 전술을 취했을 뿐, 결코 공산주의체제의 세계통일을 추구하는 목표를 포기하지 않았다. 덩샤오핑(등소평)이 1979년 1월 미국을 방문한 후 언급했다는 "흑묘백묘론" 주장도 사실은 공산주의, 사회주의를 버리겠다는 것이 아니고 공산·사회주의를 발전시키기 위해 자본주의, 시장경제체제를 이용하겠다는 전술적인 방향전환이었다. 즉 마오쩌둥(모택동)의 교조적 공산주의 노선에서 덩샤오핑(등소평)식 유연한 공산주의 노선으로 변경한 것에 불과했다. 마오쩌둥은 사회주의가 절대로 자본주의 방식으로는 성공할 수 없고 그렇게 하면 사회주의의 종말이 될 거라고 믿었다. 하지만 덩샤오핑은 중국이 여전히 사회주의 초급단계에 머물러 있으며, 이 단계에서는 자본주의 방식을 통해 생산력 발전을 추구해야 한다고 보았다. 덩샤오핑은 자본주의 방식을 통해 사회주의를 더욱 강화해야 한다고 생각한 것이다. 덩샤오핑이 주장한 흑묘백묘론(검은 고양이든 흰 고양이든 쥐만 잘 잡으면 된다)에서 고양이가 잡으려는 쥐가 무엇을 의미하느냐? 바로 미국 등 서구 자본주의, 자유민주주의체제인 것이다. 덩샤오핑은 1989년 천안문사태가 일어나자 민주화 시위를 탱크로 유혈 진압해 많게는 수천 명에서 1만 명에 이르는 사망자를 낳았다. 이에 미국 등 서방세계로부터 거센 비난과 함께 단교 가능성 등 압박을 받았다. 이러한 즈음에 덩샤오핑은 도광양회(韜光養晦)라는 말을 제시했다. '빛이 외부로 새어나가지 않도록 하고 어둠 속에서 조용히 힘을 기를 것'을 강조한 말이다. 이는 아직 힘이 부족하니까 공산주의 사상을 숨기고 조용히 힘을 기르다 보면 언젠가는 힘을 드러낼 날이 반드시 올 것이라는 무서운 의도가 숨어 있는 것이다. 덩샤오핑은 죽으면서 "100년간은 미국에 대들지 말고 힘을 기르라"고 했는데, 이것도 결국 미국을 능가할 때 비로소 미국에 도전하라는 의미로 읽혀진다.

중국은 깊은 속뜻을 가졌음에도 불구하고 미국은 중국의 외형적 전술 변화에 착각을 했다. 이는 빌 클린턴 미국 대통령의 발언에서도 잘 드러난다. 그는 2000년 3월 존스홉킨스대 국제관계대학원(SAIS) 연설에서 중국의 WTO(세계무역기구) 가입이 미국 국익에도 도움이 될 것이라며 "중국이 세계무역기구(WTO)

에 가입하면 우리 상품을 더 많이 수입하게 되는 것뿐만 아니라 민주주의의 가장 소중한 가치인 '경제적 자유'를 받아들이는 것이다."라고 말했다. 중국을 WTO에 가입시키면 중국이 자유민주주의 사상을 받아들일 것이라고 기대한 것이다. 미국은 이러한 기대에 따라 이듬해 중국을 WTO에 가입시켰다.[174]

이후 20년 뒤, 미국은 중국을 WTO체제에 가입시킨 것을 후회하고 있다. 중국은 경제적 이득만 누릴 뿐 자유민주주의체제에 편입되기는커녕 과거 마오쩌둥체제로 돌아가고 있고, 경제력을 토대로 미국 패권에 도전하고 있기 때문이다. 더구나 중국의 WTO체제 편입은 미국 자본주의의 토대인 제조업과 노동자의 동반 몰락을 가져왔다(Rust Belt〈녹슨지대〉 : 미국 북동부지대 제조업 공동화 현상). 제조업이 중국으로 대거 넘어갔기 때문이다. 빈곤해진 미국민들은 사회주의 노선에 넘어가고 있는 실정이다. 이러한 사정은 오바마 정부의 친중정책으로 그 정도가 심해졌다.

미국은 그간 중국의 해킹, 중국기업들의 불법행위, 유학생들의 스파이 활동, 미국 기업과 정치인 대상 친중화 활동 등의 문제점과 중국 일대일로정책이나 홍콩 자유 침해, 대만 위협, 남중

---

174) 중앙일보, "2001년 중국 WTO 가입 후원한 미국, 제 발등 찍었나"('박현영의 글로벌 인사이트'), 2018.8.2.

국해에서 자유주의 해양질서 위협 등 미국 패권에 도전하는 행태에 대해 오랫동안 우려감을 가지고 견제하기도 했었다. 트럼프 정부에 와서, 미국은 중국문제의 심각성을 절감하기 시작했다. 특히 2018년 미-중 무역전쟁, 2019-2020년 홍콩 자유화 시위탄압사건, 코로나19사태 등을 겪으면서 중국에 대해 단순히 관세부과(25% 등), 법적제재 등만으로는 교정이 불가능하다고 판단했다. "변할 것을 기대하고 50년을 교류했는데, 공산주의는 역시 바뀌지 않는다"는 결론에 이른 것이다.

이에 따라, 트럼프 정부의 핵심 폼페이오 국무장관은 2020년 7월 23일 발표한 일명 '트럼프독트린'에서 "(시진핑은) 전체주의 공산당 독재자이자 은인을 죽이는 현대판 프랑켄슈타인"이라고 비난하며 "반드시 중국 공산당시대를 끝내도록 싸울 것이며, 반드시 승리할 것"이라고 강조했다. 이 트럼프독트린 노선은 바이든 정부에도 이어지고 있는 상태다. 영국, 독일, 프랑스 등 유럽은 물론 호주, 인도 등도 미국의 이러한 반중 노선으로 급속히 집결하고 있다.

(4) 중국은 다시 마오쩌둥(모택동)체제로 돌아가나?

중국 시진핑(習近平, 습근평) 주석은 미국과의 패권경쟁은 물론 글로벌 국제시장에서의 퇴출 조치나 국제사회의 고립화 노선

에도 정면 대응하겠다는 의지를 보이고 있다. 이제 다시 도광
양회 상태로 되돌아가는 것은 불가능하다고 보고 있다. 그리고
시장경제체제의 근간(根幹 : 중심 뿌리)을 허무는 정책도 과감히
추진하고 있다. 시진핑은 최근 '공동부유(共同富裕)'라는 캐치프
레이즈를 내세우고 있는데, 부자들의 몫을 빼앗아 가난한 자들
에게 분배하겠다는 정책이다. 시진핑이 이 노선을 발표하자,
모든 기업들이 정부의 방침이 나오기가 무섭게 줄지어 추종하
고 있다. 알리바바는 연간 순이익의 절반을 기부하기로 했을
정도다. 기업들이 좋아서 자발적으로 하는 것이 아니다. 현재
정부 주도의 전체주의적 경제체제를 보여주는 단면이자, 중국
이 지금까지 보여주었던 시장경제체제에서도 궤도 이탈하는
조짐을 완연하게 보여주는 사례로 보인다. 중국의 경제성장을
추진했던 덩샤오핑(등소평)의 선부론(先富論)에서 벗어나 다시 마
오쩌둥(모택동)의 공부론(共富論)으로 돌아가겠다는 의미로도 이
해된다. 이에 대해 중국 베이징대 한 노교수는 "시 주석의 '공
동부유' 구상은 결국 '공동빈곤'으로 끝나게 될 것"이라고 경
고했다.175)

중국은 마오쩌둥(모택동)에 의해 1966년 5월부터 10년간 공산문
화혁명이 일어나 기존 유교문화, 전통문화를 송두리째 뽑아버
리고, 그 빈터 위에 마오쩌둥식 공산주의문화로 재건축된 나라

다. 소련, 동유럽 공산국가들의 공산주의혁명은 정치, 경제적 공산주의혁명이었다면, 중국의 공산주의혁명은 정치, 경제혁명에다 문화혁명(전통 유교문화—도덕문화—교육문화 해체, 가정 해체, 남녀관 해체, 개인사상 개조 등)을 포함하는 총체적 혁명이었다. 문화대혁명 기간에 중국인은 부자간에 서로 죽이고 부부간에 반목하고 모녀간에 고발하고 사제간에 서로 투쟁하는 일이 널리 행해졌다. 공산주의문화로 만들기 위해 가족을 해체해야 한다고 믿었기 때문이다. 공산주의문화형 인간을 만들기 위해서는 유아원, 초 · 중 · 고등학교, 대학교에 이르기까지 마오쩌둥 공산주의 사상을 세뇌시켰다. 당성이 부족한 것이 적발될 경우, 가족 간에도, 이웃 간에도, 사제 간에도 서로 고발토록 했다.176) 이러한 과정을 통해 현재 중국인, 중국문화가 만들어진 것이다. 그러므로 중국이 시장경제 활동을 한다고 해서 도덕성, 이성에 기초한 자유민주주의 사상이 확립될 것으로 생각하는 것은 순진한 생각이다.

트럼프 정부는 2020년 7월 이른바 '트럼프독트린'을 발표했는데, 외교적으로는 도저히 이해할 수 없는 표현까지 써가며 전

---

175) 매일경제, "中 공동부유론 왜 나왔나? 시진핑, 서민 환심 사서 마오쩌둥 반열 꿈", 2021.10.6.
176) 9평 편집부, 『공산당에 대한 9가지 평론』(에포크미디어코리아, 2021), pp20-21.

쟁을 선포한 것이다. 이는 미국 정부가 중국의 본질을 간파했다는 뜻이다. 중국은 미국과 유럽 등 자유 세계를 수단과 방법을 가리지 않고 파괴하고 세계패권을 장악하겠다는 사악한 의도를 분명히 한 것이다. 이는 중국군이 1999년 만든 『초한전』(超限战 : Unrestricted Warfare)이라는 전략보고서에서 잘 드러내고 있다.[177] 중국군이 만든 초한전이란 기존의 전쟁 개념을 완전히 초월하는 새로운 전법을 말한다. 상상을 초월하는 모든 수단을 전쟁에 도입하겠다는 것이다. 이들은 원자전, 생화학전, 생태전, 전자전, 테러전, 외교전, 사이버전, 정보전, 심리전, 밀수전, 마약전, 금융전, 무역전, 자원전, 경제원조전, 법률전, 언론전, 이데올로기전 등 24개의 전법을 제시했다. 이 보고서가 공개되자 "미국을 파괴하려는 중국의 마스터플랜" "서방에 대한 '더러운 전쟁'의 청사진"이라고 강하게 비난했다. 그러나 미국 육군사관학교와 해군사관학교가 이 책을 각각 필독서와 정식 교재로 채택하고 있고 한다.[178]

어쨌든 미국은 시진핑 중국이 미국 내로 중국문화를 전파하는 공작을 공격적으로 전개하고 있다고 파악하고 있다. 중국이 전파하는 중국식 변종공산주의는 덩샤오핑식이 아니라 마오쩌둥

---

177) 국방일보, "초한전, 모든 상상·한계 초월… 전통적 전쟁관 뒤집었다", 2020. 05. 01.
178) 국방일보, "초한전, 모든 상상·한계 초월… 전통적 전쟁관 뒤집었다", 2020. 05. 01.

식으로서, 문화혁명 때 등장했던 문화공산주의로 포장한 폭력 혁명적 공산주의라는 것이다. 미국 정부와 미국 국민들은 과거 소련(공작기관 KGB)이 했던 것처럼 중공 정부가 정치·문화공작을 통해 주요 인물들과 단체들을 포섭하여 미국 정계, 언론계, 경제계, 학계, 문화계 등 각계에 친중, 친사회주의, 반미, 반자본주의 의식을 꾸준히 전파해 왔다는 점을 깨달았다. 그 증거로, ▷흑인 인종차별을 명분으로 미국 내 폭력시위를 주도한 BLM단체에 중국공산당이 개입했다는 다양한 주장들[179], ▷미국 민주당 소속 샌더스계 하원의원인 오카시오 의원이 "트럼프 진영에 대해 제거 블랙리스트를 작성하고 보복하겠다고 공언"(적폐청산, 즉 반동분자 숙청)하고, "트럼프 지지자들에 대한 스탈린식 숙청 내지 중공문화대혁명식의 공격을 할 것"이라고 발언한 점, ▷워싱턴 포스트지 기자 제니퍼 루빈 기자가 "(트럼프 정권을

---

179) 헤리티지재단 마이크 곤잘레스 선임연구원(2020년 9월 15일)의 주장에 따르면, "BLM(Black lives matter, 흑인 생명도 소중하다) 운동 창시자가 이끈 단체가 중국 공산당과 가까운 단체로부터 돈을 받고 있다.", "BLM운동 창시자인 앨리시아 가르자가 운영하는 단체인 '블렉퓨처스랩'의 웹사이트에 접속해 기부 버튼을 클릭하면 '중국인 진보협회(Chineses progressive Association : CPA)'가 재정적으로 후원하는 프로젝트라는 설명이 나온다"고 했다. 또한 정치평론가 트레버 루돈은 "인종차별 시위를 빙자한 폭동의 배후에 중국의 조종을 받는 '자유로 사회주의(FRSO)'와 '해방로(Liberation road)'라는 단체가 있다. 이 사회주의단체들은 중국인들이 주도하는 운동이다. 이들 단체는 트럼프에 대한 저항세력 건설에 중점을 둔 마르크스주의 기반 사회주의 조직"이라고 말했다.

타도하면) 트럼프 지지자들을 (반동분자로 몰아—중국식, 베트남식) 재교육 강제수용소에 보내야 한다"고 주장한 점, ▷존 브레넌 전 CIA국장도 트럼프 지지자들의 사상개조작업 해야 한다고 주장한 점 등을 들 수 있다.

(5) 대한민국으로 밀려드는 중국몽, 도전과 응전

1992년 대한민국은 중국과 한·중수교를 하고 문호를 열었다. 1989년 천안문사태로 국제사회에서 고립된 덩샤오핑은 한·중 수교 카드를 내밀었고 노태우 대통령이 그의 손을 잡아주었다. 대한민국은 정부나 국민들도 한·중 수교가 가져올 파장을 생각하지 않은 채 부푼 환상을 가졌다. 중국의 거대한 시장과 저임금의 노동시장이 있으니 막대한 이익을 얻을 수 있을 것이고, 한반도에서 냉전의 장막을 걷어내는 데도 도움이 될 것으로 생각했다. 현실은 부작용이 너무 컸다. 우리나라에서 일었던 노사분규로 인한 급속한 임금인상으로 중소기업들이 대거 저임금을 찾아 중국으로 몰려갔고, 일시에 국내 제조업 기업들이 사라지고 수많은 노동자들이 직장을 잃었다. 얼마나 중국으로 몰려갔는지, 1992-2015년 사이 한국의 대중(對中) 직접 투자는 697억 달러(약 83조 원)로 중국의 한국 투자(81억 달러)의 8.6배에 달할 정도였다.[180] 한국에서 몰려간 대중투자는 중국에 선진기술을 전달함과 동시에 중국의 급속한 경제발전에 마중물 역할을 했다. 중국은 한국투자를 디딤돌로 하여 빠른 시간에 경제발전을 이룰 수 있었다. 오늘날 세계의 걱정거리인 중국을 이렇게 만든 데는 마중물 역할을 한 대한민국의 정부, 노동계, 경제계의 책임이 크다.

중국은 시진핑체제에 들어선 2013년 이후 경제력을 무기로 삼아 그간의 협조적 자세에서 벗어나 패권적, 고압적 자세로 돌변했다. 사드 배치 보복 조치 등 한국을 미국의 우산에서 이탈시켜 중국 영향권 아래 두려는 정책을 노골화하고 있다. 중국은 한국 내 주요 정치인, 법조인, 언론인 등 주도층에 친중네트워크를 구축하고 있다. 중국인에 의한 대량 부동산 매입, 공자학당, 공자학원에 의한 중국 공산주의문화 전파도 심각한 상태다. 또한, 중국의 광범한 인간정보(HUMINT), 기술정보(TECHINT) 불법수집활동에 대한 우려도 커지고 있다. 심지어 중국이 한국선거에 직·간접적으로 개입해 왔고, 인터넷 댓글공작까지 광범하게 하고 있다는 주장까지 나오고 있다.

이러한 중국의 패권적 행태에 대해, 문 정권은 항의는커녕 친중화 경향마저 보인다. 문재인 대통령은 2017년 12월 중국을

---

180) 조선일보[동서남북], 지해범 동북아시아연구소장, "이러려고 중국과 수교했나", 2016.12.19.

방문, 북경대에서 "중국은 큰 산봉우리", "대국"이라고 치켜세운 후 우리는 "소국", "중국몽과 함께할 것"이라고 밝힐 정도였다.[181] 실제로 정권 주도세력이 중국 모델의 사회주의체제로 변혁하려는 것이 아니냐는 우려가 제기되고 있다. 2017년 9월 당시 추미애 더불어민주당 대표도 "토지세를 높여 지주들이 땅을 팔도록 유도하고 이를 국가가 사들이는 방향으로 가는 것이 바람직하다."면서 "사용권은 인민에게 주되, 소유권은 국가가 갖는 '중국식'이 타당하다"고 주장했다. 문 정부가 과도하게 종합부동산세 등 과도한 부동산세금을 걷는 것도 부동산 제도를 중국식으로 가려는 과정이 아닌가 하는 주장도 있다.

2021년에도 외국인 영주권자의 정당 가입을 허용하는 정당법 개정안과 국내 4년제 대학 졸업만 하면 임시국적을 주는 국적법 개정안도 중국인들을 진입하도록 하려는 것이 아니냐는 우려가 일고 있다. 주민자치회 관련법에서도 재외동포, 외국인을 읍면동 주민총회와 주민자치회에 참여할 수 있도록 하고 있는데, 중국 조선족(110만명), 중국노동자, 유학생들이 읍면동 주민총회에 나타날 것을 우려하고 있다.

앞으로 우리는 한미일 등 자유민주국가들과의 긴밀한 협의 아

---

181) 연합뉴스, "中 바짝 껴안는 文 대통령… '높은 산봉우리' '중국몽, 모두의 꿈'", 2017.12.15.

래 공동보조를 취하면서 중국에 대응해야 할 것이다. 중국과 디커플링을 하면 경제적 피해가 클 것이라는 주장도 있으나 호주 사례에서 보듯이 중국제품을 대체하여 우리나라 제조업 제품들이 큰 호기를 맞을 수도 있다는 반론도 상당하다. 몰락해가던 제조업과 중소기업이 살아난다면 20-30세대가 제2의 창업과 취업 호황기를 맞을 수도 있고 중국을 대체하는 제조업 강국이 되어 세계 G2국가로 올라설 수 있다는 주장이다.

결론적으로 중국문제를 종합 평가하면

중국의 사회주의적 시장경제는 진정한 의미에서 자본주의 제도도, 시장경제 제도도 아니다. 공산당이 살아남기 위해 시장경제 시스템의 일부를 도입한 것이며, 도입하되 철저하게 공산당의 통제 아래에서 시장이 돌아가도록 유지하는 것이다. 그 과정에서 값싼 노동력을 이용하기 위해 서구의 자본이 투자되었고, 세계의 공장으로 키워준 것이다. 결과적으로 서구의 투자는 공산당 간부와 지배 계층의 배를 채워주게 되었고, 약간의 중산층이 형성되었지만, 강력한 사상투쟁으로 내부적으로 자유민주주의가 발생할 수 없도록 억압하고 외부적으로 일대일로정책으로 히틀러식의 세계시장 정복으로 나아갔다. 이대로 가면 군사적 충돌로 나아갈 수밖에 없게 되었기에 미국이 대중국 정책을 전환한 것이다. 따라서, 미국 등 선진국의 중국 고립화정책은 피할 수 없는 방향이다.

03 자본주의체제 글로벌화, 자유민주주의 위협한다

지금까지 우리는 자유민주주의체제와 자본주의(시장경제)체제를 동전의 양면처럼 생각했다. 정치적 측면에서는 자유민주주의체제, 경제적 측면에서는 시장경제체제, 자본주의라는 인식이다. 냉전체제(1947~1991년)까지만 해도 이것은 맞는 말이었다. 그러나 중국이 1990년대부터 본격적으로 글로벌 자본주의체제 속으로 들어와 활동하고, 2000년 전후부터 인터넷 발달에 기초한 글로벌 정보통신 빅테크기업들이 폭발적으로 늘어나면서 상황은 달라졌다. 이들 기업들이 글로벌화하면서 자국 영역을 벗어나 자국에 대한 애국심이나 자국 체제에 대한 수호의식이 약해졌다. 특히 글로벌 기업들이 대거 중국시장으로 진출하면서 중국 정부와 친화적인 태도를 보이게 된 것이다.

또한, 중국이 글로벌 시장경제체제 안으로 들어오면서 국제분업화가 일어났는데, 제조업이 중국 중심으로 재편되었다. 미국, 유럽, 일본, 한국 등 전통 제조업 국가들에서는 자국 내 기업들과 양질의 일자리를 중국에게 빼앗기고, 자유민주주의체제의 경제적 토대인 기업과 일자리, 중산층이 무너져 갔으며, 국내 빈부격차가 심해져 갔다. 중산층의 축소와 빈곤층 증대는 사회주의적 복지를 요구하는 세력의 증대를 가져왔고, 자유민주주의체제를 위협했다. 이렇듯, 자본주의체제의 글로벌화는 외형은 자본주의체제의 고도화로 보이지만 실상은 서방국가들의 자본주의 경제체제의 토대를 약화시키고 정치적 자유민주주의체제를 위협하는 요인으로 작용하고 있다.

결론적으로 보면, 미국 등 서방세계가 중국을 글로벌 경제체제 내로 과도하게 끌어들임으로써, 자유민주적 세계질서가 위협 당하는 결과를 낳은 것이다.

제4부

대한민국
바로세우기 전략

反大勢

제1장

대한민국은 어떤 체제인가?

대한민국세력은 대한민국이 어떤 나라인지, 자유민주주의는
어떤 사상적 특징이 있는지 등을 알아야 한다.

01 대한민국 헌법이 규정한 헌법정신과 체제

대한민국 헌법은 천부인권('하나님이 인간에게 불가침의 권리를 부여
했다'는 관념) 관념에 바탕하여 국민 개인의 존엄성과 인권을 규
정하고 이를 보호하기 다양한 제도를 두고 있다. '국민주권원
리, 자유민주주의체제(권력분립·법치주의·복수정당제 등), 자본주
의체제(사유재산제·시장경제질서 등), 국민의 기본권 보장(인간의 존
엄성·행복추구권·자유권 등)' 등이 그것이다.

1) 국민주권 원칙

헌법 제1조 1항에서는 '대한민국은 민주공화국이다'라고 규정하고 있다. 공화국이라는 말은 국가의 주권이 군주가 아닌 국민에게 있음을 의미한다. 이때의 국민은 두 개의 국민(촛불국민과 보수국민)이 아니고 모든 국민이 하나라는 의미다.

주권은 국민에게 있고, 자유권, 참정권 등 기본권의 향유 주체는 국민이다. 그런데 문 정권이 2018년 2월 발의한 헌법개정안에 보면, 기본권 향유 주체를 '국민'을 삭제하고 '사람'으로 바꾸었다. 외국인도 국민과 같이 기본권을 향유할 수 있다는 의미가 된다.

2) 자유민주주의체제 지향

헌법이 규정한 자유민주적 기본질서

우리나라 최상위법인 "대한민국헌법"은 전문(前文)에 "유구한 역사와 전통에 빛나는 대한국민은 … 자율과 조화를 바탕으로 자유민주주의적 기본질서를 더욱 확고히 하고 …"라고 규정하여 대한민국이 자유민주주의체제임을 선언하고 있다.

헌법 제4조에서는 "대한민국은 평화통일을 지향하며, 자유민주적 기본질서에 입각한 평화적 통일정책을 수립하고 이를 추진한다"라고 규정하여 자유민주주의체제로의 통일을 강조하고 있다. 즉 우리 대한민국은 자유민주주의체제이고 북한과의 통일도 자유민주주의체제의 틀 속에서 이루어져야 한다는 선언이다.

문 정권 헌법개정안의 문제점

2018년 2월 공개한 문재인 정권과 여당의 헌법개정 초안은 심각한 문제점들이 있었다. 그중에서 대표적인 독소조항들을 살펴보기로 한다.

첫째, 문 정권과 여당은 헌법개정 초안을 공개할 때, "자유민주적 기본질서" 용어에서 "자유" 글자를 삭제했다가 반발이 일자 부랴부랴 다시 삽입하는 해프닝이 있었다. '자유' 글자를 삭제한 것은 자유민주주의가 아닌 다른 민주주의로 바꿀 의도였다고 평가된다. 다른 민주주의란 민중민주주의(인민민주주의)이며, 사회주의체제로 가는 중간과정을 의미한다. 비판이 일자 금방 다시 삽입했는데, 이는 자유민주주의를 다시 지키겠다는 의사가 아니다. '자유' 글자를 두어도 체제변혁에 지장이 없어서 일 것이다. 이미 '자유민주주의는 사상의 자유가 있어 사회주의, 공산주의도 허용된다' 는 논리로, 자유민주주의 개념을 확장해 놓았기 때문이다.

둘째, 북한과 '연방제 통일' 을 준비하는 과정으로 이해되는 과도한 지방분권정책을 추진하고 있다는 점이다. 문재인 대통령은 2017년 7월 시도지사 간담회에서 "연방제에 버금가는 지방분권을 이루겠다"고 발언을 한 바 있는데, 그것이 헌법개정안에 포함된 것이다. 헌법의 상징적 조항인 제1조에 "대한민국은 지방분권국가를 지향한다"라는 내용을 삽입했는데, 지방분권정책을 체제변혁 수단으로 이용할 의도가 의심스러웠다. 제123조 1항에는 "법률이 정하지 않는 조례 제정이 가능하다"라는 내용까지도 삽입했었다. 이는 지방정부가 지방공화국 정부로서 독립된 입법권을 행사하겠다는 의도로 읽혀진다.

셋째, 세계 자유민주주의국가들은 헌법에 기본권을 향유 주체를 '국민'으로 규정하고 있다. 그러나 문재인 정권과 여당은 헌법개정안에 기본권 향유 주체를 "국민"에서 "사람"으로 바꾸어 놓았다. 이에 따르면, 헌법이 규정하는 기본권(자유권, 참정권, 청구권, 사회적 기본권〈교육권, 노동권, 환경권, 복지권리 등〉)을 외국인도 누릴 수 있게 된다. 당시는 도저히 이해가 되지 않았는데, 최근 발의된 법안들을 보면서 기본권 향유 주체를 '사람'으로 바꾼 저의를 알 수 있었다. 주민자치법안(주민자치기본법안, 주민자치회 조례 등)은 재외동포(중국조선족 등)나 외국인도 읍면동 주민으로 활동할 수 있도록 했다. 외국인이 정당활동을 할 수 있도록 하는 법안과 4년제 대학을 졸업하면 임시국적을 주는 법안까지도 발의한 상태다.

넷째, 현행 헌법 19조의 "모든 국민은 양심의 자유를 가진다"는 조항을 "모든 사람은 사상의 자유를 가진다"로 바꾸어 놓았다. '양심의 자유'를 '사상의 자유'로 교체한 것이다. 양심의 자유와 사상의 자유는 완전히 다른 것이다. 사상의 자유를 허용한다는 것은 공산주의, 사회주의, 주체사상 등 반체제사상을 자유롭게 연구, 조직, 전파하는 자유를 허용하겠다는 의도다. 사상의 자유를 허용하려는 의도가 여러 가지 법률안 속에도 녹아 있다. 차별금지법안에는 "사상"에 따른 차별금지를 규정해 놓았고, 주민자치기본법안(김영배 의원안)에도 "신념"에 따른 차별금지를 규정해 놓고 있다.

여섯째, 아이들을 "독립적 인격 주체"로 규정하고 있다. 국가가 부모의 양육권이나 교사들(교회 교사, 유치원·학교 교사 등)의 교육권에 간섭하려는 의도가 아닌가 의심된다.

02 대한민국은 자유민주주의체제, 시장경제체제

(1) 자유민주주의체제를 지키려면 그 본질을 알아야
민주주의의 뿌리는 고대 그리스의 민주정

민주주의(democracy)는 B.C 507년부터 B.C 322년 고대 그리스

에서 운영되던 정치제도이다. 군주가 정치주도권을 행사하는 군주정(왕정), 귀족들이 정치주도권을 행사하는 귀족정과 대립되는 개념으로, 민적부에 등재된 시민들(demos)이 주권자로서 국가통치권 행사에 참여하는 정치형태를 말한다.

고대 그리스 민주주의의 핵심적 특징은 ▷민적부에 등재된 시민권자 전원이 평등한 주권자로 인정되었다는 점, ▷통치과정에 참여한 시민들과 공직자들이 자유로운 토론을 전개한 점, ▷토론에 뒤이어 다수결에 의한 통치의견을 결정하는 것 등 세 가지이다.

고대 그리스의 민주주의 운영원리는 가짜민주주의를 구별해주는 기준이 된다. 공산·사회주의자들은 민중(인민)민주주의, 진보적 민주주의, 프롤레타리아 민주주의 등 민주주의 이름을 내세우지만, 그리스 민주주의 기준과 비교해보면 가짜민주주의라는 것이 금방 드러난다. 시민을 두 부류로 구분하고 한 부류를 배척(부르주아계급, 반동계급, 적폐세력)한다는 점과 통치과정에 참여하는 사람들의 자유로운 토론을 거치지 않는다는 점 때문이다.182)

---

182) 양동안, 『자유민주주의의 이해』(한국자유총연맹, 2016), pp12-14.

자유주의와 민주주의, 언제 결합했나?

자유민주주의는 성격이 다른 자유주의와 민주주의가 합체하여 만들어진 개념이다. 민주주의가 그리스에서 탄생한 정치제도적 개념이라면 자유주의는 근대 산업혁명 이후 탄생한 개념이다. 근대 산업혁명이 일어나면서 제조업(산업)과 해양무역(상업)을 통해 부를 축적한 신흥부자들이 등장했다. 신흥부자들(부르주아)은 정치적 영향력을 강화하여 근대 시민사회를 형성했다. 이들은 재산과 부를 지키고 경제활동의 자유를 보호받기 위해 사유재산권, 신체의 자유, 경제활동의 자유 등을 허용해야 하는 근거를 주장하고(존 로크, 아담 스미스 등) 이를 보장하는 정치질서를 만들기 위해 노력했다. 이것이 자유주의이다. 그런데, 18세기에서 19세기, 20세기로 갈수록 산업혁명, 상업, 무역의 확대로 부유한 평민층이 더욱 늘어났다. 이들도 정치참여를 요구해 선거권을 갖는 방향으로 나아갔다. 이렇게 하여 자유민주주의가 탄생했다. 자유민주주의는 근대 시장경제체제(자본주의 체제)의 경제발전 과정에서 부를 축적한 시민 → 평민 대중들이 자신의 부와 자유를 지키기 위해 정치참여를 요구하는 과정에서 탄생한 것이다. 민주주의는 다수의 평민 대중이 정치에 참여하도록 하는 정치제도라면, 자유주의는 평민의 정치참여를 통해 얻으려고 하는 내용물(재산권, 자유권 등)을 의미한다.

자유민주주의와 다른 민주주의 구별해야

자유주의와 민주주의가 결합한 자유민주주의 개념은 19세기 전반부터 20세기 초반까지 별도로 '자유민주주의'라고 호칭하지 않고 그냥 '민주주의'라고 불렀다. 당시는 자유민주주의밖에 없었기 때문이다.

그러나 제2차 세계대전 말기 소련군은 동유럽(폴란드, 헝가리, 동독 등)과 동아시아 북한을 점령했는데, 이때 점령지 국민을 속이기 위해 공산주의, 사회주의라는 용어를 자제하고 인민민주주의, 진보적 민주주의 등 사이비 민주주의(명칭만 민주주의를 내세우나 실제는 매우 비민주적인)라는 용어들을 많이 사용했다. 이로써 민주주의가 어느 민주주의를 의미하는지 혼란이 발생했고, 의사소통에도 장애가 발생했다.[183] 제2차 세계대전 당시 소련 병사와 미군 병사가 전장에서 서로 만나 대화를 했다고 한다. 미국 병사가 말하기를 "우리는 민주주의국가"라고 하자, 소련 병사도 "우리도 민주주의국가"라고 답했다. 이에 미국 병사가 "우리 민주주의는 of the people, by the people, for the people"이라고 말하자, 소련 병사도 "우리 민주주의도 of the people, by the people, for the people"이라고 말했다고 한

---

183) 양동안, 『자유민주주의의 이해』(한국자유총연맹, 2016), pp22.

다. 미국은 자유민주주의, 소련은 인민민주주의를 의미함으로 인해 병사들 간에 의사소통에 큰 장애가 있음을 보여준 에피소드이다.

이러한 용어 혼란을 피하려고 1947년 트루먼독트린 발표 전후 미국의 일부 정치인들과 언론인들이 '자유민주주의' 라는 용어를 사용하기 시작했고, 1950년대 후반부터 미국 사회에 널리 사용되었다. 대한민국 건국 전후 북한과 좌익세력이 '진보적 민주주의' 니 '인민민주주의' 니 하는 용어를 많이 사용했는데, 이들과 구분하기 위해 남한의 일부 언론인이나 정치인들이 '자유민주주의' 용어를 사용하기 시작했다. 이 용어는 1960년대 이후 널리 사용되었다.184) 좌익 · 좌경세력은 자유민주주의를 부정적으로 평가하여 '형식적 민주주의', '절차적 민주주의' 라고 매도한다. 사회주의, 공산주의가 '실질적 민주주의' 라는 의미를 내포하는 것이다.

자유민주주의체제의 허약성 알아야 체제수호 가능

일반적으로 자유민주주의에 대해 매우 장점이 많고 우월한 체제여서 공산주의, 사회주의와의 경쟁에서 쉽게 이길 수 있는

---

184) 양동안, 『자유민주주의의 이해』(한국자유총연맹, 2016), pp22.

체제라고 생각하는 듯하다. 과연 그럴까?

물론 자유민주주의체제가 장점이 많은 것은 사실이다. 장점으로는 ▷국민들의 의사를 정치에 잘 반영하는 점, ▷국민에게 책임을 지는 정치가 이루어진다는 점, ▷정치세력간, 국민 간 토론과 협상, 표결 등 비폭력적 방법이 사용되기 때문에 평화적 정권교체가 된다는 점, ▷그 어느 정치체제보다 국민의 권리 보호가 잘 된다는 점 등이다.

그러나 자유민주주의체제는 다른 체제보다 좋고 우월한 체제이지만 잘 부서질 수 있는 허약한 체제이다.

첫째, 자유민주주의는 주권자인 국민이 이성적이고 합리적 판단능력이 있을 때 정상적으로 작동되는 체제이다. 그러나 국민들이 이성적 판단능력이 부족하거나 감정적일 때 정상적으로 작동되기 어렵다. 나쁜 정치세력의 선동이나 포퓰리즘(인기영합정책)에 휘둘리면서 국가운영이 잘못된 방향으로 가기 때문이다.

둘째, 자유민주주의체제는 언론의 자유, 결사·집회·시위의 자유, 정당의 자유 등 다양한 자유를 보장하는데, 반체제세력이 이러한 자유를 악용하여 정권을 장악하고 체제변혁을 기도할 수 있다. 자유민주주의체제는 자유민주주의 수준이 높으면 높을수록 더 많은 자유, 권리를 보장하기 때문에 반체제세력이 이를 활용하여 자유민주주의체제를 파괴하기 더욱 쉬워진다. 양동안 교수는 이를 "자유민주주의의 자기부정적 성향"이라고 규정했다. "자유민주주의의 자기부정적 성향이란 자유민주주의 원리(자유, 평등, 관용, 다수결, 국민의 동의 등)를 성실하게 실천하면 할수록 그것이 자유민주주의를 파괴하는 효과를 동반하게 되는 경향"이라고 말했다.[185)]

1919년 만들어진 독일의 바이마르헌법은 세계 최고로 훌륭한 헌법이었다. 모든 자유권을 허용했고, 세계 최초로 생존권까지 보장했었다. 그러나 치명적 약점이 있었는데, 자유민주주의체제를 부정하는 자유까지도 보장해 준 것이다. 자유민주주의를 유린한 히틀러가 선거를 통해 정권을 장악하는 것을 막지 못했다.

우리나라도 마찬가지다. 자유민주주의 대한민국에서 공산주의, 사회주의 사상을 허용하지 않지만 자유민주주의가 허용하는 자유권, 각종 제도 등을 활용하여 반체제세력이 재야단체와 정당 등을 통해 세력을 키운 후 군중집회와 선거를 통해 정권을 장악해 각종 사회주의로 가는 악법을 만들고 정책을 펴서 자유민주주의체제를 허물고 있는 것이다.

---

185) 양동안, 『벼랑 끝에 선 한국의 자유민주주의』(인영사, 2017), pp20-23.

20세기 등장했던 자유민주주의국가들, 대부분 무너지다

자유민주주의체제가 허약성으로 인해 무너진 최초의 사례는 러시아였다. 1917년 2월혁명으로 군주정권을 무너뜨리고 수립한 자유민주주의 노선의 케렌스키 정권은 레닌이 이끄는 공산세력에 의해 10월혁명으로 맥없이 무너지고 노동자(프롤레타리아)독재 → 공산사회주의체제로 바뀌고 말았다.

러시아 프롤레타리아독재정권을 수립한 레닌은 1919년 국제공산조직인 코민테른을 만들어 유럽과 동아시아로 공산혁명 수출을 위해 노력했다. 유럽 각국에서는 "평등한 세상을 만든다"는 선전선동에 의해 사회주의세력이 폭발적으로 확장되었다. 1차 세계대전 이후 등장했던 유럽의 많은 자유민주주의 국가들은 확장되는 공산세력과 이에 대응하는 반공세력 간의 내전적 상황으로 무너지고, 권위주의체제나 전체주의체제로 나아갔다. 헝가리(1919), 터키(1920), 이탈리아(1922), 포루투갈(1925), 폴란드(1926), 유고슬라비아(1929). 독일(1933), 오스트리아 · 에스토니아 · 불가리아(1934), 루마니아 · 라트비아(1935), 스페인 · 그리스(1936) 등에서 자유민주주의국가가 무너졌다. 독일이 유럽전을 시작한 1939년부터, 체코슬로바키아(1939), 덴마크 · 노르웨이(1940.3), 벨기에 · 네덜란드(1940.5)가 독일의 공격으로 무너졌다. 프랑스는 1940.5 독일의 공격을 받고 6개월 뒤에 무너

졌다.[186]

제2차 세계대전 직후 서유럽국가들에는 자유민주주의체제가 부활되었고, 제3세계의 신생국들이 많이 탄생했는데, 자유민주주의체제를 도입한지 15년 만에 거의 모두 붕괴되고 말았다.

민주주의는 모든 곳에 적용하는 만능 키 아니다

앞에서 언급한 바와 같이 민주주의(democracy)는 지향해야 할 세계관(ism)이 아니라 통치방식을 의미한다. 그래서 'democracy'를 번역할 때 '민주주의' 보다는 '민주정' 이라고 하는 것이 더 타당하다고 할 수 있다. 개인의 천부인권, 인간의 존엄성, 행복추구권 등이 지향해야 할 근본적 목표, 가치라면 민주주의는 이를 보장하기 위한 수단이자 방법론인 것이다.

우리나라에서는 democracy 통치방식을 적용하기 어렵거나 불가능한 분야까지도 민주주의 잣대를 들이대고 있다. 가정(부모와 자녀), 교회(목사와 교인), 학교(교사와 학생), 군대(지휘관과 부하), 기업경영(경영자와 직원), 연구소(전문인력 조직) 등에까지도 민주주의, 민주화하자고 요구하는 것이다. 이러한 민주주의 과잉은 국가의 정상적 작동에 장애를 초래하게 된다.

---

186) 양동안, 『벼랑 끝에 선 한국의 자유민주주의』(인영사, 2017), pp34-36.

자유민주주의적 품성 함양해야

자유민주주의는 제도만으로 성공할 수 있는 것이 아니다. 국민들이 자유민주주의를 성공할 수 있는 품성을 가지고 있어야 한다. 정치학자 카알 벡커 교수는 민주주의의 내적·정신적 조건으로 세 가지를 들고 있는데, 첫째는 서로 의견을 달리해도 좋다는 점에 동의하는 원칙이고, 둘째는 다수결의 원칙이며, 셋째는 타협의 원칙이다. 내 의견만 옳고 남의 의견을 나쁘다고 생각하는 배타적·독선적 문화에서는 민주주의가 꽃필수 없다. 남이 나와 다른 의견을 가질 수 있다는 생각을 가져야 민주주의가 가능하다. 그래야 토론과 타협이 가능하기 때문이다. 그런 정신이 없는 곳에서 다수결은 다수의 횡포일 뿐이다.

현재 우리나라 우익·우경세력은 모래알과 같고 일사불란한 힘을 발휘할 수 없는데, 그 이유는 '내 생각이 옳다' 는 인식, '배우려는 태도 보다는 남을 가르치려는 태도', '의견이 다른 것을 틀린 것으로 오인하는 태도' 등 때문이다. 이러한 태도는 자유민주주의 원칙에도 맞지 않을뿐더러 체제전쟁에서도 대한민국세력이 단결력과 일사불란한 투쟁력을 행사하는데 방해요인으로 작용하고 스스로를 고립시키는 해악을 낳는다.

(2) 대한민국은 시장경제체제 · 자본주의체제

대한민국의 헌법은 자유민주주의체제를 지향하고 있다. 이 가운데 경제적 자유민주주의체제를 자본주의체제, 시장경제체제, 자유경쟁체제라고도 표현한다.

1) 자본주의 시장경제체제란?

자본주의 시장경제체제를 이해하기 위해서는 경제학의 기초개념을 이해해야 한다. 자본주의 시장경제체제에서 경제활동의 핵심은 기업이다. 기업은 이윤을 남기기 위해 상품을 만드는 주체이다. 기업은 노동 · 자본 등 생산요소들을 투입하여 상품을 만든 후 시장에 판다. 기업은 상품이 시장에서 잘 팔리면 큰 이익을 남기고, 팔리지 않으면 큰 손해를 보게 된다.

자본주의 시장경제체제은 어떤 특징이 있을까? 첫째, 자본가가 기업을 만드는 1차적 동기는 이윤을 얻으려는데 있다. 둘째, 상품을 만드는 데는 노동력과 함께 자본도 중요한 요소이다. 셋째, 기업은 다른 기업과 누가 고객을 더 만족시키는 상품을 만드느냐를 두고 치열하게 경쟁하는 체제이다.[187] 넷째, 기업은 시장의 신호에 따라 움직이고, 시장에서 고객들에게 외면당하면 도태된다. 기업들은 시장에서 도태되지 않고 고객들의 기호에 맞는 제품을 만들기 위해 끊임없이 노력한다. 그래서 자본주의체제 국가들이 잘살게 되는 것이다.

2) 자본주의체제의 문제점과 대응책

자본주의체제는 긍정적인 측면도 많지만 부정적 측면도 많다. 경쟁에서 도태되거나 경쟁력 자체가 없는 사람도 있다. 이로 인해 빈부격차가 심해지고 빈곤한 계층이 불만세력화 할 수도 있다. 따라서 정부는 시장경제의 실패에 대한 조정이나 독과점 규제, 노동운동의 허용, 복지 · 평등정책 도입 등 보완책을 사용하지 않을 수 없는 것이다.

과도한 복지포퓰리즘 정책 중단해야

복지정책이라는 사회안전망은 반드시 필요하다. 그러나 시장경제체제의 본질을 해칠 정도로 과도하면 안 된다. 대한민국은 현재 복지정책이 지나쳐 국가부채 규모가 급증하고 있다. 이는

---

187) 자본주의는 남보다 잘 살고 싶다는 이기심을 만족시켜주는 제도이나 남을 위한다는 이타적 정신도 내재되어 있다. 어떤 사람이 열심히 '지게'를 만들어도 잘 살기 힘들다. 남이 필요로 하는 제품을 만들지 않기 때문이다. 자본주의체제는 사람들이 필요로 하는 제품을, 가장 만족스럽게 만든 사람들이 승리하는 체제이다. 어떻게 하면 남에게 더 많은 도움을 줄까, 더 만족시켜 줄 수 있을까 하는 이타적 정신에 보다 철저한 사람이 보다 돈을 많이 벌게 될 것이다. 인재의 가치도 마찬가지이다. 얼마나 자신이 최선을 다해 일하느냐가 아니라 얼마나 기업 등 자신을 필요로 하는 요구에 부응하느냐는 더 중요하다. 이러한 사회적 요구에 부응할 때 더 좋은 직장과 더 많은 월급을 받을 수 있게 되는 것이다.

앞으로 후세들에게 큰 부담으로 작용할 것이다. 세계 석유매장량 1위의 베네주엘라가 경제 파탄상태에 처한 것도 차베스-마두로 정부의 과도한 복지정책 때문이었다. 20세기 초 세계 선진국 5위 안에 들었던 아르헨티나가 저개발국으로 떨어진 것도 페론 정부의 과도한 복지정책 때문이었다. 대한민국이 이런 나라의 전철을 밟지 않기 위해서는 과도한 복지정책을 중단해야 한다.

올바른 경제관념과 노블레스 오블리주 정신 함양할 때

2007년 미국 경제위기가 왔을 때, 월가를 비난하며 "1% 대 99%"라는 프레임이 유행했다. 부자 1%가 가난한 99%를 착취한다는 프레임이었다. 워렌 버핏 등 기업가들이 위기의식을 느끼고 대중들의 반기업 정서를 잠재우기 위해 '세금 더 내기운동', '재산 절반 기부하기운동'을 주창하고 나서기도 했다.

우리나라 기업들은 그간 경제발전에 큰 기여를 했지만 자성할 점도 많다. 기업윤리보다는 어떻게든 돈을 많이 벌면 된다는 행태들이 많았던 것도 사실이다. 부동산을 통한 부의 증식, 정경유착, 대기업 2세, 3세들의 교만한 행태, 서민업종에 대한 과도한 침투, 빈부격차 심화, 재력가의 갑질 등이 문제점으로 지적되어 왔다. 이러한 부정적 행태들이 좌익세력의 확산의 빌미를 제공한 측면이 있다.

특히 대한민국이 체제위기를 당한 이후, 경제계나 경제인들이 어떤 생각을 갖는지 궁금할 때가 많았다. 어떤 국가든, 체제든 가장 혜택을 누리는 그룹이 앞장서지 않으면 결코 그 나라와 체제가 제대로 지켜지지 않는다는 것이 냉엄한 역사의 진리이다. 앞으로 기업인들은 노블레스 오블리주 정신을 함양하는 노력이 필요하다.

제2장

대한민국 체제위기 극복방안

1) 대한민국 위기의 본질 인식하기

현재 대한민국의 위기의 본질은 70여 년간 유지해온 자유민주주의, 시장경제체제가 붕괴되는 체제위기이고, 1948년 건국되고 발전해온 대한민국의 총체적 붕괴위기이다. 그런데, 그 위기가 선거나 국회 입법 등을 통해 이루어지기 때문에 체제가 무너지는 줄 잘 깨닫지 못하는 것이다.

현재 대한민국의 체제위기를 가져오는 세력은 누구인가? 대한민국 내에서 자유민주주의를 허물고 사회주의체제로 변혁하려는 세력이 체제위기를 가져오고 있다. 이들이 소수세력이기는 하지만 정치는 물론 사회 주도권을 가지고 있다. 이들에 의해 지금 대한민국의 각종 법과 조례, 정책 등을 통해 빠른 속도로 체제변혁을 이루어가고 있다.

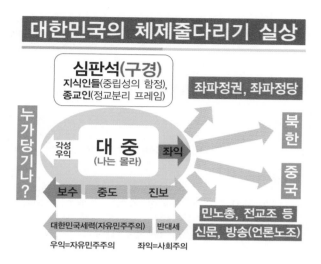

2) 체제위기를 극복할 수 있는 것은 민간 대한민국세력 뿐이다

지금 대한민국의 체제위기를 극복할 수 있는 것은 민간 대한민국세력 뿐이다. 국정원, 경찰, 검찰은 물론 자유총연맹, 향군 등도 움직일 수가 없다. 정권은 물론 사회의 주도권이 반체제세력에게 넘어가 있기 때문이다. 각자 위치에서 자기가 할 수 있는 능력을 가지고 자기가 살고 있는 마을과 직장과 사이버 공간에서 일어나야 한다.

1988년 양동안 교수는 현대공론 "우익은 죽었는가"라는 글에서 좌익정권의 등장을 예언하면서 강조했던 점이 바로 민간 우익이 나서라는 것이었다. 그의 글 중에서 일부를 소개한다.

현재의 상황이 계속된다면 좌익이 나라를 지배하게 되는 시기는 반드시 온다. 그것이 10년 후가 될 것인지, 한 세대 후가 될지는 알 수 없지만 반드시 그런 사태가 오고야 말 것이다. 그러한 비극을 막으려면 이 나라의 우익이 현재의 상황이 계속되는 것을 막아야 한다. 나아가서 우익이 좌익을 제압하고 제거해야 한다. …

결론부터 말하자면, 그런 상황이 계속될 경우 이 나라에는 처음에는 좌익세력과 제휴한 세력의 정권이 들어서고, 그 다음 단계에는 좌익세력이 주도하는 연합세력의 정권이 들어서고, 궁극적으로는 완전한 공산정권이 들어설 것이다. …

누가 좌익을 제압하고 제거하는 작업을 전개할 것인가? 그에 대한 해답은 민간 우익세력뿐이다. 민간 우익세력이 조직화하고 연대를 강화하여 좌익의 도전에 대응하는 작업을 주도해야 한다. … 우익세력은 자신의 보호를 위해, 그리고 오늘의 젊은 세대와 후손들이 공산체제 하에서 고통 받지 않도록 하기 위해 지금 일어서야 한다…. 사회 각 분야의 우익은 총궐기하여, 이론가는 이론으로, 조직가는 조직으로, 재력가는 재력으로, 완력가는 완력으로 좌익에 맞서 싸워야 한다.

3) 국민깨우기 위한 단기적 전략

자유민주주의체제는 주권자인 국민들이 각성되어야만 정상적으로 작동되는 체제다. 주권자인 국민들과 유권자들이 자유민주주의를 이해하고 포퓰리즘에 흔들리지 않고 반체제세력, 반대한민국세력을 분별하고 단호히 배격해야 한다.

체제전쟁, 국가위기에 임하는 대한민국세력의 기본 자세

첫째, 아무도 대신해 줄 수 없다는 사실을 깨닫는 것이다. 미국도, 유엔도 대신해줄 수 없다. 오로지 대한민국 국민이 스스로 지키지 않으면 안 된다. 정당을 탓하고 남을 탓하고 손가락질하기에는 시간이 없다.

둘째, 유권자와 주권자인 국민을 깨우는 길 외에는 방법이 없다는 점을 아는 것이다. 주권자인 국민이 깨어나 여론을 형성하고 유권자들이 선거나 투표에서 분별력을 가져야만 체제 붕괴를 막을 수 있다.

셋째, 먼저 깨우친 자가 행동에 나서야 한다는 것이다. 불이 났을 때 먼저 본 사람이 잠자는 이웃을 향해 "불이야!"하고 소리치는 것이다.

체제전쟁에 나서는 민간전사들, 일사불란 행동방략

민간 대한민국세력은 체제위기를 당해 나서기는 했지만, 체계적인 훈련을 받지 않았기 때문에 오합지졸 모습을 보일 수밖에 없다. 이들 민간전사들이 일사불란하게 행동하려면 어떻게 해야할까?

첫째, 민간조직을 만들어야 한다. 2-3명의 작은 조직도 좋고 큰 조직도 좋다. 읍면동별 조직도 좋고 전국적 조직도 좋다.

둘째, 조직을 만든 후 훈련을 받아야 한다. 전사들이 일사불란하게 행동하려면 동일한 교범으로 학습하여 동일한 네비게이션을 장착해야 한다.

셋째, 학습을 했으면 주민깨우기운동에 나서야 한다. 주민들의 마음을 얻어야 하기 때문에 따뜻한 마음으로 다가가야 한다.

넷째, 전달하는 내용은 간단, 명료, 단순, 명쾌해야 한다.

4) 대한민국세력의 반대한민국세력 대응하기

대한민국세력이 체제전쟁에서 갖추어야 할 전략전술은 무엇인가?

보수-진보 대신 대한민국세력-반대한민국세력 프레임으로

대한민국세력은 보수-진보 프레임의 해독성과 '진보세력=사회주의세력' 임을 국민들에게 널리 알린다.

그런데, 문재인 정권을 거치면서 "진보"라는 말에 속았던 국민들이 깨어나는 징후를 보이기도 한다. 인터넷신문 데일리안이 2019년 7월 유권자 사상성향 여론조사를 했는데, "보수 16.6%, 진보 16.3%, 중도보수 25.4%, 중도진보 25.1%"로 나타났다. "진보"가 16.3%로 대폭 낮아지고 중도가 50.5%으로 대폭 증가했는데, 이는 "진보"가 사전에 있는 좋은 의미가 아니고 종북, 친북 좌익·좌경세력을 의미하는 것으로 어렴풋이 이해하기 시작했음을 의미한다. 이는 국민들에게 진보세력의 해악을 설명하기가 쉬워졌다는 뜻이다.

5) 정치가 종교를 지배하는 상황에서 정교분리 프레임 탈피하기

대한민국의 체제위기 상황에서 가장 강력한 세력은 기독교 조직이다. 한국교회는 6만 개의 교회, 30만 명의 목회자, 25만 명의 장로, 1,000만 명의 교인이라고 한다. 대한민국에서 가장 큰 조직이다. 그런데도 국가위기 앞에서 무기력한 모습도 보인다. 이유는 정교분리 프레임 때문이다.

정교분리원칙이란 "교회는 정치와 분리되어야 한다"는 원칙이다. 미국에서 처음으로 수립된 이 원칙은 교회를 정치로부터 보호하기 위한 장치였다. 미국을 건국한 조상들은 종교의 자유를 찾아 영국에서 목숨을 걸고 대서양을 건너온 사람들이다. 이들은 교회, 신앙의 자유를 지키는 것이 목숨보다 더 귀했다. 미국수정헌법에 규정한 정교분리선언은 '정치가 교회를 간섭하지 말라' 는 의미를 담고 있다. 결코 교회가 정치를 간섭하지 말라는 원칙이 아니다.

기독교인들은 순교의 상징 인물로 주기철 목사님과 손양원 목사님을 존경한다. 주기철 목사님은 조선총독부 즉 정치권력에 저항하다 순교했다. 예수님도 로마 정치권력에 의해 십자가에 못 박혔다. 2000년의 기독교 역사에서 수많은 순교자들은 대부분 정치권력에 의해 발생했다. 교회가 교회를 탄압하는 정치권력에 저항하는 것은 결코 정치행위가 아니고 신앙수호행위인 것이다. 이를 포기하는 것은 신앙의 자유를 포기하는 반종교적 행위이다.

6) 전체주의적 통제에 굴복하는 '중립성 함정' 탈피하기

대한민국의 체제위기, 국가위기가 심각한데도 지식인들이 잘 나서지 않는다. 중립성의 함정에 빠져 있기 때문이다. "우리는 지식인이다. 지식인은 중립적이어야 하고 편향되지 않아야 한다"는 인식이 강하다. 그래서 정치에서도 '보수−진보 어느 한 편에 서서 줄을 당기는 것은 지식인의 바람직한 태도가 아니다"는 반응을 보인다.

그러한 입장에서 '새의 양날개론'을 예로 드는 경우가 많다. "새는 오른쪽 날개인 우익(Light wing)과 왼쪽 날개인 좌익(Left wing)이 서로 힘을 합해 날아간다. 그러므로 새의 양 날개는 서로 동반자다. 마찬가지로 대한민국의 우익과 좌익은 대한민국을 발전시키는 동반자다. 그런데 우익은 왜 좌익을 척결하려고만 하는가? 지식인은 좌익과 우익, 진보와 보수는 대한민국을 발전시키는 동반자라고 생각해야 한다. 그래서 지식인은 한쪽 편만 들면 안 되고 중립적 위치에 서야 한다." 등의 논리다.

그럴듯한 논리이나 새의 양날개론에는 심각한 결함이 있다. 새의 경우는 양 날개가 뇌에서 내리는 명령에 따라 똑같이 움직이기 때문에 동반자가 맞다. 그러나 대한민국의 우익과 좌익은 다르다. 우익은 대한민국의 자유민주주의를 지키자는 쪽이고, 좌익은 대한민국의 자유민주주의체제를 허물자는 쪽인데, 어떻게 동반자가 될 수 있나? 불가능하다.

지금 대한민국은 자유민주주의체제를 수호하려는 팀과 자유민주주의체제를 허물고 인민민주주의 → 사회주의체제로 가려는 팀이 줄을 당기는 체제전쟁 중이다. 학문의 자유, 표현의 자유가 보장되어야 하는 지식인과 종교의 자유가 보장되어야 하는 목회자들은 어느 줄을 당겨야 하나? 학문과 신앙의 자유를 허

용하는 체제와 학문과 신앙의 자유를 없애려는 체제 사이에서
중립을 지키는 것이 타당한가?

7) 대세(대한민국세력) 정당이 나가야 할 길

레닌은 전위당론(혁명을 이끄는 정당론)을 주장했는데, 쉽게 말하
면 혁명을 이끌 전사집단인 공산당이 체제혁명을 이끌어야 한
다는 이론이다. 공산당, 노동당, 사회당 등 좌익·좌경정당은
"정당이란 혁명, 체제전쟁을 이끌 최고의 진지"라는 것을 잘
알고 있다. 그런데, 오늘날 대한민국의 우익·우경정당은 정
당이 어떤 일을 하는 존재인지 잘 알고 있는가? 우익·우경정
당은 정치적 반체제세력에 맞서 싸우는 최고의 진지다. 대표
적인 우익·우경정당으로 자리매김해온 국민의힘당(전 새누리
당-한나라당-신한국당-민자당-민정당-공화당 등)의 문제점을 살펴
보아야 한다.

대한민국 사상연구의 원로 양동안 교수는 체제위기에 처했을
때 나타나는 증후 12가지를 거론했는데, 우익·우경 정당이 보
이는 행태를 이렇게 지적했다. "자유민주주의체제에 충성을 맹
세했던 정당이 자유민주주의체제에 대한 충성을 취소하고 반
체제세력과 연대(절반 충성)하거나, 통합(불충)하는 행동을 보인
다.", "자유민주주의체제가 위기에 처해 있음을 알리는 증후들

이 많이 나타나도, 유력한 정당들 가운데 어떤 정당도 자유민주주의체제가 위기에 처했음을 경고하지 않는다."

여타 우경정당은 물론이지만 국민의힘당도 이러한 경향성을 보인다. 왜 그럴까? 가장 중요한 이유는 사상에 대한 이해 부족 때문이라고 본다. 국민의힘당이 사상에 대한 이해가 부족하게 된 이유는 무엇일까?

대표적인 것이 천안연수원을 팔아 국고에 반납한 사건이다. 2002년 이른바 '차떼기당사건'으로 국민들의 질타를 받자, 박근혜 대표는 당 이미지를 쇄신하기 위해 '천막당사'로 당사를 옮기고 천안연수원을 팔아 국고에 반납했다. 당의 정치학교인 천안연수원을 없앤 것은 마치 군에서 논산훈련소를 없앤 것과 같다. 당료들에 따르면 천안연수원은 2박 3일씩 연중무휴로 운영하여 매년 당원 15여만 명 정도나 정치교육을 시켰다고 한다. 당 연수원을 없앤 연유로, 당에서 정치사상을 가르치는 교수들과 연구자들이 사라졌고, 점차 무이념 정당으로 전락해갔다. 상대 정당들은 점점 더 투쟁가를 국회의원으로 충원해 가는 동안, 사상적 이해가 없는 인물들만 15년간 충원해온 것이다. 당은 정치인을 양성하는 인큐베이터 역할을 해야 하는데, 대통령, 국회의원을 외부에서 수혈해야만 하는 불임정당이 되었다.

당의 사상적 무지는 정책상 오류로 나타났다. 이를테면 ▷이명박 정부는 해외교민들에게 선거권 부여 정책 추진(이후 교민사회 내 좌경언론, 좌경단체 우후죽순 등장), 2010년 6월 지방선거 전후 야당과 좌익·좌경세력의 무상급식, 복지논쟁에 휘말려 반값 아파트 제시 등 사회주의 노선 진입케 한 점, 대통령이 2012년 말 불쑥 독도를 방문하여 일본-미국 등 우방국과의 관계를 냉각시키고 반일프레임을 활성화시킨 점, 2012.12 좌익·좌경세력이 소망하던 협동조합기본법을 통과시켜 준 점(박원순은 직후 서울시에 1년 내 1,000개, 10년 내 8,000개 협동조합 설치 공언) 등, ▷2010년 첫 교육감 선거 때는 정당공천제가 있었는데, 야당의 '교육은 정치중립이어야 한다'는 논리에 휘말려 정당공천제를 폐지한 점(이후 대부분 교육감직 좌경인물 차지), ▷2012년 대선을 앞두고 박근혜 후보 측도 '지방자치는 중앙정치에서 독립적이어야 한다'는 논리에 휘둘려 기초단체장, 지방의원선거에서 정당공천제 폐지 공약을 내세운 점(당선 후 번복하기는 했음. 만약 정당공천제 폐지 실행되었으면 대부분 기초단체장과 지방의원직 모두 상실했을 것⟨우경후보 단일화 실패로⟩), ▷대통령, 국회의원, 당대표 선출 시 일반 국민여론조사 포함 등이다.

그러므로, 국민의힘당 등 우경정당은 먼저, 바람직한 국가정체성과 당정체성을 정립하고 이에 맞는 연구소와 정치학교를 개설하고 활성화해야 한다.

그리고 우경정당은 우익·우경단체들과 소통하지 않고 있다. 좌익·좌경단체들과 연합전선을 펴고 있는 좌익·좌경정당들과의 전쟁에서 결코 승리할 수 없고, 정권을 유지해 나갈 수도 없다. 우익·우경 민간단체들과 긴밀한 공조, 협력관계를 유지해야 한다.

8) 대한민국 방어체계 다시 강화해야

범민련(조국통일범민족연합) 남측본부는 북한의 통일전선부가 직접 조종하고 있는 가장 대표적인 종북 성향의 단체로서, 대법원에서 이적단체로 판결(2002·2007년)을 받았음에도 여전히 왕성한 활동을 해왔다. 이적단체로 판결을 받았는데도 어떻게 활동할 수 있느냐? 대법원에서 이적단체로 판결을 받더라도 스스로 해산하지 않으면 이를 강제로 해산시킬 수 있는 법률조항이 없기 때문이다. 이는 국가보안법 등 체제수호의 제도적 장치가 취약하다는 점을 반증하는 사례이다.[188]

현재 국가보안법은 무력한 법이다. 국가보안법이 이렇게 된 것은 김영삼 정부 때부터였다. 국가보안법 조항에 "국가의 존립·안전이나 자유민주적 기본질서를 위태롭게 한다는 점을

---

188) 양동안 교수, 현대사상연구회 세미나 발표 자료.

알면서 …"라는 규정을 삽입한 때문이다. 피의자가 자유민주적 기본질서를 위태롭게 할 줄 알면서 종북활동을 했다는 것을 수사기관이 입증해야 한다. 피의자가 자백을 하면 좋겠지만 그런 사람이 어디 있겠는가? 결국 수사기관은 범죄를 입증하려면 북한당국에 물어봐야 할 지경이 된 것이다.

더욱이 김대중 · 노무현 정부는 공안기관의 인력을 대폭 감축하여 체제수호 기능을 현저히 약화시켰다. 보안경찰의 60%, 국정원 안보수사 인력의 46%, 기무사 방첩요원의 1/3, 검찰 공안부서의 1/3을 감축했다.[189] 특히 문재인 정권은 축소가 아니라 아예 국가안보기관의 기능을 사실상 정지시켰다. 특히 국가보안법 개정을 추진하고, 심지어 국가보안법 폐지법안까지 발의한 상태다. 문재인 대통령은 과거 자신의 자서전 "운명"에서 노무현 정권 시 국가보안법을 폐지하지 못한 것에 대해 가장 "뼈 아팠다"고 했다.[190]

우리는 앞으로, 우익 · 우경정권이 들어선다면 국가안보관련법과 체제수호기관을 새로 재편해야 할 듯 하다. 서독의 사례에서 많은 교훈을 얻을 수 있다.

---

189) 양동안, "국가안보수사기관의 현주소와 정상화방안", 『자유민주연구』(제3권 제2호), 2008.12, 자유민주연구학회, pp205-207.
190) 문재인, 『운명』(가교출판, 2017), pp328-329.

제2차 세계대전 후 서독은 히틀러의 경험을 거울삼아 서독기본법(서독헌법)에 '방어적 민주주의' 개념을 도입하였고, 법률 곳곳에 체제방어장치들을 삽입하였다. 정보기관인 연방정보원과는 별도로 헌법보호청을 두고 반체제세력들을 감시하고 누가 반체제세력인지 샅샅이 국민들에게 알려주었다. 모든 공무원들에게 국가에 대한 충성의 의무를 부여하고 공직에 반체제세력이 들어오는 것을 철저히 막았다. 이러한 장치들로 인해 동독의 치열한 대서독 공작에도 불구하고 서독이 공산화되는 것을 막을 수 있었다.

우리나라는 체제방어장치와 법률이 매우 취약하다. 체제수호기관이 국정원 하나뿐이며, 체제수호법률도 국가보안법 하나뿐이다. 그것도 없애려고 노력 중이다. 헌법에도 자유민주주의를 방어하는 조항이 제8조 4항과 제37조 2항 2개뿐이다.[191]

이에 반해, 서독 → 독일 기본법의 자유민주주의 방어 조항은

---

191) 헌법 제8조 제4항에는 "정당의 목적이나 활동이 민주적 기본질서에 위배될 때에는 정부는 헌법재판소에 그 해산을 제소할 수 있고, 정당은 헌법재판소의 심판에 의하여 해산된다."고 하여 반체제 활동시 해산심판을 할 수 있도록 하는 규정이 있다. 또한, 제37조 제2항에는 "국민의 자유와 권리는 국가안전보장, 질서유지 또는 공공복리를 위하여 필요한 경우에 한하여 법률로써 제한할 수 있으며, 그 제한하는 경우에도 권리의 본질적 내용을 침해할 수 없다."라고 하여 체제위반의 경우, 기본권을 제한할 수 있도록 한 것이다. 우리나라 헌법의 2개 조항도 방어조치가 매우 허술하고 약하다.

10개나 될뿐더러 그 방어 강도가 매우 강하다.[192]

9) 역사전쟁을 치를 다양한 연구소, 박물관 생겨야

대한민국세력은 그간 역사전쟁을 너무 소홀히 했다. 제주 4·3 사건을 왜곡하는 기념관이 생겨도, 교과서가 모두 좌경화되어도 이를 바로잡는 것을 하지 못했다. 세력이 약한 탓도 있지만 이러한 역사전쟁을 치를 만한 연구인력이나 민간연구단체 등이 너무 없었기 때문이다. 이제 역사문제는 체제전쟁의 매우 중요한 수단임을 인식하고 다양한 연구소와 박물관(사이버박물관도 좋다)을 만들어야 한다. 역사문제를 좌익·좌경세력의 전유물로 방치하면 결코 안 된다. 역사를 빼앗기면 대한민국의 정당성의 토대가 무너지고, 미래 대한민국을 이끌 젊은이들이 그들의 편으로 간다는 냉엄한 현실을 인식해야 한다.

---

192) 서독기본법 제5조 제3항은 "예술과 학문, 연구와 교수의 자유는 보장된다. 교수의 자유는 헌법에 대한 충성의 의무로부터 면제되지 않는다."라고 규정했다. 이는 학교에서 자유민주적 기본질서에 저촉되는 내용을 연구하거나 강의할 수 없도록 금지한 것이다.
서독기본법 제9조 2항은 "그 목적이나 활동이 형사법에 위반되거나 헌법질서 또는 국제적 협조의 이념에 반하는 단체는 금지된다."라고 규정하여 반헌법적 단체들이 쉽게 강제해산되도록 했다. 이 조항에 의거, 사회단체법(결사법)이 제정되었고, 서독에서는 이 법에 따라 수많은 반헌법적 단체들이 헌법재판소의 재판절차를 거치지 않은 채 강제 해산되었다.
서독기본법 제10조 제2항은 "(통신비밀의) 제한은 오로지 법률을 근거로 해서 규정될 수 있다. 그 제한이 자유민주적 기본질서나 연방 또는 한 주의 존립 또는 안전의 보장에 도움이 될 때에는, 그 제한을 관계자에게 통고하지 않는다는 것과 쟁송수단 대신 의회가 임명하는 기관과 보조기관으로 하여금 심사하게 하는 것을 법률이 규정할 수 있다."라고 규정하여 자유민주적 기본질서와 국가의 안전을 위하여 통신비밀을 쉽게 제한할 수 있도록 했다.

서독기본법 제11조 제2항은 "(이주 자유의) 권리는 법률로써만 또는 법률의 근거에 의해서만 제한될 수 있다. … 연방 또는 한 주의 존립이나 그 자유민주적 기본질서를 위협하는 위험의 방지… 등을 위해 필요한 경우 제한될 수 있다."고 하여 안보와 자유민주적 기본질서 보호를 위해 위험분자의 거주이전 자유를 제한할 수 있도록 해 놓았다.

서독기본법 제18조는 "의견발표의 자유, 특히 출판의 자유, 교수의 자유, 집회의 자유, 결사의 자유, 통신 비밀, 재산권, 또는 망명자 비호권을 자유민주적 기본질서를 공격하기 위해 남용하는 자는 이 기본권들을 상실한다."고 규정했다. 이는 반체제분자는 자유민주주의가 보장하는 기본권을 자유민주주의를 공격하는데 악용하거나 기본권을 내세워 법집행 당국으로부터 자신을 방어할 수 없도록 만들었다.

제20조는 "모든 독일인은 이러한 질서(자유민주적 기본질서)를 폐제하려고 하는 모든 자에 대하여 다른 구제수단이 불가능할 때에는 저항할 권리를 갖는다."고 규정했다. 합법적이건 불법적이건 자유민주주의체제를 파괴하려는 세력에 대해 국민은 초법적인 저항을 할 수 있도록 보장했다. 이 조항에서 말한 국민저항의 대상은 위로부터 자유민주질서를 파괴하려는 집권자, 아래로부터 자유민주질서를 파괴하려는 혁명세력은 물론이고 자유민주적 질서의 파괴를 시도하는 자들까지 포함한다.

서독기본법 제21조 제2항은 "그 목적이나 당원의 행동으로 자유민주적 기본질서를 침해하거나 폐제(廢除)하려 하거나, 또는 독일연방공화국의 존립을 위태롭게 하려는 정당은 위헌이다. 위헌성에 관해서는 연방헌법재판소가 결정한다. 상세한 것은 연방법률이 규정한다."고 규정했다. 이로써 자유민주적 기본질서를 침해, 폐제하려 하거나 국가 존립을 위태롭게 하려는 정당을 강제해산할 수 있도록 했다. 서독기본법 제21조 2항은 한국 헌법 제8조 제4항(위헌정당 해산조항)과 비교할 때 방어 정도가 월등히 양호하다. 한국의 경우는 정당의 목적이나 활동이 잘못되어야 당이 위헌심판을 받을 수 있는데, 서독의 경우는 당의 목적과 활동은 물론이고 당원 한 사람의 행동을 가지고도 당이 위헌심판을 통해 해산될 수 있다. 서독연방헌법판소법에는 해산된 정당의 대체 조직도 금지한다고 규정했다. 매우 철저하다.

서독에서는 공무원 관련 법률도 체제 방어에 적극적인 장치를 내포했다. 공무원 관련 법률들은 ▷국가와 헌법질서를 의무적으로 긍정할 것, ▷헌법질서와 헌법기관을 비방 모독 공격하는 반헌법적 단체들 및 그들의 헌법적대 활동에 명확하게 반대할 것(고유업무 이외 시간에도 반대할 것), ▷국가가 위기에 처한 시기에는 국가수호활동에 참여할 것 등을 요구했다. 서독에서는 자유민주적 기본질서에 대한 충성심이 확실하다는 점을 과거의 경력에 의해 입증하지 않으면 공무원으로 임용되기 곤란했으며, 임용된 공무원이 국가와 헌법에 대한 충성의무에 반한 행위를 할 것이 드러나면 해직 등 징계되었다.

서독은 1972년 1월 28일(빌리 브란트수상 시기) 독일연방공화국의 주 정부 수반들이 "공직에 있어서 헌법적대적 세력의 문제에 관한 제원칙" 결의문을 채택했다. 여기에는 "연방과 각 주에 통용되고 있는 국가공무원법에 따라 기본법에 명시된 자유민주적 기본질서의 수호를 위해 항상 완전히 헌신할 수 있다고 보증되는 자만이 국가공무원으로 임용될 수 있다.", "헌법적대적 활동을 하고 있거나 과거에 했던 지원자는 국가공무원으로 임용해서는 안 된다.", "이 원칙은 공공업무에 채용된 노동자와 고원(雇員)에 대해서도 적용된다."고 했다. 양동안, "자유민주주의와 한국정치", 『자유민주주의란 무엇인가』(자유민주연구학회, 2011), pp11-13.

반대한민국세력의 비밀이 드러나다

초판1쇄 인쇄	2021년 12월 29일
초판3쇄 발행	2022년 08월 29일

지은이	이희천
발행인	이희천
펴낸곳	도서출판 대추나무
디자인 디렉터	오종국 Design CREO

ADD	인천광역시 남동구 문화서로 3번길 14-7, 101호
전화	032-421-5128, 010-8799-1500
팩스	032-422-5128
등록	231-99-00699
ISBN	979-11-967545-9-4 (03300)

정가 20,000원

현재 대한민국 앞에 나타나고 있는
정치, 경제, 사회 위기의
공통분모를 추출하면
70년간 유지되던 자유민주주의체제가
허물어지는 국가적 위기다.